2024
年度版

マンション管理士・
管理業務主任者

総合テキスト

中

規約／契約書／
会計等

TACマンション管理士・
管理業務主任者講座 編

TAC出版

TAC PUBLISHING Group

はじめに

「マンション管理士」は、マンションにかかわる専門的知識をもって、管理組合の運営や建物の構造上の技術的問題等、マンションの管理に関して、管理組合の管理者等またはマンションの区分所有者等の相談に応じ、助言・指導・援助を行うことを業務とします。

これに対し、「管理業務主任者」は、管理の前提となる管理受託契約の重要事項の説明から、受託した管理業務の処理状況のチェックやその報告まで、マンション管理のマネジメント業務を担うものです。マンション管理業者は、事務所ごとに30組合につき1名以上の専任の管理業務主任者を設置するという義務づけがされています。

つまり、「マンション管理士」は管理組合側において、「管理業務主任者」は管理業者側において、それぞれ管理の適正化を図るという立場上の違いがあり、本試験実施機関も別々になりますが、マンション管理運営というしくみの中では、共通して使う知識がたくさんあります。実際、両資格の本試験出題内容は、ほとんど重なっています。

そこで、ＴＡＣ刊の本シリーズは、両資格の本試験出題内容とされる共通分野を中心として、合格に必要な知識を要領よくまとめています。

本シリーズを"知識のベース"として、ぜひ合格を勝ち取られ、多くの方々がマンション管理運営においてご活躍されることを願ってやみません。

2024 年 2 月

ＴＡＣマンション管理士・管理業務主任者講座

本書は、2024 年 1 月現在施行されている法令等（2024 年 4 月 1 日までの施行が明らかなものを含む）に基づいて執筆されています。**法改正等については、『法律改正点レジュメ』を** Web 登録で無料でご提供いたします（2024 年 9 月上旬頃発送予定）。

【登録方法】お手元に本書をご用意の上、インターネットの「情報会員登録ページ」からご登録ください（要・パスワード）。

| TAC 情報会員 | 検索 |

【登録用パスワード】025- 2024- 0943- 25

【登録期限】2024 年 11 月 1 日まで

① マンション管理士になるには

令和5年度の第23回マンション管理士試験は、受験申込者数が13,169人（昨年は14,342人）、受験者数が11,158人（受験率84.7％）であり、受験者数は、前年より減少しました。出題傾向としては、全体的に解答の判別が出しにくい問題もあり、民法や区分所有法では新論点や判例の出題、マンション標準管理規約では実務色の強い出題、マンション管理適正化法・基本方針では近年の改正論点の出題が目立ちました。問題形式では、組合せ問題が2問、個数問題が8問となりました。いかに基本知識を落とさず、1点でも多く得点につなげられたかが合否のカギを握るものと思われます。合格点は前年より下がり36点以上、合格者が1,125人、合格率が10.1％となりました。

マンション管理士になるには、国土交通大臣等の実施するマンション管理士試験に合格し、マンション管理士として登録することが必要です。

1．マンション管理士試験の内容

	試験項目	試験内容		本書での呼称
(1)	マンションの管理に関する法令および実務に関すること	民法（取引・契約等マンション管理に関するもの）、区分所有法、被災マンション法、マンション建替え等円滑化法		民法・区分所有法等
		マンションの管理に関するその他の法律など	不動産登記法、借地借家法、民事執行法	管理委託契約書・規約・会計・その他関連知識
			都市計画法、建築基準法、消防法、水道法、防犯指針	マンションの維持・保全等
(2)	管理組合の運営の円滑化に関すること	民法		民法・区分所有法等
		標準管理規約単棟型・団地型、管理組合の会計（仕訳・残高証明書）		管理委託契約書・規約・会計・その他関連知識
(3)	マンションの建物および附属施設の構造および設備に関すること	維持保全		マンションの維持・保全等
(4)	マンションの管理の適正化の推進に関する法律に関すること	管理適正化法、基本方針（別紙二を含む）		マンション管理適正化法

2．試験実施時期 ➡ 令和5年度は11月26日（日）

3．受験料 ➡ 9,400円（令和5年度）

❷ 管理業務主任者になるには

令和5年度の第23回管理業務主任者試験は、受験申込者数が17,855人（昨年は19,589人）、受験者数が14,652人（受験率82.1％）であり、受験者数は、前年より1,565人減少しました。問題全体を通し、民法やマンション標準管理規約（単棟型）は比較的解きやすかった反面（一部を除く）、区分所有法や維持保全等は難解だった印象を受けました。表現が素直で、長文問題もそれ程多くないため、全体的に解答を出しやすかった印象を受けましたが、「組合せ問題（空欄補充等を含む）」が7問で、「個数問題」が15問であった影響もあり、合格点は前年より下がり35点以上、合格者が3,208人、合格率が21.9％となりました。

管理業務主任者となるには、管理業務主任者試験に合格し、管理業務主任者として登録し、管理業務主任者証の交付を受けることが必要です。

1．管理業務主任者試験の内容

	試験項目	試験内容	本書での呼称
(1)	管理事務の委託契約に関すること	民法（「契約」および契約の特別な類型としての「委託契約」を締結する観点から必要なもの）	民法・区分所有法等
		標準管理委託契約書（別表・コメント含む）	管理委託契約書・規約・会計・その他関連知識
(2)	管理組合の会計の収入および支出の調定ならびに出納に関すること	標準管理規約単棟型（コメント含む）、管理組合の会計（貸借対照表・仕訳）	管理委託契約書・規約・会計・その他関連知識
(3)	建物および附属施設の維持および修繕に関する企画または実施の調整に関すること	建築基準法、維持保全、消防法、長期修繕計画作成ガイドライン（コメント含む）、修繕積立金ガイドライン	マンションの維持・保全等
(4)	マンションの管理の適正化の推進に関する法律に関すること	マンション管理適正化法	マンション管理適正化法
(5)	(1)から(4)に掲げるもののほか、管理事務の実施に関すること	民法、区分所有法（「判例」含む）	民法・区分所有法等
		標準管理規約単棟型（コメント含む）、管理費の滞納、民事執行法、民事訴訟法、品確法、個人情報保護法、賃貸住宅管理業法、宅建業法	管理委託契約書・規約・会計・その他関連知識
		分譲マンションに関する統計・データ等	マンションの維持・保全等

2．試験実施時期 ➡ 令和5年度は12月3日（日）

3．受験料 ➡ 8,900円（令和5年度）

✳ **本書の構成** ✳

　本テキストは各節ごとに Introduction を設け、その節で何を学習するのかを把握したうえで、本文に入っていく構成になっています。また、重要語句は**ゴシック体（太字）**で、特に重要な語句は色ゴシック体で表記していますので、メリハリのきいた学習が可能です。

❖ **Introduction** ❖

　これから学習する内容が明示されています。ここで何を学ぶのか、何に重点をおいて学習したらよいのかを自分ではっきりと確認して取り組んでください。

重要度 🄼 **B** 主 特**A**

　各節の見出しに、**両資格の重要度**が示してありますので、学習する際の目安にしてください。マンション管理士を🄼、管理業務主任者を主と表記しています。

特A ➡ 最重要論点。毎年のように出題の対象となりますので、絶対にマスターしてください。

A ➡ 重要論点。ここはしっかりおさえておいてください。

B ➡ 比較的重要論点。合格ラインをクリアするためには理解しておくべき論点です。

C ➡ 重要度はそれほど高くありませんが、時間が許せば目を通しておきたい論点です。

　なお、学習を進めるうえで、特に重要な論点となる箇所は、　　　　　のようにグレーの"アミ"がかかっています。

先生からの コメント

　本文の内容についての補足説明です。より細かな知識に触れています。特に重要な箇所は、赤いアミがかかっています。

 ケーススタディ 00

　わかりづらい箇所は「事例」を使って具体的に解説してありますので、無理なく理解することができます。

↑ Step Up

出題頻度は低いのですが、知識の幅を広げたい方はぜひ一読してみてください。

整 理

各節の重要ポイントをまとめてあります。知識の再確認に使用してください。

Contents

第1編　管理委託契約書・規約・その他関連知識

第3章　賃貸住宅の管理業務等の適正化に関する法律

第4章　住宅の品質確保の促進等に関する法律

第5章　宅地建物取引業法

第2編　管理組合の会計・財務等

第1章　管理組合の会計知識

第 **1** 編

管理委託契約書・規約・その他関連知識

第 **1** 章

不動産登記法

登記簿等のしくみ

重要度 マ **B** 主 **B**

❖ **Introduction** ❖

民法の規定によれば、土地や建物の売買などの不動産に関する権利の変動は、原則として、登記をしなければ第三者に対抗することができないことになっている（177条）。この不動産の権利に関する対抗要件である登記について、具体的な手続を定めたものが、不動産登記法である。

この節では、登記のしくみ等について学習する。

❶ 不動産登記法の目的

不動産登記法は、不動産の**表示**および不動産に関する**権利**を公示するための登記に関する制度について定めることにより、国民の権利の保全を図り、もって取引の安全と円滑に資することを目的とする（不動産登記法1条）。

❷ 登記のしくみ

1．登記記録

登記は、登記官が登記簿に登記事項を記録することによって行う（11条）。この記録のことを「登記記録」といい、これは、表示に関する登記または権利に関する登記について、**一筆の土地**または**1個の建物ごと**に作成される。登記記録とは、「**電磁的記録**（電子的・磁気的方法その他、人の知覚によっては認識することができない方式で作られる記録であって、電子計算機による情報処理の用に供されるものをいう。つまり、コンピュータのハードディスク等に記録されたデータ）」のことをいう（2条5号）。

2．登記記録の構成

登記記録は、次のように「表題部」および「権利部」に区分して作成される（12条）。

(1) 表題部

登記記録のうち、不動産の表示（土地・建物の所在地等）に関する登記である**表示に関する登記が記録される部分**をいう（2条7号）。

なお、表示に関する登記のうち、その不動産について表題部に最初にされる登記のことを、**表題登記**という（2条20号）。

(2) 権利部

登記記録のうち、不動産についての権利に関する登記である**権利に関する登記が記録される部分**をいう（2条8号）。権利部はさらに**甲区**と**乙区**に区分される。

① **甲区** ➡ **所有権**に関する登記

② **乙区** ➡ **所有権以外の権利**（地上権、抵当権、賃借権、質権、先取特権、地役権等）に関する登記

【登記記録の構成】

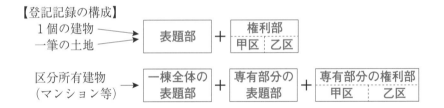

3．順位番号と受付番号

登記した**権利の優劣**は、原則としてその**登記の前後**による（4条1項）。その登記の前後は、登記に番号が記録されているので、それで判断できる。

(1) 順位番号

甲区、乙区にそれぞれ独立に順位番号が記録されており、**同区間の優劣は順位番号**で決まる（規則2条1項）。

(2) 受付番号

受付番号は、各登記所で登記を受け付けた順につけていく番号である。つまり、甲区・乙区の区分にかかわらず受付順にふっていく通し番号と考えてよい。したがって、**この受付番号**によって、**別区間の登記の優劣**が判断できる（規則2条1項）。

4．登記簿・その公開

登記簿とは、登記記録が記録される帳簿であって、磁気ディスク等をもって調製されたものをいう（2条9号）。この登記簿は、登記所において、次のように公開されている。

① **何人も**、登記官に対し、手数料を納付して、登記記録に記録されている事項の全部または一部を証明した「**登記事項証明書**」の交付を請求できる（119条1項）。交付年月日・登記官の認証文の記載があり、送付（郵送）方法により交付も請求できる。

② **何人も**、登記官に対し、手数料を納付して、登記記録に記録されている事項の概要を記載した「**登記事項要約書**」の交付を請求できる（119条2項）。交付年月日・登記官の認証文の記載はなく、送付方法により交付を請求できない。

5．図面・それらの公開

(1) 図　面

登記所には、登記簿以外にも、次のような図面が備え付けられている（14条1項）。これらは、電磁的記録に記録できる（同6項）。

① **地　図**

一筆または二筆以上の土地ごとに**作成**し、各土地の区画を明確にし、地番を表示する（14条2項）。

② **建物所在図**

1個または2個以上の建物ごとに**作成**し、各建物の位置および家屋番号を表示する（14条3項）。

③　地図に準ずる図面

　登記所には、地図が備え付けられるまでの間、これに代えて、備え付けることができる（14条4項）。この図面は、一筆または二筆以上の土地ごとに土地の位置、形状および地番を表示するものとする（同5項）。

(2)　図面の公開

　次の方法により、写しの交付等を請求できる（120条）。

① **何人**も、登記官に対し、手数料を納付して、これらの全部または一部の写しの交付を請求できる（120条1項）。

② **何人**も、登記官に対し、手数料を納付して、これらの閲覧を請求することができる（120条2項）。

❸　登記機関

1．登記所

　登記の事務は、不動産の**所在地を管轄**する登記所がつかさどる（6条1項）。登記所とは、国の行政機関であり、不動産の所在地を管轄する法務局、地方法務局、これらの支局または出張所のことをいう。

2．登記官

　登記所における事務は、登記官が取り扱う（9条）。登記官とは、公務員であって、登記所に勤務する法務事務官のうちから、法務局または地方法務局の長が指定する者をいう。

❹　登記することができる権利・その順位

1．登記することができる権利

　登記は、「不動産の表示」または「不動産についての**所有権**・地上権・永小作権・地役権・先取特権・質権・**抵当権**・**賃借権**・**配偶者居住権**・採石権の保存等（保存・設定・移転・変更・処分の制限または消滅）」についてする（3条）。この中でも、変更登記は、次のように分類できる。

　　①　**変更登記**（狭義）

　　　登記事項に変更（後発的原因）があった場合に、その登記事項を変更する登記をいう（2条15号）。

　　②　**更正登記**

　　　登記事項に、当初から錯誤または遺漏（原始的原因）があった場合に、その登記事項を訂正する登記をいう（2条16号）。

2．権利の順位

　　①　同一の不動産について登記した権利の順位は、法令に別段の定めがある場合を除き、**登記の前後**による（4条1項）。

　　②　**付記登記**の順位は、**主登記**の順位により、同一の主登記に係る付記登記の順位は、その前後による（4条2項）。**付記登記**とは、すでに「主登記」としてなされた権利に関する登記についてする登記であって、その「主登記」としてなされた権利に関する登記を変更・更正し、または所有権以外の権利にあってはこれを移転、もしくはこれを目的とする権利の保存等をするもので、「主登記」と一体のものとして公示する必要があるものをいう。これに対し、**主登記**とは、付記登記の対象となるすでにされた権利に関する登記をいう。

【資料①】 土地の表示

表題部（土地の表示）			調　製	余白		不動産番号	
地図番号	余白		筆界特定	余白			
所　在	○×□					余白	
①地番	②地目	③地積　　m²	原因及びその日付　〔登記の日付〕				
1番	宅　地	○○○｜○○	令和○年○月○日×××〔令和○年○月○日〕				
所有者　○○○　吉田太郎							

＊　下線は抹消事項であることを示している。以下同様。

【資料②】 建物の表示

表題部（主である建物の表示）			調製		不動産番号	
所在図番号	余白					
所　　在	○×□1番地		余白			
家屋番号	1番		余白			
①種類	②構造	③床面積　　m²	原因及びその日付　〔登記の日付〕			
居　　宅	鉄筋コンクリート造陸屋根4階建	1階　○○○｜○○ 2階　○○○｜○○ 3階　○○○｜○○ 4階　○○○｜○○	令和○年○月○日新築〔令和○年○月○日〕			
表題部（付属建物の表示）						
符号	①種類	②構造	③床面積　　m²	原因及びその日付　〔登記の日付〕		
	物置	鉄筋スレート葺2階建	1階　○○｜○○ 2階　○○｜○○	〔令和○年○月○日〕		

【資料③】 土地権利部（甲区）

権利部（甲区）（所有権に関する事項）				
順位番号	登記の目的	受付年月日・受付番号	権利者その他の事項	
1	所有権保存	令和○年○月○日第○○号	所有者	○○○ 吉田太郎
付記1号	1番所有権登記名義人住所変更	令和○年○月○日第○○号	原因 住所	令和○年○月○日住所変更 ○××
2	所有権移転	令和○年○月○日第○○号	原因 所有者	令和○年○月○日売買 △△△ 吉田花子

9

【資料④】 土地権利部（乙区）

権利部（乙区）（所有権以外の権利に関する事項）				
順位番号	登記の目的	受付年月日・受付番号	権利者その他の事項	
1	抵当権設定	令和○年○月○日 第○○号	原因 債権額 利息 債務者 抵当権者	令和○年○月○日金銭消費貸借 同日設定 金○ 年○% ○○○ 吉田太郎 ××× ▲銀行株式会社
2	地上権設定	令和○年○月○日 第○○号	原因 目的 存続期間 地代 支払期 地上権者	令和○年○月○日設定 鉄筋コンクリート造建物所有 ○年 ○円 毎年○月○日 △△△ A
3	1番抵当権抹消	令和○年○月○日 第○○号	原因	令和○年○月○日弁済

整理　登記記録の構成

重要度　マ **C** 主 **B**

❖　**Introduction**　❖

　この節では、登記はどのようにして行うのか、登記に必要な情報はどのようなものかについて学習する。

【登記手続の原則と例外】

1．申請主義

(1) 権利に関する登記

　法令に別段の定めがある場合を除き、当事者の**申請**または官庁もしくは公署の嘱託がなければすることができない（16条1項）。登記手続は、当事者の意思に委ねればよいからである。物権変動が生じても、次の「一定の場合」を除き、**申請義務はない**。また、物権変動が生じたからといって、当然に、登記官が**職権**で所有権移転の登記等を行うこともできない。

「一定の場合」：相続等による所有権移転登記申請の場合（76条の2）

① 　所有権の登記名義人について**相続開始があったとき**は、当該相続により所有権を取得した者は、原則として、自己のために**相続開始があったことを知り**、かつ、当該所有権を取得したことを**知った日から3年以内**に、**所有権移転登記申請をしなければならない**[①]。

② 　①による登記（民法900条・901条により算定した相続分に応じてされたものに限る）がされた後に遺産分割があったときは、当該遺産分割によって当該相続分を超えて所有権を取得した者は、原則として、当該遺産分割の日から3年以内に、所有権移転登記申請をしなければならない[②]。

なお、登記官は、登記の申請があった場合、申請人となるべき者以外の者が申請していると疑うに足りる相当な理由があると認めるときは、その申請を却下すべき場合を除き、申請人またはその代理人等に対し、**出頭を求め**、**質問をし**、または**文書の提示その他必要な情報の提供を求める方法**により、その申請人の申請の**権限の有無を調査**しなければならない（不動産登記法24条1項）。

(2) 表示に関する登記

登記官は、**職権で行うことができる**（28条）。なぜなら、不動産の物理的現況を客観的に把握するという機能を有しているからである。

また、**表示に関する登記**には、次のように、所有者等に**申請義務がある**。

① **新築した建物**または**区分建物以外の表題登記がない建物**の所有権を取得した者
➡ その所有権取得の日から**1ヵ月以内**に、建物の**表題登記を申請**しなければならない（47条1項）。

② **土地・建物が滅失したとき**の表題部所有者または所有権の登記名義人
➡ その滅失の日から**1ヵ月以内**に、その土地・建物の**滅失の登記を申請**しなければならない（42条、57条）。

これらを怠ると**10万円以下の過料**に処せられる（164条）。

2．登記申請の方法

(1) 申請情報の提供（18条）

登記の申請は、次の方法のいずれかにより、**申請情報**※を**登記所に提供**してしなけ

ればならない。

① 電子情報処理組織を使用する方法（オンライン申請）

② 申請情報を記載した書面（磁気ディスクを含む）を提出する方法（書面申請）
　※　申請情報とは
　　（ア）不動産を識別するために必要な事項
　　（イ）申請人の氏名または名称
　　（ウ）登記の目的
　　（エ）その他の登記申請に必要な事項

(2) 共同申請主義

① 原　　則

　権利に関する登記の申請は、法令に別段の定めがある場合を除き、**登記権利者**および**登記義務者**が共同してしなければならない（60条）。

　（ア）登記権利者とは

　　➡　権利に関する登記をすることにより、登記上、直接に利益を受ける者をいう。

　【例】売買を原因とする所有権移転登記の申請では、「買主」のこと。

　（イ）登記義務者とは

　　➡　権利に関する登記をすることにより、登記上、直接に不利益を受ける者をいう。

　【例】売買を原因とする所有権移転登記の申請では、「売主」のこと。

② 例　　外

　次の場合は、**単独**で登記を申請することができる。

・所有権**保存**の登記（74条）

・相続による登記（63条2項）

・遺贈（相続人に対する遺贈に限る）による所有権移転の登記（63条3項）

・登記手続を命じる確定判決（給付判決）による登記（63条1項）

・登記名義人の氏名等の変更・更正の登記（64条）

・買戻し特約に関する登記の抹消〔契約日から10年経過したとき〕（69条の2）

・仮登記義務者の承諾書を添付してなす**仮登記**の申請（107条1項）等

(3) 登記申請の方法

　登記の申請は、**表示に関する登記**であっても**権利に関する登記**であっても、必ずしも登記所に**出頭して行う必要はない。**

　つまり、書面申請による場合でも、この当事者は、「登記所に出頭して行う」こともできるし、「申請情報等を記載した書面を郵送して行う」こともできる。

3．登記申請に必要となる情報

　登記の申請は、次のような(1)～(4)の一定の情報を登記所に提供してしなければならない。

(1) 申請情報（18条）

　前述 **2.**(1)のとおりである。

(2) 登記原因証明情報（61条）

　権利に関する登記を申請する場合には、申請人は、原則として、その申請情報と併せて、登記原因証明情報を提供しなければならない。

　これは、主に登記原因の真実性を確保するために必要とされるものであるので、原則として、すべての権利に関する登記において、その提供が必要となる。

(3) 登記識別情報

① 登記識別情報※の提供（22条）

　登記権利者および登記義務者が共同して**権利に関する登記の申請**をする場合等には、申請人は、原則として、その申請情報と併せて登記義務者の登記識別情報を提供しなければならない。つまり、登記により不利益を受ける登記義務者の本人確認をする手段として、これを提供することが求められている。

※　登記識別情報：登記事項および登記名義人ごとに作成される、一定の符号その他の情報のこと。

② 事前通知等（23条）

　登記識別情報は、減失・亡失等の事情がある場合でも、再通知（再発行）される

ことはない。したがって、登記申請にあたり、登記義務者の登記識別情報を提供することができない場合には、登記識別情報に代わる本人確認の手段が必要となる。

そこで、次のような制度が存在する。

（ア）登記官による事前通知制度

登記官は、申請人が共同して登記申請をする場合において、**登記識別情報を提供できないとき**は、**登記義務者に対し**、「登記申請があった旨」、「その申請の内容が真実であると思料するときは一定の期間内にその旨の申出をすべき旨」を**通知**しなければならない。この場合、登記官は、申出期間内に申出がない限り、その申請に係る登記できない（同1項）。

さらに、**登記官**は、**登記識別情報を提供できない登記申請**が、**所有権に関する登記**である場合、登記義務者の住所について変更の登記がされているときは、原則として、**事前通知制度に加えて**、その登記義務者の登記記録上の**前の住所にあてて**、その登記申請があった旨を**通知**しなければならない（同2項）。なぜなら、登記名義人以外の者が登記義務者になりすまして、登記申請をしていることも考えられるからである。

（イ）資格者代理人による本人確認制度

登記識別情報を提供することができない登記申請が、登記の申請の代理を業とすることができる**代理人**（司法書士、土地家屋調査士、弁護士）**によってされた場合**であって、**登記官がその代理人からその申請人が登記義務者であることを確認するために必要な情報の提供を受け**、かつ、その内容を相当と認めるときは、登記義務者への**事前通知をする必要はない**（同4項1号）。

（4）その他の政令で定められる添付情報（26条）

その他、登記申請の手続に関し必要な事項は、政令で定められている。

4．申請の受付・却下の手続

（1）申請の受付（19条）

① 登記官は、申請情報が登記所に提供されたときは、その申請情報に係る登記の申請の受付をしなければならない（同1項）。

②　同一の不動産に関し2以上の申請がされた場合において、その**前後が明らかで
ない**ときは、これらの申請は、**同時**にされたものとみなされる（同2項）。

(2)　申請の却下（25条）

　登記官は、主に次の却下事由に該当する場合には、理由を付した決定で、登記の申
請を却下しなければならない。

①　申請に係る不動産の所在地がその申請を受けた登記所の管轄に属しない場合

②　申請が登記事項以外の事項の登記を目的とする等

　ただし、その申請の不備が補正することができるものである場合において、登記官
が定めた相当の期間（補正期間）内に、申請人がこれを補正したときは、登記の申請
は却下されない（同ただし書）。

　もちろん、その申請が却下事由に該当しなければ、登記官は、その申請に係る登記
事項を登記簿へ記録することになる。

5．登記の完了

　登記官は、その登記をすることによって申請人自らが登記名義人となる場合、その**登
記が完了**したときは、速やかに、その申請人に対し、原則として、その登記に係る**登記
識別情報を通知**しなければならない（21条）。この登記識別情報とは、登記名義人が登
記所より通知を受け、その者しか知りえない重要な情報であるので、その所持人が真正
な登記名義人であることの証明として機能することになる。

　ただし、その申請人があらかじめ登記識別情報の**通知を希望しない旨の申出**をした場
合等には、この**通知は行われない**（同ただし書）。つまり、登記識別情報は、重要な情
報であるが、これを忘れてしまったり、他人に読み取られたりすることも考えられるの
で、通知を受けるべき登記名義人が、あらかじめ登記所に申出をすることによって、登
記識別情報の通知を希望しないことも選択できるようにしている。

権利に関する登記

重要度 マ **C** 主 **B**

❖ Introduction ❖

　「権利に関する登記」とは、実体的な物権変動を公示することにより、不動産取引の安全と円滑を図るため、対抗力が認められている登記である。

　この節では、権利に関する登記のうち、「所有権の保存の登記」とはどのようなものか、「仮登記」とはどのようなもので、それにはどのような効力があるのかについて学習する。

❶ 所有権の保存の登記① （74条１項）

　所有権の保存の登記とは、初めてする所有権の登記のことをいう。この登記の申請は、単独申請によるが、次の者しか申請できない。

- ① 表題部所有者またはその相続人その他の一般承継人
- ② 所有権を有することが確定判決によって確認された者
- ③ 収用によって所有権を取得した者

先生からの コメント

①区分建物の表題部所有者の持分の変更をする場合の手順は、まず①当該区分建物について所有権保存登記をする、その後、②その所有権移転登記をする（32条）。表題部所有者の持分変更登記は権利に関する登記にあたるため、表示に関する登記として申請できないからである。

❷ 仮登記 （105条）

１．仮登記ができる場合

　仮登記とは、本登記をするだけの実体法上または手続法上の要件が具備していない場合に、将来その要件が備わったときになされるべき本登記のために、その**順位を保全する効力**がある登記をいう。仮登記は、次の場合にできる。

(1) 添付情報の不備

　　権利について保存等があった場合、その保存等に係る登記の申請をするために登記所に対し提供しなければならない情報であって、申請情報と併せて提供しなければならないものとされているもののうち一定のものを提供できないとき、である。

　　つまり、所有権の移転等の効力が生じているにもかかわらず、添付情報に不備があるため、本登記の申請ができない場合、順位を保全するのになされる仮登記である。

(2) 請求権保全のため

　　権利の設定・移転・変更・消滅に関して請求権（始期付きまたは停止条件付きのもの、その他将来確定することが見込まれるものを含む）を保全しようとするとき、である。

　　つまり、所有権の移転等の効力がいまだ生じていないにもかかわらず、将来なされる本登記の順位を保全する必要があるときになされる仮登記である。

2．仮登記の申請（107条）

　仮登記は、次の①および②の場合は、その仮登記の登記権利者が単独で申請できる（同1項）。

　　①　仮登記の登記義務者の承諾がある場合
　　②　仮登記を命ずる処分がある場合

なお、登記権利者および登記義務者が共同して仮登記を申請する場合、例外として、登記識別情報を提供する必要はない（同2項）。

3．仮登記の効力

(1) 仮登記に基づく本登記の順位（106条）

　　仮登記に基づいて本登記をした場合は、その本登記の順位は、その仮登記の順位による。つまり、仮登記に基づく本登記をしない限り、**対抗力は認められない**。

(2) 仮登記に基づく本登記（109条）

　所有権に関する仮登記に基づく本登記は、登記上の利害関係を有する第三者がある場合には、その「**第三者の承諾があるとき**」※に限り申請できる（同1項）。

> ※　「第三者の承諾があるとき」とは
> 　　登記所に、その第三者の承諾情報またはこれに対抗することのできる裁判の謄本を提供して登記申請がなされた場合をいう。

　そして、登記官は、この申請に基づいて登記をするときは、**職権**で、仮登記後にされた第三者の所有権移転登記等を抹消しなければならない（同2項）。

(3) 仮登記の抹消（110条）

　仮登記の抹消は、共同申請の例外として、仮登記の登記名義人が単独で申請できる。
　また、仮登記名義人の承諾がある場合には、仮登記の抹消について登記上の利害関係を有する者も、単独で仮登記の抹消を申請できる。

【資料⑤】仮登記

△△△	全部事項証明書	（土地）	
権利部（甲区）（所有権に関する事項）			
順位番号	登記の目的	受付年月日・受付番号	権利者その他の事項
1	所有権保存	令和○年○月○日 第○○号	所有者　×××　A
2	所有権移転請求仮登記	令和○年○月○日 第○○号	原因　令和○年○月○日代物弁済予約　権利者　○○○　B
	余白	余白	余白
3	所有権移転	令和○年○月○日 第○○号	原因　令和○年○月○日売買　所有者　△△△　C

区分所有建物の登記

重要度 ▽特**A** 主**B**

❖ Introduction ❖

　区分所有建物に関する登記は、一戸建ての建物に関する登記と比べ、どのように異なっているのだろうか。

　この節では、区分所有建物の登記について、どのような構成になっているのかを学習する。

❶ 区分所有建物の登記①

1．建物の表題登記の申請（47条）

(1)「**新築した建物**」「**区分建物以外の表題登記がない建物**」の所有権を取得した者は、その所有権取得日から1ヵ月以内に、**表題登記を申請しなければならない**（1項）。

(2) 区分建物である建物を**新築**した場合、その所有者について一般承継（相続・合併）があったときは、**一般承継人**も、被承継人を表題部所有者とするその建物についての**表題登記を申請できる**（2項）。

2．建物の表題登記の申請方法（48条）

(1)「**区分建物が属する1棟の建物が新築された場合**」「表題登記がない建物に接続して区分建物が新築されて1棟の建物となった場合」におけるその区分建物についての**表題登記の申請**は、「その新築された1棟の建物」「その区分建物が属することとなった1棟の建物に属する他の区分建物」についての**表題登記の申請**と併せて**しなければならない**（1項）。つまり、**原始取得者**（最初に1棟全体を所有している者で分譲業者など）が、区分建物についての建物の表題登記をまとめて申請することになる。

(2) (1) の場合、その区分建物の所有者は、他の区分建物の所有者に**代わって**、他の区分建物についての表題登記を**申請できる**（2項）。

(3) 区分建物が**表題登記のある区分建物でない建物に接続して新築**された場合、その区分建物の所有者がする表題登記の申請は、表題登記のある建物についての**表題部の変更の登記の申請**と併せてしなければならない（3項）。

３．建物の表題部の変更の登記（51 条）

(1) 敷地権の登記のある区分建物について、**敷地権の種類について変更**があった場合、表題部所有者または所有権の登記名義人は、当該変更があった日から１ヵ月以内に、その登記事項に関する**変更の登記を申請**しなければならない（1 項、44 条 1 項 9 号）。

(2) 変更の登記は、その登記に係る**区分建物と同じ一棟の建物に属する他の区分建物**についてされた**変更の登記としての効力を有する**（51 条 5 項）。

(3) 変更の登記がされたときは、**登記官**が、**職権**で、その一棟の建物に属する他の区分建物について、その登記事項に関する**変更の登記**をしなければならない（6 項）。

４．共用部分である旨の登記（58 条）

(1) この登記は、その共用部分である旨の登記をする建物の表題部所有者または所有権の登記名義人以外の者は、申請できない（2 項）。

(2) この登記は、その共用部分である建物に所有権等の登記以外の権利に関する登記があるときは、その権利に関する登記に係る権利の登記名義人の承諾があるとき（その権利を目的とする第三者の権利に関する登記がある場合は、その第三者の承諾を得たときに限る）でなければ、申請できない（3 項）。

(3) **登記官**は、共用部分である旨の登記をするときは、**職権**で、その建物について表題部所有者の登記または権利に関する登記を**抹消**しなければならない（4 項）。

(4) 共用部分である旨の登記がある区分建物について、**共用部分である旨を定めた規約を廃止**した場合、その建物の所有者は、その規約の廃止の日から１ヵ月以内に、**その区分建物の表題登記②を申請**しなければならない（6 項）。

(5) 規約を廃止した**後**に当該区分建物の**所有権を取得した者**は、その所有権の取得の日から１ヵ月以内に、その**区分建物の表題登記②を申請**しなければならない（7 項）。

５．権利の登記の申請者（74 条 2 項）

区分建物にあっては、表題部所有者（原始取得者）から所有権を取得した者も、直接自己名義で所有権保存登記を申請できるが、その際は、登記原因を証する情報を提供しなければならない。

なお、その建物が**敷地権付き区分建物**であるときは、その**敷地権の登記名義人の承諾**を得なければならない。

先生からのコメント

① 表題部所有者の更正登記

　区分建物の所有者と当該区分建物の表題部所有者とが異なる場合にする当該表題部所有者の更正登記は、当該区分建物の所有者以外の者は、申請できない（33条）。

② 「表題部所有者の変更の登記」を申請するのではないので、注意のこと。

❷　共用部分の登記

１．法定共用部分

法定共用部分については登記ができない。

２．規約共用部分

規約により共用部分（団地共用部分を含む。以下同じ）となったものは、その旨の**登記をしないと**、これをもって**第三者に対抗できない**（区分所有法4条2項）。この登記は、次の部分になされる。

> ①　別棟の付属建物（ゴミ置場、倉庫等）の場合
> 　➡　1棟の建物全体の表題部
> ②　専有部分となるべき部分を規約で共用部分とした場合
> 　➡　**建物の登記記録の表題部**（44条1項6号）

３．団地共用部分

　一団地内に数棟の建物があって、その団地内の土地または附属施設（これらに関する権利を含む）がそれらの建物の所有者（専有部分のある建物では、区分所有者）の共有に属する場合、それらの所有者は、全員で、その団地内の土地・附属施設・専有部分のある建物の管理を行うための団体を構成するが（区分所有法65条）、この場合、一団地内の附属施設たる建物は、規約により団地共用部分たる旨の**登記をしないと**、これをもって**第三者に対抗できない**（区分所有法67条1項）。

4．共用部分である旨の登記・団地共用部分である旨の登記（58条）

① 建物の表題部所有者または所有権の登記名義人以外の者は、**申請できない**（2項）。

② 当該共用部分・団地共用部分である区分建物に所有権等の登記以外の権利に関する登記がある場合、当該**権利に関する登記に係る登記名義人の承諾**がなければ、**申請できない**（3項）。

③ **登記官**は、**職権**で、当該建物について表題部所有者の登記または権利に関する登記を抹消しなければならない（4項）。

④ 共用部分である旨・団地共用部分である旨を定めた**規約を廃止**した場合、当該建物の所有者は、当該**規約の廃止日から１ヵ月以内**に、当該区分建物の**表題登記を申請**しなければならない（6項）。

❸ 敷地権の登記

　規約で分離処分ができる旨を定めていない場合は、敷地利用権（共有・準共有のもの）と専有部分を切り離して処分できない。このように分離処分のできない敷地利用権であって、登記されたものを**敷地権**という（44条1項9号）。本来、土地と建物は別個の不動産であるから、土地の登記記録にはその土地上の建物の登記はなされないし、建物の登記記録には土地の登記はなされない。ところが、敷地権は、専有部分とセットで所有権が移転したり、他の権利が設定されたりすることになるので、区分建物では、この敷地権が建物の登記記録の方に表示される。

1．敷地権の表示に関する登記[3]

　敷地権の表示に関する登記は、**建物の登記記録の表題部**になされる（44条1項9号、規則118条）。

① 1棟全体の表題部　➡　敷地権の目的となっている土地の表示

② 各専有部分の表題部　➡　敷地権の種類（所有権・地上権・賃借権）、敷地権の割合

2．敷地権である旨の登記

　登記官は、表示に関する登記のうち、区分建物に関する敷地権について表題部に最初に登記をするときは、その敷地権の目的である**土地の登記記録について**、職権で、その**登記記録中の所有権、地上権その他の権利が敷地権である旨の登記をしなければならない**（46条）。そして、敷地権である旨の登記をするときは、敷地権の目的である土地の登記記録の**権利部の相当区に**記録しなければならない（規則119条1項）。

3．敷地権付き区分建物に関する登記（73条）

（1）敷地権の登記の効力

　敷地権の登記をすると、その後の物権変動は、建物の登記記録についてだけ行われる。

　そして、敷地権付き区分建物についての所有権または担保権（一般の先取特権、質権、抵当権）に係る**権利に関する登記**は、原則として、敷地権である旨の登記をした**土地の敷地権についてされた登記としての効力を有する**（同1項本文）。つまり、区分建物の甲区または乙区にされた登記は、土地に対しても登記したものとして扱われることになる。ただし、敷地権付き区分建物についての所有権に係る仮登記、または、質権や抵当権に係る権利に関する登記であって、区分建物に関する敷地権の登記をした後に登記されたものであり、かつ、その登記原因が当該建物の当該敷地権が生ずる前に生じた場合などは、土地にはその効力が及ばない（同1項ただし書）。

(2) 土地のみ、建物のみに関する登記

① 原 則

(ア) **敷地権である旨の登記をした土地**には、原則として、敷地権の移転の登記または敷地権を目的とする担保権に係る権利に関する**登記ができない**（同2項）。

(イ) **敷地権付き区分建物**には、原則として、その建物のみの所有権の移転を登記原因とする所有権の登記またはその建物のみを目的とする担保権に係る権利に関する**登記ができない**（同3項）。

② 例 外

(ア) 土地について、その土地が**敷地権の目的となる前に登記原因が生じた**敷地権についての仮登記、質権、抵当権の登記（同2項ただし書）。

(イ) 建物について、**敷地権が生ずる前に登記原因が生じた**所有権についての仮登記、質権、抵当権の登記（同3項ただし書）。ただし、この場合は「建物のみに関する」旨を付記登記しなければならない（規則156条）。

(ウ) 分離処分が可能な土地が敷地権の目的となった後に、または、分離処分が可能な建物の敷地権が生じた後に、その登記原因が生じたもの（同2項ただし書・3項ただし書）。

【資料⑥】 敷地権の表示の登記 （一棟の建物の表題部）

○○××　　　　　　　　　　　　　　　　　　　　　区分建物全部事項証明書

専有部分の家屋番号					
表題部（一棟の建物の表示）		調製	余白	所在図番号	余白
所　　　　在	○○××	余白			
建　物　の　名　称	Aマンション	余白			
①構造	②床面積 ㎡（※）		原因及びその日付 〔登記の日付〕		
鉄筋コンクリート造陸屋根4階建	1階 ○○○ ○○		余白		
	2階 ○○○ ○○				
	3階 ○○○ ○○				
	4階 ○○○ ○○				
表題部（敷地権の目的である土地の表示）					
①土地の符号	②所在及び地番		③地目	④地積 ㎡	登記の日付
1	○○××		宅 地	○○○ ○○	令和○年○月○日

※　建物の床面積は、各階ごとに**壁その他の区画の中心線**で囲まれた部分の水平投影面積により、㎡を単位として定め、1㎡の100分の1未満の端数は、切り捨てるものとする（規則115条）。

【資料⑦】専有部分の表題部

表題部（専有部分の建物の表示）			不動産番号	
家 屋 番 号	○○××301		余白	
建物の名称	301号		余白	
①種類	②構造	③床面積　　m²(※)	原因及びその日付　〔登記の日付〕	
居宅	鉄筋コンクリート造1階建	3階部分　○○│○○	令和○年○月○日新築〔令和○年○月○日〕	
表題部（敷地権の表示）				
①土地の符号	②敷地権の種類	③敷地権の割合	原因及びその日付　〔登記の日付〕	
1	所有権	○○○分の○○	令和○年○月○日敷地権〔令和○年○月○日〕	
所 有 者	○○××　B			

※　建物の床面積は、**壁その他の区画の内側線**で囲まれた部分の水平投影面積により、m²を単位として定め、1 m²の100分の1未満の端数は、切り捨てるものとする（規則115条）。

【資料⑧】敷地権である旨の登記

（敷地権が**所有権**の場合）

権利部（甲区）（所有権に関する事項）			
順位番号	登記の目的	受付年月日・受付番号	権利者その他の事項
1	所有権敷地権	余白	建物の表示　□□□ 1棟の建物の名称　Aマンション 令和○年○月○日登記

（敷地権が**賃借権**の場合）

権利部（乙区）（所有権以外の権利に関する事項）			
順位番号	登記の目的	受付年月日・受付番号	権利者その他の事項
1	賃借権設定	令和○年○月○日第○○号	原因　令和○年○月○日設定 目的　建物所有 賃料　○○円 支払時期　毎月月末 存続期間　○年 賃借権者　××× 　　　　　　　A
2	1番賃借権敷地権	余白	建物の表示　□□□ 1棟の建物の名称　Aマンション 令和○年○月○日登記

第 2 章

借地借家法

借地権

重要度 マ **C** 主 **C**

❖ ◆ Introduction ◆ ❖

　借地借家法は、立場の弱い借主保護のために、民法の特別法として規定された法律である。民法上の賃貸借契約とどこが異なるのか、注意しながら学習しよう。

❶ 借地権

1．借地権

　建物を所有するための敷地に関する権利のことを**敷地利用権**というが、これには、所有権と「**借地権**」がある。この借地権とは、建物の**所有を目的とする**「**地上権**」と「**土地賃借権**」①を総称するものである（借地借家法1条、2条1号）。

　借地借家法では、借地権の保護を主たる目的としている。

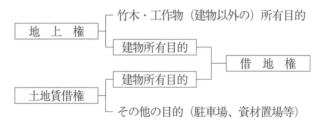

　先生からの
　コメント

　①使用貸借は含まれない。

2．借地権者・借地権設定者

① **借地権者**

➡　借地権を有する者で、マンション等を所有するための土地を利用する者

② **借地権設定者**

➡　借地権者に対して、借地権を設定している者で、土地を利用させる地主

❷　借地権の存続期間

借地権を設定する場合の存続期間は、後述の事業用借地権を除き、30 年以上でなければならない（3 条）。

① 30 年以上で定めた場合　➡　その定めた期間

② **30 年未満**で定めた場合　➡　**30 年**（9 条）

③ **期間を定めなかった場合**　➡　**30 年**

❸　借地権の更新

1．合意更新

① 地主との合意による更新である。**借地上にマンション等が存在しているか否かにかかわらず、合意により更新される。**

② 期間は、最初の更新に関しては**最低 20 年以上、2 回目以降は最低 10 年**以上で定めなければならない（4 条）。これより短い期間で定めた場合は、それぞれ 20 年、10 年となる。

2．請求による更新

① 借地上に**マンション等が存在**している場合に限って、借地権者からの更新の請求（地主の承諾等がなくても）により、更新される。

② 期間は、**初回が 20 年、2 回目以降が 10 年**となる。期間以外の条件は従前の契約と同一の条件となる。

③ 地主が遅滞なく**正当事由ある異議**を述べた場合は更新されない（5 条 1 項）。

3．法定更新

① 借地上に**マンション等が存在**しており、期間満了後も借地権者が引き続き土地の使用を継続し、地主が**正当事由をもって遅滞なく異議**を述べないときは、期間以外、従前の契約内容と同一の条件で更新したものとみなされる。

② 期間は初回が 20 年、2 回目以降が 10 年となる（5 条 2 項）。

❹　借地権の譲渡・転貸

　マンションの敷地利用権が、借地権であった場合、その区分所有者である借地権者は、地主に無断で、借地上の区分所有権を第三者に譲渡できるであろうか。

　もし、その第三者が借地上の区分所有権を譲り受けた場合に、土地を利用する借地権も取得できなければ、この第三者は当該マンションを利用できなくなってしまう。

１．借地権が「地上権」の場合

　地上権は物権なので、譲渡・転貸は地主の**承諾がなくても**自由に行える。

２．借地権が「賃借権」の場合

　賃借権の無断譲渡・無断転貸は、原則としてできず、契約解除の対象となることがある。この場合、地主は、時価でその区分所有権を売り渡すよう請求できる。

　ただし、借地借家法では、賃借権の譲渡・転貸により賃貸人が不利となるおそれがないにもかかわらず承諾を与えない場合、裁判所は、**借地権者の申立てにより、地主の承諾に代わる許可**を与えることができる（19条）。

３．マンションの競売等による土地賃借権の譲渡

　抵当権の実行により、従たる権利である賃借権も区分所有権と共に移転するため、競売による場合であっても、原則として、賃貸人の承諾が必要である。

　借地上の建物を**競売・公売によって取得した者**は、地主が不利となるおそれがないにもかかわらず、その賃借権の譲渡を承諾しない場合は、**地主の承諾に代わる許可の裁判**を申し立てることができる。この申立ては、競落人等が競落により建物の**代金を支払った後２ヵ月以内**に限り行うことができる（20条1項～3項）。

❺　建物買取請求権

１．更新拒絶の場合の建物買取請求（13条）

　借地契約の期間が満了した場合、借地上にマンション等の**建物が存在している**のに、地主が正当事由ある異議を述べて更新を拒絶した等、**契約の更新がなされなかったとき**は、**借地権者**は、地主に建物を時価で買い取るように請求できる。

2．第三者の建物買取請求（14条）

　賃借権の譲渡または転貸について賃貸人が承諾を与えない場合、借地上の建物を買い受けた譲受人は、地主に対して建物を時価で買い取るように請求できる。

❻　借地権の対抗要件

　賃借権は、登記できないことはない。しかし、土地所有者に登記協力義務がないため、民法上は、賃借人が賃借権を、第三者に確実に対抗する方法がなく、賃借人の立場は不安定である。

1．建物の登記

　借地借家法では、借地上に所有する建物の登記を行えば、対抗力が認められる（10条）。つまり、借地上の建物の登記②が、対抗要件として認められている。さらに、その建物の登記は、**保存登記**に限られず、**表題登記（表示の登記）**で足りるとされている（判例）。

> **先生からのコメント**
>
> ②（1）建物の登記名義人と借地権者は、同一人でなければならず、妻名義や長男名義の建物登記では、借地権の対抗要件として認められない（判例）。
> 　（2）借地上に2棟の建物が存するときは、一方の建物の登記があれば、他方の建物について登記がなくとも、借地人は第三者に対して、土地全体について借地権を対抗できる（判例）。

2．掲示による保全

　借地権の対抗力を借地上の建物の登記に頼っている場合、借地上の建物が滅失してしまうと、その借地権は、再築されるまで対抗力を失う。

　つまり、建物が再築されない間に、土地所有者が土地を第三者に転売した場合、借地権者は、新しい所有者に借地権を対抗しえない。

　そこで、借地借家法では、建物が滅失しても、そこに建物が存在していたこと、および再築の予定等につき、掲示を行うことによって、建物滅失の日から2年間は第三者に対抗できるとしている（10条2項）。

❼　強行規定

❷～❻について借地権者に**不利な特約**は無効となる 。

↑Step Up

1．借地上の建物の再築

	最初の契約期間中	更　　　新　　　後
地主が再築について承諾を与えた場合	①　「承諾があった日」と「再築された日」のいずれか**早い日**から、借地権は**20年間延長**される。 ②　存続期間がそれより長い場合や当事者が合意でそれより長い期間を定めた場合は、その期間となる（7条1項）。	最初の契約期間中と同様。
地主が再築について承諾を与えない場合	①　承諾を得られなかった場合や無断再築の場合は、借地契約は当初の契約期間で終了する。 ②　マンション等が残存していれば更新請求や法定更新もできる。	①　無断で、あるいは承諾を得ないで存続期間を超えるようなマンション等を再築した場合は、地主は借地権者に対して地上権の消滅請求、または土地賃貸借の解約の申入れができる（8条2項）。 ②　借地権者が裁判所に申し立てて、**地主の承諾に代わる裁判所の許可**を受けることにより、再築ができる（18条1項）。
地主からの確答がない場合	借地権者が地主に対し、再築を申し出る通知をしたにもかかわらず、地主がその通知を受けてから**2ヵ月経過しても地主より確答がない場合**は、再築の**承諾があったものとみなされる**（7条2項）。	最初の契約期間のような承諾の擬制は適用されず、地主の承諾を受けるか裁判所の許可を受けなければならない。

2．定期借地権（22条、23条、24条）

　借地借家法の規定は、強行規定と呼ばれ、これらの規定に反する借地権者に不利な特約は、原則として認められない。ただし、次の定期借地権に関しては例外で、一定の要件を満たすことにより、不利な特約が付けられる。

	一般定期借地権 （22条）	建物譲渡特約付 借地権（24条）	事業用定期借地権等（23条）	
存続期間	50年以上	30年以上	10年以上 30年未満	30年以上 50年未満
目　的	自　　　由	自　　　由	事業目的に限定	
要　件	公正証書等書面による更新をしない旨の特約※。	30年以上経過の後、建物を土地所有者に譲渡する旨の特約。	公正証書による設定契約による特約。	
内　容	借地権消滅後、借地人は建物を収去して土地を明け渡す。	借地権消滅後、借地上の建物を地主が買取り、更新はしない。	借地権消滅後、借地人は建物を収去して、土地を明け渡す。	特約で、左記と同様の定めができる。
対抗要件	登　　記	特約に基づき、建物に所有権移転請求権の仮登記をつける。	登　　記	
建物利用	①　建物買取請求権は排除される。 ②　利用は継続されない。	利用は継続される。	①　建物買取請求権は排除される。 ②　利用は継続されない。	特約で、左記と同様の定めができる。
消　滅	**更新がなく**、期間の満了（または建物の土地所有者への譲渡）によって、借地契約が終了する。			①　特約で、左記と同様の定めができる。 ②　特約で、建物の再築による存続期間の延長をしないと定めることができる。

　※　この特約がその内容を記録した**電磁的記録**（電子的方式、磁気的方式その他、人の知覚によっては認識することができない方式で作られる記録であって、電子計算機による情報処理の用に供されるものをいう）によってされたときは、その特約は、「公正証書等書面」によってされたものとみなされ、この規定が適用される（2項）。

借家権

❖ Introduction ❖

建物賃貸借においても、借主保護のために民法の規定が修正されている。ここでも、民法上の賃貸借契約と比較しながら学習していこう。

❶ 借家権

　マンションの区分所有者が、自己の専有部分等を賃貸する場合、その賃借人（占有者）は、その部分を借りる権利を有する。つまり、この建物の賃借権のことを「借家権」という。借地借家法は、借家権の保護を主たる目的としている。ただし、建物の**明らかな一時使用目的**の賃貸借①については、借地借家法は適用されない（40条）。

先生からの
コメント

・①使用貸借にも適用はない。

❷ 存続期間と更新等

１．期間を定める場合

（1）存続期間

　民法604条（最長50年）の規定は、建物の賃貸借である借家契約には適用されないので（29条2項）、借家契約については、**50年を超えることができる**。たとえば、60年と定めたときは60年となる。

　ただし、**1年未満の期間**を定めた場合は、後述の定期建物賃貸借を除いて、**期間の定めのない賃貸借契約**とみなされる（29条1項、38条1項）。

（2）更　新

①　当事者が**契約期間満了の1年前から6ヵ月前までの間**に更新拒絶の通知、または条件を変更しなければ更新しない旨の通知をしなかったときは、従前の契約と同一の条件（ただし、契約期間については期間の定めのない契約となる）で**更新したものとみなされる**（26条1項）。賃貸人が更新拒絶を行う場合は、**正当事由**が必要である（28条）。

②　更新拒絶の通知があった場合であっても、期間満了後、賃借人（転借人）が**使用を継続**し、賃貸人がそれに対して遅滞なく異議を述べなかったときは、同様に**更新したものとみなされる**（26条2項）。

2．期間を定めない場合

(1) 解約の申入れ

当事者は、いつでも解約の申入れを行うことができるが、賃貸人が行う場合は**正当事由が必要**である。解約の申入れを行うと、次の期間経過後に賃貸借契約は終了する。

① **賃貸人から解約**の申入れを行った場合　➡　**6ヵ月**（借地借家法27条）

② **賃借人から解約**の申入れを行った場合　➡　**3ヵ月**（民法617条）

(2) 更　新

賃貸人が解約の申入れを行い6ヵ月経過した場合でも、賃借人（転借人）が使用を継続し、賃貸人がそれに対して**遅滞なく異議**を述べなかったときは、更新したものとみなされる（27条2項）。

❸　借家権の譲渡・転貸

賃借権の譲渡・転貸には、賃貸人の承諾[2]が必要となる。借家権も同様、無断譲渡・転貸を行った場合は、信頼関係が破壊されたとはいえない特段の事情があるときを除き、賃貸人は契約を解除できる（民法612条）。

②借地権の譲渡・転貸と異なり、承諾に代わる裁判所の許可は与えられない。

ケーススタディ　1

Bは、A所有のマンションの専有部分を賃借している。BはAの承諾を得て、当該専有部分をCに転貸した。この場合において、ＡＢ間の賃貸借契約が期間満了により終了したとき、Cはただちに専有部分を明け渡さなければならないのだろうか？

AB間の賃貸借契約が終了すると、転借人Cも立退きを余儀なくされる。

そこで、借地借家法では、AB間の賃貸借契約が期間の満了または解約申入れによって終了する場合、**賃貸人**（A）から**転借人**（C）へ**通知をしなければ**、賃貸人は賃貸借契約の終了を転借人に対抗できないとしている（34条1項）。

この通知がなされると、転貸借契約は、その**6ヵ月後に終了する**（同2項）。

④ 造作買取請求権

賃借人は、次の要件を備えた造作を、賃貸借契約が**期間の満了**または**解約申入れ**によって終了する時に、建物の賃貸人に対して、時価で買い取るべきことを請求できる（33条）。ただし、この規定は特約で排除できる（37条）。

① **賃貸人の同意**を得て付加した畳、建具、その他の造作

② 賃貸人から買い受けて付加した造作

⑤ 借家権の対抗要件

賃借権の登記があれば、第三者に対抗できる（民法605条）が、賃借権の登記をするには、マンションの区分所有者等の協力が必要である。しかし、区分所有者等には登記に協力する義務はない。

そこで、借地借家法では、賃借権の登記がなくても**建物の引渡し**を受けていれば、賃借人はその後物権を取得した第三者（新区分所有者等）[3]に対抗できるとしている（31条）。

したがって、賃借人は、建物に住んでいれば、新区分所有者に対して賃借権を主張できる。

先生からのコメント

[3]賃貸人が、賃貸借契約の目的物を第三者に譲渡する場合でも、賃借人の承諾を得る必要はない。

❻　借地上のマンション専有部分等の賃貸借

　土地の賃借権の譲渡・転貸については、原則として地主の承諾がなければ、行うことができないが、借地上のマンション専有部分を第三者に賃貸する場合は、借家人は借地人から独立して土地を使用するわけではないので、**土地賃借権の譲渡・転貸にはあたらず**、そのことにつき**地主の承諾は不要である**（判例）。

❼　専有部分の賃貸借の承継

　専有部分の賃借人が、**相続人なくして死亡**した場合、その当時死亡した賃借人と**事実上の夫婦関係**または養親子関係にあった同居者は、賃借人の権利義務を**承継**する。ただし、その同居者が、相続人なしに賃借人が死亡したことを**知った後1ヵ月以内に、賃貸人に対して反対の意思表示をしたとき**は、賃借人の権利義務は承継されない（36条）。

❽　定期建物賃貸借等

　一般の借家契約では、賃貸人からの更新拒絶には正当事由が必要であるが、なかなかこれが認められないため、賃貸人の立場が弱く、十分な住宅の供給がなされなかった。
　そこで、借地借家法では、更新のない定期建物賃貸借が認められている（38条）。

1．定期建物賃貸借（38条）

(1) 要　件

① 　期間の定めのある専有部分等の賃貸借であること（**1年未満のものでもよい。つまり、6ヵ月と定めれば6ヵ月となる**）。
② 　公正証書等書面によって行わなければならない（1項）。なお、この賃貸借の契約がその内容を記録した電磁的記録によってされたときは、その契約は、公正証書等書面によってされたものとみなされ、この規定が適用される（2項）。
③ 　契約締結にあたって、賃貸人は賃借人に対し、あらかじめ、契約の更新がなく、期間満了によって賃貸借が終了することにつき、その旨を記載した**書面を交付して説明**する必要がある（この書面による説明がないときは、**更新がないこととする旨の定めは無効**となる）（3項）。

④　賃貸人は、③の規定による書面の交付に代えて、建物の**賃借人の承諾**を得て、当該書面に記載すべき事項を**電磁的方法**（電子情報処理組織を使用する方法等の情報通信の技術を利用する方法で一定のものをいう）により提供できる。この場合、当該建物の賃貸人は、当該書面を交付したものとみなされる（4項）。

(2) 終　了

① 　**賃貸人**からの通知

期間が**1年以上**の賃貸借であるときは、賃貸人は、期間満了の1年前から6ヵ月前までの間（**通知期間**）に、賃借人に賃貸借が終了する旨の**通知**をしなければ、その終了を賃借人に対抗できない（通知期間経過後の通知のときは、通知のときから6ヵ月の経過によって終了する）。

② 　賃借人からの中途解約

賃貸借の対象となる**床面積が200 ㎡未満**の、居住用マンションの専有部分の賃貸借において、転勤、療養、親族の介護その他**やむをえない事情**によって、賃借人が専有部分を生活の本拠として使用することが困難となったときは、**賃借人は解約申入れ**ができる（賃貸借は解約申入れから1ヵ月で終了する）。

③ 　①や②に反する特約で、賃借人に**不利な特約**は無効である。

２．取壊し予定のマンションの専有部分等の賃貸借（39条）

(1) **契約や法令**（借地上の専有部分の賃貸にあたり、当該借地権が定期借地権の場合等）によって一定期間経過後に**取壊しが予定**されている専有部分の賃貸借であり、専有部分を取り壊すべき事由を記載した書面で行わなければならない（1項・2項）。

(2) (1)の特約がその内容および建物取壊し事由を記録した電磁的記録によりされたときは、その特約は書面でされたものとみなされ、この規定が適用される（3項）。

❾　強行規定

前述❹、❼、❽を除いた、❷、❸、❺、❻の借地借家法の規定に反する特約で、賃借人または転借人に**不利なもの**は無効となる。

重要度　マ C　主 C

❖ **Introduction** ❖

この節では、賃貸借契約に、「一定期間賃料の増額請求や減額請求ができない旨の特約」がある場合の効果を比較して学習する。

1．増減額請求

家賃・地代（**家賃等**）が経済事情の変動等により不相応となった場合、当事者は将来に向かって、家賃等の増額または減額の請求ができる。ただし、契約に「**一定期間増額しない**」**旨の特約**がある場合、その期間は**増額の請求ができない**（11条、32条）。これに対し、「一定期間減額しない」旨の特約があっても、減額請求ができる（判例）。また、この増減額請求の規定は、定期建物賃貸借契約において、借賃の改定に関する特約がある場合には、適用されない（38条9項）。

（1）増額請求

家賃等の増額を請求したが当事者間に協議が調わない場合、その請求を受けた者は、増額を正当とする裁判が確定するまで、相当と思う額の家賃等を支払っていればよい。ただし、その裁判が確定し、既に支払った額に不足が生じた場合は、その**不足額に年1割の割合による利息**を付して支払わなければならない。

（2）減額請求

家賃等の減額を請求したが当事者間に協議が調わない場合、その請求を受けた者は、減額を正当とする裁判が確定するまで、相当と思う額の家賃等を請求できる。ただし、その裁判が確定し、既に支払いを受けた額が正当とされた額よりも多いときは、その**超過額に年1割の割合による利息**を付して返還しなければならない。つまり、減額請求がなされた時点以降分の家賃等が減額される（判例、増額請求の場合も同様）。

2．調停前置主義（民事調停法24条の2）

借地借家法の適用を受ける土地や建物の賃貸借における、地代または家賃の増減額請求については、調停前置主義がとられる。つまり、増減額請求について当事者間に協議が調わないため訴えを提起する場合、裁判の前にまず調停を行う必要がある。

第 **3** 章

賃貸住宅の管理業務等の適正化に関する法律

賃貸住宅の管理業務等の適正化に関する法律（賃貸住宅管理業法）

重要度 ▽ **C** 主 **B**

❖ Introduction ❖

　この法律は、不動産業者による賃貸住宅の管理方法の適正化を図るため、2020年6月12日に可決成立し、翌年6月15日に施行された。主に、不動産業者（サブリース業者）と不動産オーナー間のトラブルを防止し、オーナーの利益を守る内容の規定が設けられている。

　200戸以上の住戸を管理する賃貸住宅管理業者には、登録の義務付けがあり、不動産オーナーに対する重要事項の説明や書面交付（オーナーの承諾があれば「電子データ」でも対応可能）の義務に関する定めがある。

❶ 目 的（1条）

　社会経済情勢の変化に伴い国民の生活の基盤としての**賃貸住宅**の役割の重要性が増大していることに鑑み、**賃貸住宅**の入居者の居住の安定の確保や**賃貸住宅**の賃貸に係る事業の公正かつ円滑な実施を図るため、賃貸住宅管理業を営む者に係る**登録制度**を設け、その業務の適正な運営を確保するとともに、**特定賃貸借契約**の適正化のための措置等を講ずることにより、良好な居住環境を備えた**賃貸住宅**の安定的な確保を図り、もって国民生活の安定向上や国民経済の発展に寄与することである。

❷ 賃貸住宅管理業の登録（3条）

1．登 録

　賃貸住宅管理業を営もうとする者は、原則として、**国土交通大臣の登録**を受けなければならない。ただし、賃貸住宅管理業に係る**戸数が200戸未満**であるときは、登録を受ける**必要はない**（同1項、施行規則3条）。

2．更 新

（1）登録は、**5年ごとにその更新**を受けなければ、その期間の経過によって、その効力を失う（同2項）。

(2) 更新の申請があった場合、登録の有効期間の満了の日までにその申請に対する処分がされないときは、**従前の登録は、登録の有効期間の満了後もその処分がされるまでの間は、なおその効力を有する**（同3項）。

❸　業務管理者の選任（12条）

賃貸住宅管理業者は、その**営業所または事務所ごと**に、**1人以上の業務管理者を選任**して、当該営業所または事務所における業務に関し、管理受託契約（管理業務の委託を受けることを内容とする契約をいう）の内容の明確性、管理業務として行う賃貸住宅の維持保全の実施方法の妥当性その他の賃貸住宅の入居者の居住の安定および賃貸住宅の賃貸に係る事業の円滑な実施を確保するため必要な一定事項についての**管理・監督に関する事務**を行わせなければならない（同1項）。

❹　管理受託契約の締結時の書面の交付（13条）

賃貸住宅管理業者は、**管理受託契約を締結しようとするとき**は、管理業務を委託しようとする賃貸住宅の**賃貸人**（賃貸住宅管理業者である者その他の管理業務に係る専門的知識・経験を有すると認められる者として一定のものを除く）に対し、当該**管理受託契約を締結するまで**に、管理受託契約の内容およびその履行に関する事項であって一定のものについて、**書面を交付して説明**しなければならない（同1項）。

❺　誇大広告等の禁止（28条）

特定転貸事業者または勧誘者（以下「**特定転貸事業者等**」という）は、特定賃貸借契約に基づき賃借した賃貸住宅を第三者に**転貸する事業に係る特定賃貸借契約の条件について広告をするとき**は、①特定賃貸借契約に基づき特定転貸事業者が支払うべき家賃、②賃貸住宅の維持保全の実施方法、③特定賃貸借契約の解除に関する事項、④その他の事項について、**著しく事実に相違する表示**をし、または**実際のものよりも著しく優良・有利であると人を誤認させるような表示**をしてはならない。

❻　特定賃貸借契約の締結前の書面の交付（30条1項）

特定転貸事業者は、**特定賃貸借契約を締結しようとするとき**は、特定賃貸借契約の相

手方となろうとする者（特定転貸事業者である者その他の特定賃貸借契約に係る専門的知識・経験を有すると認められる者としての一定のものを除く）に対し、当該**特定賃貸借契約を締結するまで**に、特定賃貸借契約の内容・その履行に関する事項で一定のものについて、**書面を交付して説明**しなければならない。

❼　書類の閲覧（32条）

特定転貸事業者は、当該特定転貸事業者の**業務・財産の状況を記載した書類**を、特定賃貸借契約に関する業務を行う**営業所または事務所に備え置き**、特定賃貸借契約の相手方（またはなろうとする者）の求めに応じ、**閲覧させなければならない**。

❽　不当な勧誘等の禁止（29条）と罰則（42条2号）

特定転貸事業者等は、不当な勧誘等が禁止されている（29条）。

この禁止規定に違反して、故意に事実を告げない場合、6ヵ月以下の懲役もしくは50万円以下の罰金に処せられるか、またはこれを併科される（42条2号）。

第 **4** 章

住宅の品質確保の促進
等に関する法律

住宅の品質確保の促進等に関する法律

重要度 マ **A** 主 **A**

❖ Introduction ❖

この法律では、民法・宅建業法（後述）における契約不適合責任とは異なる規定がおかれている。それぞれの法律の適用範囲に注意しながら学習しよう。

❶ 目 的

「住宅の品質確保の促進等に関する法律（以下「品確法」という）」は、「住宅の性能に関する表示基準」およびこれに基づく評価の制度を設け、住宅に係る紛争の処理体制を整備するとともに、新築住宅の請負契約・売買契約における担保責任について特別の定めをすることにより、住宅の品質確保の促進、住宅購入者等の利益の保護および住宅に係る紛争の迅速かつ適正な解決を図り、もって国民生活の安定向上と国民経済の健全な発展に寄与することを目的としている。

❷ 日本住宅性能表示基準

国土交通大臣および内閣総理大臣は、住宅の性能に関する表示の適正化を図るため、日本住宅性能表示基準を定めなければならない（3条1項）。これにより、住宅取得者は住宅性能の相互比較をすることができる。

なお、住宅性能に関し、次の10分野については**等級や数値等で表示**され、**等級**では、数字が**大きい**ものほど性能が**高い**ことを表す。

（1）**新築住宅に係る表示すべき事項等**

日本住宅性能表示基準（10分野）	必須分野	選択分野
① 構造の安定に関すること	●	
② 火災時の安全に関すること		○
③ 劣化の軽減に関すること	●	
④ 維持管理・更新への配慮に関すること	●	
⑤ 温熱環境・エネルギー消費量に関すること	●	
⑥ 空気環境に関すること		○
⑦ 光・視環境に関すること		○
⑧ 音環境に関すること		○
⑨ 高齢者等への配慮に関すること		○
⑩ 防犯に関すること		○

(2) 既存住宅に係る表示すべき事項等

前記(1)の①②④⑥⑦⑨⑩と同じ。

　新築住宅の場合、高齢者等への配慮の程度が1～5等級（既存住宅では0～5等級）により表示され、配慮の程度が**最も高い等級は5等級**である（国土交通省告示1346号）。

❸　契約不適合責任

　新築住宅の取得契約（請負・売買）において、**住宅の構造耐力上主要な部分**（基礎・壁・柱・梁など）**と雨水の浸入を防止する部分**（屋根・外壁など）（政令で定められる。これらをまとめて**基本構造部分**と呼ぶ）について、**引き渡した時から10年間の契約不適合責任**が義務づけられている。

1．適用対象

① **新築住宅**※の**請負**契約（契約解除・損害賠償請求・追完請求・報酬減額請求）と**売買**契約（契約解除・損害賠償請求・追完請求・代金減額請求）に適用される（94条、95条）。

　※　新築住宅の要件（2条2項）
　　　a）新たに建築された住宅
　　　b）まだ人の居住の用に供したことのないもの
　　　c）建設工事完了日から起算して1年を経過していないもの

② **住宅**（人の居住の用に供する家屋等であればよいので、一戸建住宅だけでなく、マンションも対象となる）の**基本構造部分**の瑕疵（構造耐力または雨水の浸入に影響のないものを除く）に限る。

③ **一時使用**目的が明らかな住宅には**適用されない**（96条）。

④ 民法566条との関係（95条3項）

　　品確法が適用される場合でも、通知期間に関する566条が適用されるので、買主が契約不適合（品確法でいう瑕疵）を知った場合には1年以内に契約不適合を売主に通知する必要がある。なお、566条ただし書によれば、「売主が引渡時にその不適合を知り、または重大な過失によって知らなかったときは、この限りでない」とあるので、この場合、通知の期間制限を設ける必要はない。

2．適用期間

① **担保期間**は、注文者・買主に**引き渡した時**から10年（94条1項、95条1項）である。

② **特約で20年**まで**伸長**できる。特約は基本構造部分に限らず締結できる（97条）。

③ 売買契約の目的である新築住宅が、**住宅新築請負契約**に基づき、請負人から売主に引き渡されたものである場合では、買主の**責任追及期間**は、請負人が**売主に引き渡した時**から10年である（95条1項カッコ書）。

3．責任内容

① **売買**の担保責任について、買主は**修補請求**もできる（95条3項）。

② 注文者・買主に**不利な特約は、無効**（94条2項、95条2項）である。

【例】契約締結日から10年間の担保責任を負うという特約

➡ 引渡し時からかぞえると10年より短くなるので、買主に不利な特約として無効。

↑Step Up

１．住宅性能評価の制度

(1) **住宅性能評価の制度**は、新築住宅・既存住宅を対象とする（５条参照）。前述❸の契約不適合責任は、新築住宅のみを対象としているが、このこととは混同しないように注意のこと。またこの制度は、**任意の制度**であり、これを利用するか否かは当事者の判断に委ねられている（５条、６条参照）。

住宅性能表示制度による性能評価の流れ

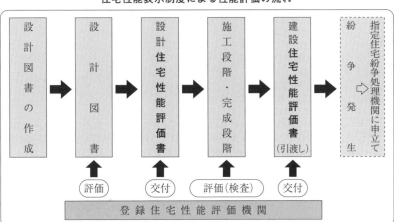

(2) 共同住宅では、専有部分に比べ共用部分の占める割合が高いため、住宅の性能評価は、**住戸（専有）部分**と**住棟（共用）部分の両方が評価される必要**がある。

(3) **登録住宅性能評価機関**は、次の表の①〜③に掲げる住宅性能評価を行う住宅の区分に応じ、それぞれ当該中欄に掲げる者に該当する者であって、国土交通大臣の登録を受けた者（登録講習機関）が行う講習の課程を修了したもののうちから**評価員を選任**しなければならない（13条）。そして、この選任された評価員が住宅性能評価を実施することになる（９条１項１号）。

別表

	① 次の住宅（7条2項1号）	② 次の住宅（7条2項2号）	③ ①②以外の住宅（7条2項3号）
住宅性能評価を行う住宅	（ア）木造の建築物または建築物の部分で、高さが13mまたは軒の高さが9mを超えるもの （イ）鉄筋コンクリート造、鉄骨造、石造、れん瓦造、コンクリートブロック造もしくは無筋コンクリート造の建築物または建築物の部分で、延べ面積が300m²、高さが13mまたは軒の高さが9mを超えるもの （ウ）延べ面積が1,000m²を超え、かつ、階数が2以上の建築物	（ア）①（イ）に掲げる構造の建築物または建築物の部分で、延べ面積が30m²を超えるもの （イ）延べ面積が100m²（木造の建築物にあっては、300m²）を超え、または階数が3以上の建築物	
評価員	一級建築士・建築基準適合判定資格者検定合格者またはこれらと同等以上の知識および経験を有する者	左の者または二級建築士・これと同等以上の知識および経験を有する者	左の者または木造建築士・これと同等以上の知識および経験を有する者
数	住宅性能評価を行う設計された住宅の棟数を190で除した数および住宅性能評価を行う建設された住宅の棟数を120で除した数の合計	住宅性能評価を行う設計された住宅の棟数を1,100で除した数および住宅性能評価を行う建設された住宅の棟数を340で除した数の合計	住宅性能評価を行う設計された住宅の棟数を2,500で除した数および住宅性能評価を行う建設された住宅の棟数を600で除した数の合計

備考
　この表において、住宅性能評価を行う設計された住宅または建設された住宅の棟数は、7条1項（登録）の申請の日の属する事業年度の翌事業年度における計画（11条1項の登録の更新を受けようとする場合、同2項において準用する7条1項の申請の日の属する事業年度の前事業年度における実績）によるものとする

2．指定住宅紛争処理機関

　建設住宅性能評価書の交付を受けた住宅について、建設工事の請負契約または売買契約に関する紛争が生じた場合、当該紛争の当事者の双方または一方は、**指定住宅紛争処理機関に対し、当該紛争のあっせん、調停および仲裁を申請**できる（67条1項）。

第 5 章

宅地建物取引業法

広告・契約締結上の規制

重要度 マ **C** 主 **C**

❖ ▶ Introduction ◀ ❖

　ここから宅地建物取引業法（以下「宅建業法」という）の学習に入る。この法律は、一般消費者保護のために宅地建物取引業者（以下「宅建業者」という）がすべきこと、してはならないことを規定している。

　マンション管理士・管理業務主任者試験対策としては、後述の重要事項の説明、契約不適合責任の特例等、ポイントをしぼって学習していこう。

❶ 誇大広告の禁止と取引態様の明示

　マンション等の広告などでは、私たちの購入意欲をかき立てるような、魅力的なキャッチフレーズが載せられている。マンション等は高価なものであるから、それに関する広告は、一般の広告に比べて、より正確であることが要求される。

　そこで、法は広告についてさまざまな規制をしている。

1．誇大広告の禁止（32条）

(1) 規制の対象となる広告の手段

　広告の手段としては、インターネット、新聞、雑誌、立看板、放送、DM等さまざまな方法があるが、どのような手段によるものであれ、一切の広告を規制の対象としている。

(2) 誇大広告の禁止規定

　宅建業者は、次に該当するような広告①を出してはならない。

① 著しく事実に相違する表示

② 実際のものよりも著しく優良であると人を誤認させるような表示

③ 実際のものよりも著しく有利であると人を誤認させるような表示

先生からの コメント

- ①(1) 表現全体から誤認させるようなもので足りるので、事実を表示しないことによって消極的に誤認させる場合も該当する。
- (2) 誇大広告を出しただけで宅建業法違反となる。実際に誤認した者がいなかった場合や実害がない場合であっても違反となる。
- (3) 売る意思がなかったり、実在しないマンションを広告するなどの「おとり広告」も規制の対象になる。

2．取引態様の明示義務（34条）

　宅建業者がどのような形で取引に関与するのかは、取引の相手にとって重要な事柄である。たとえば、宅建業者の自社マンションを購入する場合、代金を支払えば足りるが、宅建業者が媒介や代理として取引に関与している場合、代金の他に報酬というものを支払わなければならない。

　そこで、宅建業者は、マンション等の売買・交換・貸借に関して**広告**をするとき、および**注文**を受けたときは、**取引態様を明示**しなければならないとされている。

（1）**明示を必要とする取引態様**②

取引の種類 取引態様	売 買	交 換	貸 借
自ら当事者	○	○	×
媒　　介	○	○	○
代　　理	○	○	○

先生からの コメント

- ②取引態様の別は、宅地建物取引士が明示する必要はない。

（2）**明示の時期**

① **広告をするとき** ➡ 広告に明示する③。

② **注文を受けたとき** ➡ 遅滞なく注文者に明示する④。

先生からのコメント

③取引態様を明示した広告を見て注文をした者に対しても、改めて取引態様を明示しなければならない。

④注文を受けた場合の取引態様の明示は文書でも口頭でもよい。

❷ 広告開始・契約締結時期の制限

１．広告開始・契約締結時期の制限（33条、36条）

　未完成マンションの場合、取引においては完成時のマンションの形状として、模型図や完成予想図等を用いて広告がなされたり、これを想定して契約がなされたりする。それによって、実際の完成マンションとの間に食い違いが生じて、トラブルが生ずることもある。こういったトラブルを最小限におさえるため、宅建業法では、**一定の建築確認等があった後**でなければ、広告を開始したり契約を締結してはならない⑤としている。

先生からのコメント

⑤次のような広告も不可

（1）将来売り出す予定であることを示す予告広告

（2）開発許可申請中、建築確認申請中という広告

２．規制の対象となる取引⑥

　「広告開始時期の制限」と「契約締結時期の制限」において、その規制の対象となる取引は次のとおりである。

　つまり、「広告開始時期の制限」については、宅地建物取引業（以下「宅建業」という）に該当するすべての取引（自ら当事者となる貸借は除く）が規制の対象となり、「契約締結時期の制限」においては、売買・交換の契約のみが規制の対象となる⑦。

〔広告開始時期の制限〕

取引態様＼取引の種類	売買	交換	貸借
自ら当事者	○	○	×
媒　　介	○	○	○
代　　理	○	○	○

比較

〔契約締結時期の制限〕

取引態様＼取引の種類	売買	交換	貸借
自ら当事者	○	○	×
媒　　介	○	○	×
代　　理	○	○	×

先生からの
コメント

⑥広告開始時期の制限や契約締結時期の制限は、あくまでも未完成マンション等についての制限であり、完成したマンション等については制限がない。

⑦「契約締結時期の制限」において貸借が除外されている理由

（1）広告は多数の者が対象となるが、契約は1対1であり、損害も他へ拡大しない。

（2）貸借は売買に比べて損害が比較的少ない。

1 媒介契約

重要度　マ **C** 主 **C**

❖ Introduction ❖

　　宅建業者と媒介や代理を依頼した者との間では、口頭による契約が締結されると、後でトラブルに発生することがある。そこで、契約関係や宅建業者の責任の所在を明確にするため、一定の規制が設けられている。なお、代理を依頼された場合は「代理契約」を締結することになるが、代理契約についてもこの節の規定が準用される。

　　この節では、媒介契約の種類や規制について学習する。

❶ 媒介契約の種類
媒介契約には、次のようなタイプがある。

１．一般媒介契約
　依頼者が、同一マンション等について、他の宅建業者に**重ねて媒介の依頼ができる**媒介契約をいう。

　（1）**一般媒介契約（明示型）**
　　重ねて媒介を依頼した他の宅建業者を**明示する義務のある**ものをいう。

　（2）**一般媒介契約（非明示型）**
　　重ねて媒介を依頼した他の宅建業者を**明示する義務のない**ものをいう。

２．専任媒介契約
　依頼者が、同一マンション等について、他の宅建業者に**重ねて媒介の依頼ができない**媒介契約をいう。

　（1）**専任媒介契約**
　　依頼者は、他の宅建業者に**重ねて媒介を依頼できない**が、**自己発見取引**（自分が契約の相手を見つけること）は**できる**。

(2) 専属専任媒介契約

依頼者は、他の宅建業者に**重ねて媒介の依頼ができず**、さらに**自己発見取引もできない**。つまり、依頼者が契約をした宅建業者の探索した相手以外の者と契約を締結できない。

❷　媒介契約書の交付等

売買・交換契約の媒介の依頼を受けた**宅建業者**には、**媒介契約書の交付**または**電磁的方法による提供が義務**づけられている。

１．媒介契約書の交付・電磁的方法による提供（宅建業法 34 条の 2 第 1 項）

(1) 交付する相手

売買または交換の媒介の依頼者に対して交付する。しかし、貸借の媒介契約には適用されないので、貸借の媒介の依頼者に対しては、交付義務はない。

(2) 交付する者

宅建業者が、一定事項を記載した書面を作成し、これに**記名押印**して依頼者に交付する。なお、電磁的方法であって記名押印に代わる措置を講ずるものとして国土交通省令で定めるものにより提供できる。この場合、当該宅建業者は、当該書面に記名押印し、これを交付したものとみなされる。この書面等への記名は、**宅地建物取引士**（以下「宅建取引士」という）**が行う必要はない**。宅建取引士が記名するのは、後述の❷で学習する重要事項説明書と❸で学習する 37 条書面に対してである。

２．書面等の記載・記録事項（34 条の 2 第 1 項、施行規則 15 条の 9）

① 物件を特定するために必要な事項（所在、地番、種類、構造等）

② マンション等の売買すべき価額または評価額

　　・売買すべき価額：売買の媒介を依頼した場合の希望価格

　　・評価額：交換の媒介を依頼した場合の評価額

③ 媒介契約の種類

④ 〈既存建物の場合〉建物状況調査※を実施する者のあっせんに関する事項

　　※　建物の構造耐力上主要な部分または雨水の浸入を防止する部分として国土交通省令で定めるもの〈建物の構造耐力上主要な部分等〉の状況の調査であって、経年変化その他の建物に生じる事象に関する知識および能力を有する者として国土交通省令で定める者が実施する調査のこと

⑤　媒介契約の有効期間および解除に関する事項

⑥　指定流通機構への登録に関する事項

⑦　**報酬に関する事項**

　　宅建業者は、代理・媒介に関して報酬を受けることができる。この報酬の額は、国土交通大臣の定めるところにより上限が定まっており、この額を超えて報酬を受領してはならない（46条1項・2項）。したがって、依頼者との間で自由に設定することはできない。

⑧　違反に対する措置

⑨　その媒介契約が、国土交通大臣の定めた標準媒介契約約款にもとづくものであるか否かの区別

❸　専任媒介契約および専属専任媒介契約に関する規定

　専任媒介契約や専属専任媒介契約は、他の宅建業者に重ねて依頼のできない媒介契約であり、依頼者は一つの宅建業者に拘束されることになる。そこで宅建業法は、依頼者を保護するため次のような規定を定め、**これに反する特約で依頼者に不利なものは無効**としている（34条の2第10項）。

1．有効期間の制限（34条の2第3項・4項）

　専任媒介契約・専属専任媒介契約は、有効期間等に制限がある。

（1）期間

　　3ヵ月を超えてはならない。3ヵ月を超えて定めたときは、**3ヵ月に短縮**される。

（2）更新

　　依頼者の申出により、更新できる。したがって、「自動更新する」旨の特約は無効となる。この場合でも、媒介契約全体が無効となるわけではなく、違反した部分の特約のみが無効となる。また、更新後の期間も**3ヵ月以内**としなければならない。

2．業務処理状況の報告義務（34条の2第8項・9項・10項）

　媒介契約を締結した宅建業者は、当該契約の目的物である宅地・建物の売買・交換の申込みがあったときは、遅滞なく、その旨を依頼者に報告しなければならず、これに反する特約は無効となる。

　また、次のような割合で、依頼者に業務の処理状況を報告しなければならない。なお、

この報告は文書でも電子メールや口頭でもよい。

(1) 専任媒介契約　➡　**2 週間に 1 回以上**

(2) 専属専任媒介契約　➡　**1 週間に 1 回以上**

3．契約相手方の積極的探索義務

(1) 指定流通機構への登録義務（34 条の 2 第 5 項、施行規則 15 条の 8 、15 条の10）

宅建業者は、契約の相手方を広く探索するため、次の期間内に、必ず一定事項を**指定流通機構に登録**しなければならない。また、期間の計算について宅建業者の**休業日は算入しない**。

① 専任媒介契約の場合　➡　媒介契約締結の日から **7 日以内**

② 専属専任媒介契約の場合　➡　媒介契約締結の日から **5 日以内**

(2) 指定流通機構への登録事項（34 条の 2 第 5 項、施行規則 15 条の 11 ）

① 物件の所在・規模・形質　② 売買すべき価額・評価額
③ 物件に係る都市計画法その他法令に基づく制限で主要なもの
④ 媒介契約が専属専任媒介契約である場合はその旨

※ 当事者の氏名や住所は、登録事項ではない。

(3) 登録済証の引渡義務（34 条の 2 第 6 項・12 項、50 条の 6）

指定流通機構は、(1)の登録があったときは、その登録をした宅建業者に対し、当該**登録を証する書面を発行**しなければならない。また、**宅建業者**は、その登録を証する書面を、**遅滞なく依頼者に引き渡さなければならない**。なお、この書面の引渡しに代えて、**依頼者の承諾**を得て、当該書面において証されるべき事項を**電磁的方法**であって国土交通省令で定めるものにより**提供**できる。この場合、当該宅建業者は、当該書面を引き渡したものとみなされる。

(4) 成約した場合の通知義務（34 条の 2 第 7 項、施行規則 15 条の 13 ）

宅建業者は、登録をした物件の売買・交換の契約が成立したときは、**遅滞なく指定流通機構**へその旨を**通知**しなければならない。

通知すべき事項
① 登録番号　② 取引価格
③ 売買・交換契約の成立した年月日

※ 当事者の氏名や住所は、通知事項ではない。

2 重要事項の説明

❖ Introduction ❖

　宅建業法の中で、試験対策上最も重要な範囲である。特に、何が説明事項となっているかということを、しっかりと記憶する必要がある。

❶ 重要事項の説明義務①（35条）

　マンション等の所有権や賃借権等を取得しようとする者が、何も知らないまま取引をしてしまうと、後で思わぬ損害を被ったりすることがある。

　そこで、宅建業法では、契約を締結する前に、そのマンション等についての重要な事項を宅建取引士をして説明させ、かつ、宅建取引士が記名した**書面**（重要事項説明書）**を交付**または宅建取引士が電子署名した電磁的方法による重要事項説明書を提供しなければならないとしている。

先生からの コメント

①説明においての注意点
　(1) 宅建業者間の取引においては、説明を省略できる。
　(2) 説明場所については、特に規定されていない。したがって、喫茶店・レストラン等で説明したとしても宅建業法違反にはならない。
　(3) 売買・交換・貸借のすべての取引において、「**IT重説**」の実施が可能である（宅建業法の解釈・運用の考え方35条1項関係）。
　　なお、「**IT重説**」とは：
　　① 宅建業法35条に基づき宅建取引士が行う重要事項説明を、テレビ会議等のITを活用して行うもののこと。
　　② パソコンやテレビ等の端末を利用して、対面と同様に説明・質疑応答が行える双方向性のある環境が必要とされる。
　　③ 「宅建業法の解釈・運用の考え方」において、対面で行う重要事項説明と同様に取り扱うものと規定される。

1．誰が誰に対していつ行うのか

(1) 重要事項の説明義務者

宅建業者であり、宅建取引士ではない。

宅建取引士をして説明させることが、**宅建業者に義務**づけられている。

(2) 説明の相手方

権利を取得しようとする者に対して行う。

〈説明の相手方〉

	売　　買	交　　換	貸　　借
当事者	**買主**となろうとする者	取得しようとする者	
代　理	**買主**となろうとする者	取得しようとする者	**借主**となろうとする者
媒　介	**買主**となろうとする者	取得しようとする者	**借主**となろうとする者

(3) 説明時期

契約が成立するまでの間に行う。

2．重要事項の説明の方法

重要事項の説明は、少なくとも後出❷に掲げる事項について、書面に記載し、その書面（重要事項説明書）を交付または電磁的方法による重要事項説明書を提供して、相手方に説明しなければならない。

(1) 説明者（35条4項）

宅建取引士が行わなければならない。この場合、説明する宅建取引士は、**専任か一般かを問わない**。

また、宅建取引士が重要事項の説明をするときは、**取引の相手方から請求がなくても宅建取引士証を提示**しなければならない。

(2) 重要事項説明書への宅建取引士の記名（35条5項・8項・9項）

宅建取引士が記名（電磁的方法による提供の場合、当該電磁的方法で明示）しなければならない。

❷ 重要事項説明書の記載・記録事項

宅建業者は、少なくとも次の事項について記載した書面または電磁的方法により宅建取引士に記名または電磁的方法で明示させ、相手方に交付または提供しなければならない。

1．売買・交換の場合

（1）記載・記録事項一覧

		記　載　・　記　録　事　項	建物	宅地
物件に関する事項	①	登記簿上の権利		○
	②	法令にもとづく制限		
	③	私道に関する負担		
	④	飲用水・電気・ガス等の供給施設、排水施設の整備状況		
	⑤	〈未完成物件の場合〉完成時の形状・構造		
	⑥	〈既存建物の場合〉建物状況調査の結果の概要		✕
	⑦	〈既存建物の場合〉建物の建築および維持保全の状況に関する書類の保存の状況		
取引条件等に関する事項	⑧	代金・交換差金以外に授受される金銭の額および金銭の授受の目的	○	○
	⑨	契約の解除に関する事項		
	⑩	損害賠償額の予定または違約金に関する事項		
	⑪	手付金等の保全措置の概要		
	⑫	支払金、預り金を受領する場合の保全措置の内容		
	⑬	ローンのあっせんの内容およびローン不成立の場合の措置		
	⑭	契約不適合責任の履行措置の概要		
	⑮	〈割賦販売契約の場合〉(a)現金販売価格 (b)割賦販売価格 (c)頭金・賦払金の額、支払時期・方法		
（国土交通省令・内閣府令）その他の事項	⑯	造成宅地防災区域内にあるときは、その旨		✕
	⑰	土砂災害警戒区域内にあるときは、その旨		
	⑱	津波災害警戒区域内にあるときは、その旨		
	⑲	水害ハザードマップにおける対象物件の所在地		
	⑳	石綿の使用の内容		
	㉑	耐震診断の結果		
	㉒	住宅性能評価を受けた新築住宅であるときは、その旨		

※　区分所有建物の場合は、上記事項に追加した事項を必要とする。→後述(3)参照

（2）**各記載・記録事項の内容について**

①　**登記簿上の権利関係**[②]（35 条 1 項 1 号）

（ア）登記された権利の種類および権利の内容

（イ）登記名義人または登記簿の表題部に記録された所有者の氏名（法人の名称）

②その時点で登記されている権利については説明義務があり、抵当権付のマンシ
ョン等で、その抵当権が引渡しまでに抹消される見込みがある場合でも、その
旨を説明しなければならない。

②　**法令に基づく制限の内容**（2 号）

使用・収益・処分についての公法上の制限がある場合には、その内容を説明しな
ければならない。

【例】都市計画法・建築基準法等における建築等の制限

③　**私道に関する負担に関する事項**（3 号）

（ア）私道負担の有無、私道面積、通行使用料等の負担金等

（イ）現在の負担金のみならず、将来の負担も含む。

④　**飲用水・電気・ガス等の供給施設、排水施設の整備状況**（4 号）

これらの施設が整備されていない場合は、その整備の見通し、その整備について
の特別の負担（受益者負担金）に関する事項。

⑤　**未完成マンション等の場合**（5 号、施行規則 16 条）

完了時における形状・構造等を記載する。この場合、図面を必要とするときは、
図面を交付して説明するものとされている。

マンションの場合は、完了時における建築工事完了前の（ア）形状・構造、（イ）
建物の主要構造部、（ウ）建物の内装および外装の構造・仕上げ、（エ）設備の設置・
構造、である。

⑥　**〈既存建物の場合〉建物状況調査の結果の概要**（35 条 1 項 6 号の 2 イ、施行規
則 16 条の 2 の 2）

建物状況調査が過去 1 年以内に実施されている場合、建物状況調査を実施した者
が作成した「建物状況調査の結果の概要（重要事項説明用）」に基づき、劣化事象
等の有無を説明する。

⑦　〈既存建物の場合〉建物の建築および維持保全の状況に関する書類の保存の状況（35条1項6号の2ロ、施行規則16条の2の3）

　　書類の保存の状況に関する説明は、原則として、当該書類の有無を説明するものであり、当該書類に記載されている内容の説明まで宅建業者に義務付けるものではない。

⑧　代金・交換差金以外に授受される金銭の額および金銭の授受の目的（35条1項7号）

　　説明すべき金銭には、手付等、さまざまなものがあり、これを明確にするため、その額、名称だけでなく、どのような目的で授受されるかについても説明する。

　　なお、貸借の場合は、借賃以外に授受される金銭として敷金、権利金、礼金、保証金等について説明する。

⑨　契約の解除に関する事項（8号）

　　解除できる場合、その手続、解除の効果等について説明する。

⑩　損害賠償額の予定または違約金に関する事項（9号）

　　損害賠償額の予定を定めるかどうか、違約罰としての違約金を定めるか否かを説明する。

⑪　手付金等の保全措置の概要（10号）

　　宅建業者が自ら売主となって、宅建業者でない者と売買契約を締結した場合においては、原則として、手付金等について保全措置を講じなければならないとされている。

　　この場合における保全措置の概要を説明しなければならない。

⑫　支払金、預り金を受領する場合の保全措置の内容（11号、施行規則16条の3）

　　宅建業者が取引の相手方等から支払金または預り金を受領しようとする場合において、保全措置を講ずるか否かを説明する。保全措置を講ずるのであれば、その内容を説明しなければならない。

　　ただし、次のいずれかに該当するものについては、説明義務はない。

　（ア）50万円未満のもの

　（イ）⑪の保全措置が講じられているもの

　（ウ）宅建業者が登記以後に受領するもの

　（エ）報酬

⑬　代金または交換差金に関する金銭の貸借のあっせんの内容およびそのあっせんに係る金銭の貸借が成立しないときの措置（35条1項12号）

　　依頼者や相手方に対して、住宅ローンなどの融資をあっせんする場合は、融資額、

金利、返済方法等のあっせんの内容や融資条件を説明すると共に、そのあっせんが不調に終わって融資が受けられなかった場合の措置を説明しなければならない。

⑭ **契約不適合責任の履行措置の概要（13号、施行規則16条の4の2）**

　宅地または建物が種類・品質に関して契約の内容に適合しない場合におけるその不適合を担保すべき責任の履行に関し、保証保険契約の締結その他の措置で、国土交通省令で定めるものを講ずるかどうか、およびその措置を講ずる場合におけるその措置の概要を説明しなければならない。

⑮ **割賦販売契約の場合（35条2項）**

　割賦販売とは、マンション等の引渡し後1年以上の期間にわたり、かつ、2回以上に分割して支払うことを条件として販売することをいう。

　（ア）現金販売価格（1号）

　　　　一括払いをする場合の金額をいう。

　（イ）割賦販売価格（2号）

　　　　割賦で支払う場合の総額をいう。通常、現金販売価格より割高である。

　（ウ）頭金・賦払金の額、支払時期および方法（3号）

　　　　マンション等の引渡しまでの間に支払う額（頭金）、月々いくらをどのような方法で支払うかを説明する。

⑯ **造成宅地防災区域内にあるときは、その旨（35条1項14号、施行規則16条の4の3第1号）**

　宅地または建物が、宅地造成等規制法20条1項により指定された造成宅地防災区域内にあるか否かについて、消費者に確認させるために説明する。

⑰ **土砂災害警戒区域内にあるときは、その旨（35条1項14号、施行規則16条の4の3第2号）**

　宅地または建物が、土砂災害警戒区域等における土砂災害防止対策の推進に関する法律7条1項により指定された土砂災害警戒区域内にあるか否かについて、消費者に確認させるために説明する。

⑱ **津波災害警戒区域内にあるときは、その旨（35条1項14号、施行規則16条の4の3第3号）**

　宅地または建物が、津波防災地域づくりに関する法律53条1項により指定された津波災害警戒区域内にあるときは、その旨を説明する。

⑲ **水害ハザードマップにおける対象物件の所在地（35条1項14号、施行規則16条の4の3第3号の2）**

　水防法施行規則11条1号の規定により当該宅地または建物が所在する市町村の長が提供する図面に当該宅地または建物の位置が表示されているときは、当該図面における当該宅地または建物の所在地を説明する。

⑳　**石綿の使用の内容（35条1項14号、施行規則16条の4の3第4号）**

　石綿の使用の有無の調査結果の記録が保存されているときは、その内容として、調査の実施機関・調査の範囲・調査年月日・石綿の使用の有無・石綿の使用の箇所を説明する。

㉑　**耐震診断の結果（35条1項14号、施行規則16条の4の3第5号）**

　一定の書類を添付して説明してもよい。また、売主および所有者に当該耐震診断の記録の有無を照会し、必要に応じて管理組合および管理業者にも問い合わせた上、存在しないことが確認された場合は、その照会をもって調査義務を果たしたことになる。この説明義務では、耐震診断の実施自体を宅建業者に義務付けるものではない。なお、昭和56年6月1日以降に新築工事に着手したものは除かれる。

㉒　**住宅性能評価を受けた新築住宅であるとき（35条1項14号、施行規則16条の4の3第6号）**

　当該建物が、住宅の品質確保の促進等に関する法律（5条1項）に規定する住宅性能評価を受けた新築住宅であるときは、その旨。

(3)　マンション等の場合の追加記載・記録事項（35条1項6号、施行規則16条の2）

	記　載　・　記　録　事　項	売買・交換	貸借
①	敷地に関する権利の種類および内容		×
②	共用部分に関する規約の定め		
③	専有部分の用途、その他の利用制限に関する規約の定め		○
④	専用使用権に関する規約の定め		
⑤	計画修繕費用・通常の管理費用・その他所有者の負担費用を、特定の者にのみ減免する旨の規約の定め	○	×
⑥	計画修繕積立金に関する規約の定めおよびすでに積み立てられている額		
⑦	区分所有者が負担する通常の管理費用の額		
⑧	建物および敷地の管理の委託先・賃貸住宅管理業者登録規程5条1項2号の**登録番号**		○
⑨	一棟の建物の維持修繕の実施状況が記録されているときは、その内容		×

＊1　区分所有建物の貸借契約の場合　➡　③と⑧のみ説明
＊2　②～⑥について、規約がまだ案の段階である場合でも、その案を説明しなければならない。

＊3　②～⑥および⑧は、案も定めもなければ説明不要。
＊4　規約中の管理組合の役員に関する定めについては、説明不要。

① **敷地に関する権利の種類および内容（施行規則 16 条の 2 第 1 号）**

（ア）敷地利用権が所有権・地上権・賃借権のいずれであるかの区別

借地権の場合は、存続期間や地代等についても説明する。

（イ）敷地の実測面積、登記簿上の面積等

② **共用部分に関する規約の定め（2 号）**

規約共用部分（集会室等）の有無等

③ **専有部分の用途その他の利用の制限に関する規約の定め（3 号）**

【例】居住用に限り事業用としての利用を禁止すること、ペットの飼育禁止等の事項

④ **専用使用権に関する規約の定め（4 号）**

【例】専用庭、専用駐車場等の専用使用権が設定されているときはその内容を説明する。使用者の氏名・住所は説明不要。

⑤ **計画修繕費用・通常の管理費用・その他所有者の負担費用を、特定の者にのみ減免する旨の規約の定め（5 号）**

下記⑥の計画的な維持修繕のための費用、下記⑦の通常の管理費用その他の当該建物の所有者が負担しなければならない費用を特定の者にのみ減免する旨の規約の定めがあるときは、その内容を説明する。

⑥ **計画修繕積立金に関する規約の定めおよびすでに積み立てられている額（6 号）**

（ア）建物の老朽化に備え、毎月、計画修繕積立金として積み立てをしているマンションが多い。この場合、売却時に、すでに積み立てられている額を買主に負担させることがあるので、できる限り直近の数値を時点を示して説明しなければならない。

（イ）滞納額がある場合もその額を告げる必要がある。

⑦ **区分所有者が負担する通常の管理費用の額（7 号）**

（ア）区分所有者が月々負担する、管理費や共益費等の名目で支払われる経常的経費で、その額についてはできる限り直近の数値を時点を示して説明する。

（イ）売主が管理費を滞納している場合、特定承継人である買主が債務を承継し

てしまうので、**滞納額があればその額も説明しなければならない。**

　＊　媒介をした宅建業者が説明を怠ったために買主に損害を与えた場合、宅建業者は買主に対して債務不履行責任を負う。

⑧　管理の委託先（8号）

　委託を受けている者の住所・氏名③、賃貸住宅管理業者登録規程5条1項2号の**登録番号**

・　③委託を受けている者が法人であるときは、その商号または名称、主たる事務所の所在地を説明する。

⑨　維持修繕の実施状況の記録（9号）

　維持修繕の実施状況が記録されているときは、その内容を説明する。

2．貸借の場合

(1)　貸借の場合の記載・記録事項一覧

	記　載　・　記　録　事　項	建物	宅地
①	登記簿上の権利	○	○
②	法令に基づく制限	○※1	○※2
③	私道に関する負担	×※3	
④	飲用水・電気・ガスの整備状況		○
⑤	未完成物件の完了時の形状・構造		
⑥	〈既存建物の場合〉建物状況調査の結果の概要		×
⑦	〈完成物件の場合〉建物の設備の整備の状況		
⑧	借賃以外に授受される金銭の額・目的		
⑨	契約の解除に関する事項		
⑩	損害賠償の予定・違約金に関する事項		
⑪	支払金・預り金の保全措置の内容	○	○
⑫	造成宅地防災区域内にあるときは、その旨		
⑬	土砂災害警戒区域内にあるときは、その旨		
⑭	津波災害警戒区域内にあるときは、その旨		
⑮	水害ハザードマップにおける対象物件の所在地		
⑯	石綿の使用の有無		
⑰	耐震診断の結果		×
⑱	**台所・浴室・便所等の整備状況**		

⑲	契約期間および契約更新に関する事項	○	○
⑳	定期借地権に関する事項	×	○
㉑	定期借家権・高齢者の居住の安定確保に関する法律による特例借家権に関する事項	○	×
㉒	マンション等の用途や利用の制限に関する事項	○	
㉓	契約終了時の金銭の精算に関する事項		
㉔	管理の委託を受けた者の氏名・住所		○
㉕	契約終了時における宅地上の建物の取壊しに関する事項を定める場合の内容	×	
㉖	マンション等の場合 ・専有部分の用途や利用の制限に関する規約の定め ・管理の委託先	○※4	×

※１　建物の借主に関係のある法令制限
　【例】建築基準法に規定する道路斜線制限があるときの概要
※２　宅地の借主に関係のある法令制限
　【例】建築基準法に規定する建蔽率・容積率に関する制限や用途制限
※３　私道に関する負担についての事項は、マンション等の貸借の契約である場合には除かれる。
※４　マンション等の場合、㉒㉔の規定は、内容が重なるため除かれる。

(2) マンション等の貸借特有の記載・記録事項（一覧表⑱～㉕）（施行規則16条の4の3）

⑱　台所・浴室・便所等の整備状況（7号）

【例】ユニットバス等の型式、エアコン使用の可否等

⑲　契約期間および契約更新に関する事項（8号）

　契約の始期および終期、期間満了後の更新についての賃料の改定、期限付き建物賃貸借契約の場合は、契約の更新はしない旨等を説明する。

⑳　定期借地権に関する事項（9号）

　借地借家法に規定する定期借地権を設定しようとするときは、その旨を説明する。

㉑　定期借家権・高齢者の居住の安定確保に関する法律による特例借家権に関する事項（9号）

　借地借家法に規定する定期借家権・高齢者の居住の安定確保に関する法律（賃借人が死亡する時に終了する終身建物賃貸借）の適用を受けるときは、その旨説明する。

㉒　マンション等の用途や利用の制限に関する事項④（10号）

【例】居住用のみで事業用としての利用禁止、ペット飼育の禁止、転用禁止等

69

先生からの
コメント

④増改築の禁止や内装工事の禁止等のように、もともと賃借人が行う権限を有しない事項については、対象外なので説明は不要である。

㉓　**契約終了時の金銭の精算に関する事項（11号）**

　敷金、保証金等の契約終了時に精算することとされている金銭の精算について説明をする。あらかじめ事項が明確でない場合であっても、その旨を説明しなければならない。

【例】賃料等の滞納分との相殺、一定の範囲の原状回復費として敷金が充当される予定の有無、原状回復義務の範囲等

㉔　**管理の委託を受けた者の氏名・住所（12号）**

　貸借の目的物であるマンション等の管理が委託されているときは、その委託を受けている者の氏名、住所（法人にあっては商号または名称、主たる事務所の所在地）

㉕　**契約終了時における宅地上の建物の取壊しに関する事項を定める場合の内容（13号）**

　定期借地権が設定されている場合、借地契約終了時に建物を収去して明け渡すべきか否かを説明する。

3 37条書面の交付等

❖ Introduction ❖

　37条書面等とは、宅建業に関する取引における、法定の事項が記載・記録された契約書（売買契約書、交換契約書、賃貸借契約書）をいう。重要事項説明書と比較しながら学習しよう。

❶　37条書面の交付・電磁的方法による提供

1．交付等について

(1) 交付等義務と交付等時期（37条1項）

　宅建業者は、**契約が成立したとき**は、**遅滞なく**、一定事項を記載した書面を交付または電磁的方法により提供しなければならない。

(2) 交付等の相手

　交付等の相手は、重要事項説明書と異なり、**契約の両当事者**である。

	売　買	交　換	貸　借
当事者	取引の相手方		
代　理	依頼者とその相手方（契約の両当事者）		
媒　介	成立した契約の両当事者		

(3) 書面への宅建取引士の記名（37条3項～5項）

　37条書面等①には、**宅建取引士が記名**（電磁的方法による提供の場合、当該電磁的方法に明示）しなければならない。ただし、宅建取引士が記名・電磁的方法で明示すればよく、書面の交付・説明等を、宅建取引士が行う必要はない。

先生からの
コメント

① 37条書面等についての注意点

　(1) 記名等をする宅建取引士は、専任か一般かは問わない。

　(2) 宅建業者間の取引でも、書面等の交付義務がある。

　(3) 書面の交付は、宅建業者の事務所等以外の場所で行ってもよい。

2．書面等への記載・記録事項（37条）

		記　載　・　記　録　事　項	売買・交換	貸借
絶対的記載・記録事項	①	当事者の氏名・住所		○
	②	宅地・建物を特定するため必要な表示		
	③	〈既存建物の場合〉建物の構造耐力上主要な部分等の状況について当事者の双方が確認した事項		×
	④	代金・交換差金・借賃の額、支払時期、支払方法		○
	⑤	宅地・建物の引渡しの時期		
	⑥	移転登記申請の時期		×
任意的記載・記録事項	⑦	代金・交換差金・借賃以外の金銭の授受に関する定めがあるときは、その額、授受の時期、目的	○	○
	⑧	契約の解除に関する定めがあれば、その内容		
	⑨	損害賠償額の予定または違約金に関する定めがあれば、その内容		
	⑩	代金または交換差金についてのローンのあっせんの定めがあるときは、ローンが成立しないときの措置		×
	⑪	天災その他不可抗力による損害の負担に関する定めがあるときは、その内容		○
	⑫	宅地または建物が種類・品質に関して契約の内容に適合しない場合におけるその不適合を担保すべき責任または当該責任に関して講ずべき保証保険契約の締結その他の措置について定めがあるときは、その内容		×
	⑬	宅地または建物に係る租税その他の公課の負担に関する定めがあるときは、その内容		

(1) 絶対的記載・記録事項とは

　必ず記載・記録しなければならない事項。

(2) 任意的記載・記録事項とは

　「定めがあれば」記載・記録しなければならない事項。定めがなければ省略してもよい。

❷ 重要事項説明書と37条書面の相違点

重要事項説明書と37条書面の規定には、いくつかの相違点がある。「重要事項説明書」は、権利を取得しようとする者の判断材料となり、「37条書面等」は、契約書であり、当事者間の取り決めを書面等に表したものである。それぞれの交付目的を考えながら整理すべきである。

【記載・記録事項の比較】

No.	記　載　・　記　録　事　項	重要事項 売買・交換	重要事項 貸借 建物	重要事項 貸借 宅地	契約書 売買・交換	契約書 貸借
1	契約の当事者の氏名・住所				○	○
2	宅地・建物を特定するべき住所・地番・種類・構造その他				○	○
3	〈既存建物の場合〉建物状況調査の結果の概要	○	○			
4	〈既存建物の場合〉建物の建築および維持保全に関する書類の保存の状況	○				
5	〈既存建物の場合〉建物の構造耐力上主要な部分等の状況について当事者の双方が確認した事項				○	
6	登記された権利の種類・内容・登記名義人	○	○	○		
7	代金（貸借なら借賃）または交換差金の額ならびにその支払いの方法と時期				○	
8	代金（借賃）または交換差金の額以外に授受される金銭の額と目的	○	○	○	（○）	（○）
9	上記8の授受の時期				（○）	（○）
10	宅地・建物の引渡しの時期				○	○
11	移転登記の申請の時期				○	
12	契約の解除に関する事項	○	○	○	（○）	（○）
13	損害賠償の予定額や違約金	○	○	○	（○）	（○）
14	代金または交換差金についての金銭の貸借の斡旋に関する事項	○			（○）	
15	天災その他不可抗力による損害の負担に関する定め				（○）	（○）
16	契約不適合責任　その内容についての定め				（○）	
	契約不適合責任　履行に関して講ずる保証保険契約の締結その他の措置についての定め	○			（○）	
17	建築基準法その他法令による制限	○	○	○		
18	私道の負担に関する事項	○		○		
19	給排水・電気・ガス等の施設	○	○	○		
20	未完成物件の場合、完成時の構造・形状（図面も可）	○	○	○		
21	手付金等の保全措置（未完成・完成物件）	○				
22	支払金・預り金の保全措置の有無。保全措置をとる場合にはその概要	○	○	○		
23	租税その他の公課（固定資産税等）の負担に関する定め				（○）	
	宅建取引士として行うべき事務	説明と記名・電子署名			記名・電子署名	

① 重要事項説明書の場合　➡　該当項目が定められていない場合でも、「なし」と明記しなければならない。

② 37条書面(契約書)の場合　➡　(○) について、定めがないときは省略できる。

8 種規制の適用対象となる取引および その内容　重要度 マ **B** 主 **A**

❖ Introduction ❖

［8種規制の趣旨］

　マンションの取引において、宅建業者が自ら売主となり、宅建業者以外の者との間になす売買契約においては、取引経験や知識の違いから、どうしても宅建業者に有利な契約が締結されてしまうことが少なくない。そこで、消費者の保護をはかるために、宅建業者が自ら売主として売買契約を締結する場合には、当該宅建業者に制約を加えることにしたものであり、その規制が8種類定められている。

　8種規制は、**宅建業者が自ら売主となって、宅建業者でない者と売買契約を締結する場合**に適用される。したがって、宅建業者間の売買や、媒介業者や代理業者などには適用されない。

　ここでは、そのうちの6つについて学習する。

❶　損害賠償額の予定等の制限

1．民法上の規定（民法420条）

　当事者間で、あらかじめ債務不履行等により損害賠償請求権が発生した場合に備えて、損害賠償の額を定めておくことができる。

2．宅建業法の規定（38条）

　宅建業者が自ら売主となる場合、損害賠償額を予定するときは、次の制限が適用される。

（1）**額の制限**

　損害賠償の予定額と違約金の**合算額**については、**代金額**（消費税含む）の2/10を超える定めをしてはならない。

(2) これに反する特約をした場合

代金の額の 2/10 を超える部分について無効となる。

❷ 手付金の性質と額の制限

1．民法の規定（民法 557 条）

(1) 手付の目的

① 証約手付 ➡ 契約が成立したことの証拠とする手付

② 違約手付 ➡ 相手方に債務不履行があったときに備えて交付する手付

③ 解約手付 ➡ 相手方が履行に着手するまでの間であれば契約を解除できるようにするために交付される手付

(2) 解約手付

相手方が契約の履行に着手するまでの間であれば、

① 買主から ➡ 手付金の放棄

② 売主から ➡ 手付金の倍返し（現実の提供）

　をすることにより契約の解除ができる。

2．宅建業法の規定（39 条）

(1) 手付の目的

　宅建業者が自ら売主となる売買契約において手付を受領したときは、その手付がいかなる性質のものであっても、**買主はその手付を放棄**して、当該**宅建業者**はその**倍額を現実に提供**して、契約の解除ができる（「**解約手付とみなされる**」2 項）。ただし、その相手方が契約の履行に着手した後は、契約の解除はできない。

(2) 手付の額の制限

　宅建業者は、自ら売主となる売買契約において、**代金額の 2/10 を超える額**の手付を**受領できない**（1 項）。

　これに反する特約で買主に不利なものは無効となる（3 項）。

❸　手付金等の保全措置

　マンション等の売買契約においては、契約締結時に「内金」とか「手付金」などの名目で金銭の授受が行われる。ところが、宅建業者の倒産等により、マンション等の引渡しができなくなるどころか、支払った金銭さえも戻ってこないおそれがある。

　そこで、宅建業法では、支払った「手付金等」だけでも、確実に買主に返還できるような「保全措置」を講じなければならないとしている。

１．保全措置の原則（41条１項、41条の２第１項）

> 　宅建業者が自ら売主となる売買契約においては、原則として、一定の**保全措置を講じた後**でなければ、宅建業者でない買主から手付金等を受領してはならない①。

先生からのコメント

・①保全措置を必要とする場合に、宅建業者が保全措置を講じないときは、買主は手付金等を支払わなくても履行遅滞とならない。

２．保全措置を必要とする「手付金等」とは

　手付金・中間金などの名称のいかんを問わず、契約締結から引渡しまでの間に授受される金銭で、代金に充当されるものをいう。したがって、引渡しと同時に授受される金銭はここでいう「手付金等」には該当せず、よって保全措置も不要となる。

３．保全措置の方法

　保全措置の方法は次の３種類ある（未完成マンション等の売買契約を締結した場合は、③の方法を採ることはできない）が、いずれか１つの保全措置を講ずれば足りる。

> 次のいずれかの方法をとらなければならない。
> (1) **未完成マンション等**の場合：①　保証委託契約　②　保証保険契約
> (2) **完成マンション等**の場合　：①　保証委託契約　②　保証保険契約
> 　　　　　　　　　　　　　　　　　　③　手付金等寄託契約

4．保全措置が不要となる場合

次のいずれかに該当する場合は、保全措置を講じなくても、手付金等を受領することができる。

> (1) 買主が所有権の**登記**をしたときまたは所有移転の**登記**がなされたとき
>
> (2) 受領する手付金の額が次の金額②以下であるとき

未完成物件		完成物件	保全措置不要
代金の 5 ％以下 かつ 1,000 万円以下	比　較	代金の 10 ％以下 かつ 1,000 万円以下	

先生からの
コメント

・・

②この金額を超えることとなった場合は、すでに受領した額を合わせた全額について保全措置が必要である。

・・

❹　自己の所有に属しない売買契約締結の制限

1．民法上の規定［他人物売買］（民法 561 条）

他人の権利を売買の目的物とする契約は有効であり、売主はその権利を取得して買主に移転する義務を負う。

2．宅建業法の規定（33 条の 2）

宅建業者は、原則として、**自己の所有に属しないマンション等**について、**自ら売主となる売買契約**（予約も含む）**を締結してはならない**。

(1)「自己の所有に属しない」とは

　①　**他人所有のマンション**等であること。

　②　所有権の帰属が定まらない**未完成マンション**等であること。

(2) 例外：他人物売買の場合

① 宅建業者がマンション等を**取得する契約**[3]を締結している場合。

② 宅建業者がマンション等を取得できることが明らかな場合で国土交通省令で定めるとき。

先生からの コメント

・ [3]予約でもよいが、効力の発生が条件に係るもの（停止条件付契約）は不可。

(3) 例外：未完成物件の場合

前述**❸**の未完成マンション等についての手付金等の**保全措置**が講じられているとき。

❺ クーリング・オフ制度

売買契約はいったん締結すると、相手方に債務不履行等がなければその契約を解除することはできないのが原則である。しかし、マンション等の売買契約においては、買主が自由に意思表示することができないと思われる場所で、強制的に契約の申込みをさせられるなど、強引な商法により契約が締結されるケースが後をたたなかった。そこで、消費者保護のために、このような契約の申込みまたは締結を無条件で撤回、解除することができるとする制度が設けられた。これを**クーリング・オフ制度**という。

１．民法の規定

民法では契約には**拘束力**があり、いったん行われた買受けの申込みや契約締結については、**勝手に申込みを撤回したり、契約を解除したりすることはできない**。ただし、相手方に債務不履行があった場合には、法律上契約解除権が発生する。

2．宅建業法の規定（37条の2）

（1）クーリング・オフ制度

事務所等以外の場所でした買受けの申込みまたは売買契約については、原則として、撤回または解除をすることができる。

宅建業法のクーリング・オフ制度は、「買受けの申込みや契約の締結をどこで行ったか」によって、クーリング・オフ制度の適用の可否が決まる。

（2）クーリング・オフ制度が適用される場所の例

①　テント張り、仮設小屋等の一時的かつ移動容易な施設（土地に定着しない現地案内所等）

②　宅建業者が申し出た場合の買主の自宅または勤務先

③　喫茶店、レストラン、居酒屋等

（3）クーリング・オフ制度の適用されない事務所等（施行規則16条の5）

クーリング・オフ制度は、顧客の購入意思が安定しない場所において申込みや契約を行った場合は、それを白紙撤回させようというものである。

したがって、次の場所で行われた場合は、顧客の購入意思が安定していると思われるのでクーリング・オフの適用がない。

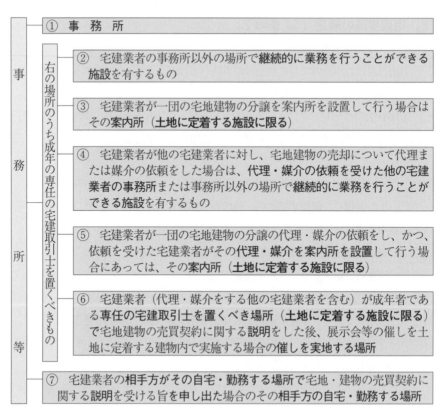

事務所等

右の場所のうち成年の専任の宅建取引士を置くべきもの

① 事 務 所

② 宅建業者の事務所以外の場所で継続的に業務を行うことができる施設を有するもの

③ 宅建業者が一団の宅地建物の分譲を案内所を設置して行う場合はその案内所（土地に定着する施設に限る）

④ 宅建業者が他の宅建業者に対し、宅地建物の売却について代理または媒介の依頼をした場合は、代理・媒介の依頼を受けた他の宅建業者の事務所または事務所以外の場所で継続的に業務を行うことができる施設を有するもの

⑤ 宅建業者が一団の宅地建物の分譲の代理・媒介の依頼をし、かつ、依頼を受けた宅建業者がその代理・媒介を案内所を設置して行う場合にあっては、その案内所（土地に定着する施設に限る）

⑥ 宅建業者（代理・媒介をする他の宅建業者を含む）が成年者である専任の宅建取引士を置くべき場所（土地に定着する施設に限る）で宅地建物の売買契約に関する説明をした後、展示会等の催しを土地に定着する建物内で実施する場合の催しを実地する場所

⑦ 宅建業者の相手方がその自宅・勤務する場所で宅地・建物の売買契約に関する説明を受ける旨を申し出た場合のその相手方の自宅・勤務する場所

* ⑥について

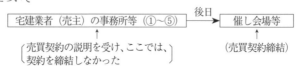

宅建業者（売主）の事務所等（①～⑤）　　後日　　催し会場等

（売買契約の説明を受け、ここでは、契約を締結しなかった）　　　（売買契約締結）

* 買主が、買受けの申込みをした場所と、契約を締結した場所が異なるときは、「買受けの申込みをした場所」でクーリング・オフの可否を判断する。

(4) クーリング・オフが適用されなくなる場合（37条の2第1項）

クーリング・オフできる場所において買受けの申込みや売買契約の締結を行っても、次の事由に該当した場合は、クーリング・オフができなくなる。

> ① 履行関係の終了
>
> 申込者等が、**物件の引渡しを受け、かつ、代金の全額を支払った**とき。
>
> ② 8日間の経過
>
> 宅建業者から、**書面によりクーリング・オフできる旨およびその方法を告げられた日から**④**8日を経過した**とき（契約を締結した日から8日経過ではない）。

:::: 先生からのコメント
④宅建業者に告知する義務はない。8日の起算が始まらないだけである。
::::

(5) クーリング・オフの方法と効果および特約の効果

① クーリング・オフの方法

申込みの撤回等の意思表示は、**書面により行う**ことが必要である。

② クーリング・オフの効果

（ア）発信による効力発生（37条の2第2項）

クーリング・オフは、申込者等が**書面を発した**ときにその効力が生じる。

【例】郵便により撤回等の意思表示をしたときは、発信したとき（ポストに入れたとき）に、撤回されたこととなる。

（イ）原状回復義務（37条の2第3項）

クーリング・オフがなされたときは、受領した金銭等を速やかに返還しなければならない。また、クーリング・オフによる申込みの撤回または契約の解除については、**損害賠償の請求や違約金の請求等はできない**。

③ 特約の効果（37条の2第4項）

宅建業法の規定に反して、**申込者等に不利な特約は無効**となる。

【例】・事務所等の定義の範囲を拡大する特約

・クーリング・オフされても損害賠償を請求できるとする特約

・クーリング・オフできる期間を8日より短くする特約

❻　契約不適合責任の特約の制限

1．民法の規定

（1）契約不適合責任（民法 566 条）

　売主が種類・品質に関して契約不適合物を買主に引き渡した場合、買主がその不適合を知った時から 1 年以内にその旨を売主に通知しないときは、買主は、その不適合を理由として、各請求や契約解除はできないが、売主が引渡しの時にその不適合を知り、または重大な過失によって知らなかったときは、各請求や契約解除ができる。

　　　　　　　　　　　　　　　　　　　○は可、×は不可、△は過失相殺の余地あり

買主の（不適合 原因）帰責事由	責　任　の　内　容				権利の期間 制限
	追完請求	代金減額請求	損害賠償請求	契約解除	
なし	○	○	○	○	○
あり	×	×	△	×	×

（2）特約の効果（民法 572 条）

　特約により担保責任を軽減することもできる。ただし、売主が知っていて買主に告げなかった事実等については、責任を負わなければならない。

2．宅建業法の規定（40 条）

（1）特約の制限

　宅建業者が自ら売主となる売買契約において、その目的物が種類・品質に関して契約の内容に適合しない場合におけるその不適合を担保すべき責任に関し、原則として、民法 566 条に規定する期間について、**買主に不利となる特約をすることはできない**（1 項）。

（2）例　外

　買主が売主に契約不適合を通知すべき期間については、特約で引渡しの日から 2 年以上と定めることができる。

（3）買主に不利となる特約をした場合

　買主に不利となる特約はすべてが無効となる（2 項）。

【例】・損害賠償の請求には応ずるが、契約解除はできない特約。

　　　・通知すべき期間を引渡しから 1 年以内とする旨の特約。

 ケーススタディ　1

　宅建業者が売主となり、宅建業者でない者が買主となる中古マンション
の売買契約における、担保責任に関する次の特約は有効か？

1．「売主は、買主からの目的物の修補や代替物の引渡しの請求に応ずる」

　➡　（民法の規定と同様の内容で買主に不利な特約ではないから）有効

2．「売主は、物件の引渡しの日から 1 年間のみ担保責任を負う」

　➡　（民法の規定よりも買主に不利な特約であるから）無効

　➡　売主は、買主が不適合を知ったときから 1 年間担保責任を負う。

3．「買主は、目的物の修補の請求を物件引渡しの日から 3 年間行うことが
　　できるが、損害賠償請求は売主が認めるときに限りできる」

　➡　（民法の規定よりも買主に不利な特約であるから）無効

4．「取引価格を 3 割値引きしたので、現状のまま売り渡すこととし、売主
　　は契約不適合があっても担保責任を負わない」

　➡　（民法の規定よりも買主に不利な特約であるから）無効

❼　その他

　前記❶〜❻以外にも、割賦販売契約の解除等の制限、割賦販売契約における所有権
留保等の禁止があるが、出題可能性は低いので、省略する。

整理　8種規制（そのうちの6つ）のまとめ

(1)	損害賠償額の予定または違約金を定める場合　➡　合算して代金の額の **2/10以内** **2/10を超える部分について無効**となる。
(2)	手付の性質　➡　**解約手付とみなされる。** 手付金の額の制限　➡　代金額の **2/10以内**
(3)	手付金等の**保全措置を講じた後**でなければ、買主から手付金等を受領してはならない。 〔保全措置の方法〕 　　**未完成**物件の場合：保証委託契約、保証保険契約 　　**完成**物件の場合：保証委託契約、保証保険契約、**手付金等寄託契約** 　　【例外】① 所有権の**登記**がなされている場合 　　　　　　② 受領した額が、**1,000万円以下**であり、 　　　　　かつ、代金の　未完成物件　➡　**5％以下** 　　　　　　　　　　　　完　成　物　件　➡　**10％以下**
(4)	自己の所有に属しない宅地建物の売買契約を締結してはならない。 　　【例外】① 第三者との間で売買契約、予約契約（停止条件付は除く）を締結している場合 　　　　　　② 未完成物件の場合は手付金等の保全措置が講じられている場合
(5)	クーリング・オフ制度（事務所等以外の場所でした買受け申込み等の撤回等） 　　【例外】① **代金全額の支払い**、かつ、**物件の引渡し**が行われた場合 　　　　　　② 宅建業者から**書面告知**されてから**8日間**が経過した場合
(6)	民法566条（契約不適合責任）の規定より、買主に不利となる特約をしてはならない。 　　【例外】権利の通知期間を、**引渡しから2年以上とする特約は有効**

第 **6** 章

特定住宅瑕疵担保責任の履行の
確保等に関する法律

特定住宅瑕疵担保責任の履行の確保等に関する法律（住宅瑕疵担保履行法）

重要度　マ **B** 主 **C**

❖ **Introduction** ❖

　住宅瑕疵担保履行法は、新築住宅を供給する宅建業者等に対して、瑕疵（種類・品質に関して契約の内容に適合しない状態をいう）の損害賠償・補修等が確実に行われるよう、「保険」や「供託」を義務付けるものであり、平成21年10月1日以降に引き渡された新築住宅を適用対象としている。万一、宅建業者等が倒産した場合等でも、2,000万円までの補修費用の支払いが住宅瑕疵担保責任保険法人から受けられる。

❶ 事業者の瑕疵担保責任

　新築住宅を供給する宅建業者等は、住宅のなかでも特に重要な部分である、構造耐力上主要な部分および雨水の浸入を防止する部分の瑕疵に対し、**10年間の瑕疵担保責任**を負っている。

❷ 瑕疵担保責任の履行の確保

　住宅瑕疵担保履行法は、この瑕疵担保責任を確実に履行するため、資力確保措置（保険加入または供託）を宅建業者等に義務付けている。これにより、消費者が安心して新築住宅を取得できるようになる。

❸ 義務付けの対象となる事業者

　新築住宅の売買契約において「自ら売主となる宅建業者」や請負契約において「請負人となる建設業者」（以下「自ら売主となる宅建業者」を中心に記述する）に対して、瑕疵の補修等が確実に行われるように、**保険加入**または**供託**が義務付けられる。

❹ 保　険

　新築住宅に瑕疵があった場合、損害賠償等を行った宅建業者に、保険金が支払われる制度である。なお、保険への加入にあたっては、住宅の工事中に検査が行われる。

(1) 住宅瑕疵担保責任保険法人（以下「指定保険法人」という）

保険は、国土交通大臣が指定した「指定保険法人」の保険に限られる。

＊　保険加入の申込みは、宅建業者が行う。

(2) 指定保険法人の業務（19条）

指定保険法人の業務は、次のとおりである。

---

① 　住宅販売瑕疵担保責任保険契約（以下「住宅瑕疵担保責任保険契約」という）の引受けを行うこと。
② 　売主の担保責任の履行によって生じた**住宅①の売主の損害**またはこれらの規定に定めのある瑕疵によって生じた**住宅の買主の損害を填補**することを約して保険料を収受する保険契約（住宅瑕疵担保責任保険契約を除く）の引受けを行うこと。
③ 　他の保険法人が引き受けた住宅瑕疵担保責任保険契約または②の保険契約に係る再保険契約の引受けを行うこと。
④ 　品確法に規定する瑕疵・瑕疵（以下「特定住宅瑕疵」という）の発生の防止・修補技術その他特定住宅瑕疵に関する情報や資料を収集・提供すること。
⑤ 　特定住宅瑕疵の発生の防止・修補技術その他特定住宅瑕疵に関する調査研究を行うこと。
⑥ 　その他、業務に附帯する業務を行うこと。

先生からのコメント

①「住宅（**賃貸住宅**も含まれる）」とは、人の居住の用に供する家屋または家屋の部分（人の居住の用以外の用に供する家屋の部分との共用に供する部分を含む）をいう。したがって、**既存マンションの大規模修繕工事に係る瑕疵に関する保険契約を引き受ける場合も対象**になる。この保険制度は、消費者が安心して既存住宅を取得できるようにするためのものである。

(3) 指定保険法人への保険金の直接請求

宅建業者が倒産しているなど、損害賠償等が行えない場合、保険に加入している新築住宅（保険付き住宅）を取得した者は、指定保険法人※に対し、瑕疵の損害賠償等にかかる費用（保険金）を請求できる。これを「**直接請求**」という。

※　指定保険法人とは、国土交通大臣から指定を受け、住宅の検査や保険の引受けを行う財団法人や株式会社等である。

❺ 供 託

　新築住宅に瑕疵があれば、宅建業者はその損害賠償等を行う責任があるが、宅建業者が倒産している場合等は、この責任を果たすことができない。そこで、このような場合に備えて、宅建業者が、法律で定められた額の保証金（金銭のほか、国債証券、地方債証券その他一定の有価証券）を、宅建業者の主たる事務所（本店）の最寄りの供託所に、次の**基準日**から３週間を経過する日までの間に供託する制度である。

(1) 供託すべき額

① 宅建業者が供託すべき保証金の額は、基準日※から過去10年さかのぼって引き渡した新築住宅の総戸数に応じて（床面積が**55㎡以下の場合、2戸をもって1戸と数える**）、政令で定めるところにより算定する額以上の額（**基準額**）を原則とする。

　　※ 基準日：毎年1回、3/31を供託金算定の対象となる過去の住宅戸数を確認する基準日とする（3条1項）。

② 住宅瑕疵担保責任保険法人と**保険契約**を締結し、保険証券等を買主等に交付している新築住宅については、保証金の額を算定する**対象戸数から除かれる**（3条2項、11条2項）。

(2) 供託所等の説明（15条、10条2項、施行規則21条）

① 供託をした宅建業者は、**自ら売主となる新築住宅の買主**に対し、当該新築住宅の**売買契約を締結するまで**に、その保証金の供託をしている供託所の所在地その他保証金に関し国土交通省令で定める事項について、これらの事項を記載した**書面を交付して説明**しなければならない。

② 供託をした宅建業者は、書面の交付に代えて、**買主の承諾**を得て、当該書面に記載すべき事項を**電磁的方法**により提供できる。この場合、当該供託をした宅建業者は、当該書面を交付したものとみなされる。

(3) 供託所への保証金の還付請求

　宅建業者が倒産しているなど、損害賠償・補修等が行えない場合、新築住宅を取得した者は、供託所に対して瑕疵の損害賠償・補修等に必要な金額について、保証金からの還付を請求できる。これを「**還付請求**」という。

第 **7** 章

消費者契約法

消費者契約法

❖ **Introduction** ❖

　この法律は、消費者と事業者との間の「情報の質・量」および交渉力の格差に鑑み、消費者の利益の擁護を図り、もって国民生活の安定向上と国民経済の健全な発展に寄与することを目的として、（1）事業者の一定の行為により消費者が誤認・困惑した場合等の契約の申込みや承諾の意思表示の取消し、（2）事業者の「損害賠償の責任」を免除する条項その他の消費者の利益を不当に害することとなる条項についての全部・一部の無効主張、（3）消費者の被害の発生や拡大を防止するため「適格消費者団体」が事業者等に対し「差止請求」を行うことができる（1条）とする。

❶ 定　義（2条）

(1)「**消費者**」とは、**個人**（事業としてまたは事業のために契約の当事者となる場合を除く）をいう（1項）。

　「**事業者**」とは、**法人その他の団体**および**事業としてまたは事業のために契約の当事者となる場合における個人**をいう（2項）。

(2)「**消費者契約**」とは、**消費者と事業者との間で締結される契約**をいう（3項）。

(3)「**適格消費者団体**」とは、不特定かつ多数の消費者の利益のためにこの法律の規定による差止請求権を行使するのに必要な**適格性を有する法人である消費者団体**として**内閣総理大臣の認定を受けた者**をいう（4項）。

❷ 事業者・消費者の努力義務（3条）

(1) **事業者**は、次の措置を講ずるよう努めなければならない（1項）。

　① 消費者契約の条項を定めるに当たっては、消費者の権利義務その他の消費者契約の内容が、その解釈について疑義が生じない明確なもので、かつ、消費者にとって平易なものになるよう配慮すること

② 消費者契約の締結について勧誘をするに際しては、消費者の理解を深めるために、物品・権利・役務その他の消費者契約の目的となるものの性質に応じ、事業者が知ることができた個々の消費者の年齢、心身の状態、知識および経験を総合的に考慮した上で、消費者の権利義務その他の消費者契約の内容についての**必要な情報を提供**すること

③ 民法548条の2第1項に規定する定型取引合意に該当する消費者契約の締結について勧誘をするに際しては、消費者が同項に規定する定型約款の内容を容易に知り得る状態に置く措置を講じているときを除き、消費者が同法548条の3第1項に規定する請求を行うために必要な情報を提供すること

④ 消費者の求めに応じて、消費者契約により定められた当該消費者が有する解除権の行使に関して必要な情報を提供すること

(2) **消費者**は、事業者から提供された**情報を活用**し、消費者の権利義務その他の消費者契約の内容について**理解**するよう努めなければならない（2項）。

❸ 誤認・困惑による意思表示の取消し

1．誤認による意思表示の取消し（4条1項・2項）

事業者の不適切な行為（**不実告知・断定的判断の提供・不利益事実の不告知**）が原因で、**誤認**により消費者契約を締結した場合には、消費者保護のため、消費者は、次のようにこの契約を**取り消し**、事業者に支払った金銭等を**取り戻す**ことができる。

(1) **重要事項についての不実告知**（1項1号）

事業者が消費者契約の締結について勧誘する際、消費者に対し、**重要事項**①について事実と異なることを告げたため、消費者が、この告げられた内容が事実であると**誤認**し、それによってこの消費者契約の申込みまたはその承諾の意思表示をした場合、消費者は**取り消す**ことができる。

(2) **断定的判断の提供**（1項2号）

事業者が消費者契約の締結について勧誘する際、消費者に対し、物品等、当該消費者契約の目的となるものに関し、将来におけるその価額、将来において当該消費者が受け取るべき金額等、将来における変動が不確実な事項につき断定的判断を提供した

ため、消費者が、この提供された断定的判断の内容が確実であると**誤認**し、それによってこの消費者契約の申込みまたはその承諾の意思表示をした場合、消費者は**取り消す**ことができる。

(3) 不利益事実の不告知（2項）

　事業者が消費者契約の締結について勧誘する際、消費者に対し、ある**重要事項**①または**重要事項**に関連する事項について消費者の利益となる旨を告げ、かつ、**重要事項**について消費者の**不利益となる事実**（告知により事実が存在しないと消費者が通常考えるべきものに限る）**を故意または重大な過失によって告げなかった**ことにより、消費者が、事実が存在しないと**誤認**し、それによって消費者契約の申込みまたはその承諾の意思表示をした場合、消費者は**取り消す**ことができる。ただし、事業者が消費者に対し、事実を告げようとしたにもかかわらず、消費者がこれを拒んだときは、取消しできない。

先生からの コメント

①「重要事項」とは、消費者契約に係る次の事項であって、消費者のこの契約を締結するか否かについての判断に通常影響を及ぼすべきものをいう（4条5項）。

① 物品・権利・役務等の当該消費者契約の目的となるものの質・用途等の内容で、消費者の当該消費者契約を締結するか否かについての判断に通常影響を及ぼすべきもの

② 物品・権利・役務等の当該消費者契約の目的となるものの対価等の取引条件で、消費者の当該消費者契約を締結するか否かについての判断に通常影響を及ぼすべきもの

③ ①②のほか、物品・権利・役務等の当該消費者契約の目的となるものが当該消費者の生命・身体・財産等の重要な利益についての損害・危険を回避するために通常必要であると判断される事情

2．困惑による意思表示の取消し（4条3項）

　事業者の**不退去・退去妨害**等により、**困惑**し消費者契約を締結した場合には、消費者保護のため、消費者は、この契約を**取り消し**、事業者に支払った金銭等を**取り戻す**こと

ができる。

（1）不退去

　事業者が消費者契約の締結について勧誘する際、消費者が、事業者に対し、住居または業務を行っている場所から退去するよう意思を示したにもかかわらず、それらの場所から退去しないことにより**困惑**し、それによって消費者契約の申込み・承諾の意思表示をした場合、消費者は**取り消す**ことができる。

（2）退去妨害

　事業者が消費者契約の締結について勧誘する際、消費者が退去する旨の意思を示したにもかかわらず、事業者が消費者契約の締結について勧誘をしている場所から消費者を退去させないことにより**困惑**し、それによって消費者契約の申込み・承諾の意思表示をした場合、消費者は**取り消す**ことができる。

（3）消費者を任意に退去困難な場所に同行して勧誘

　当該消費者に対し、当該消費者契約の締結について勧誘をすることを告げずに、当該**消費者が任意に退去することが困難な場所**であることを知りながら、当該消費者をその場所に**同行**し、その場所において当該消費者契約の締結について**勧誘**をすること

（4）契約締結の相談を行うための連絡を、威迫する言動を交えて妨害

　当該消費者が当該消費者契約の締結について勧誘を受けている場所において、当該消費者が当該消費者契約を締結するか否かについて**相談**を行うために電話その他の内閣府令で定める方法によって当該事業者以外の者と**連絡する旨の意思を示した**にもかかわらず、**威迫**する言動を交えて、当該消費者が当該方法によって連絡することを**妨げること**

（5）不安をあおる告知

　当該消費者が、社会生活上の経験が乏しいことから、次の事項に対する願望の実現に過大な不安を抱いていることを知りながら、その**不安をあおり**、裏付けとなる合理的な根拠がある場合その他の正当な理由がある場合でないのに、物品・権利・役務その他の当該消費者契約の目的となるものが当該**願望を実現するために必要**である旨を告げること

　①　進学・就職・結婚・生計その他の社会生活上の重要な事項

② 容姿・体型その他の身体の特徴または状況に関する重要な事項

(6) 恋愛感情等に乗じた人間関係の濫用

当該消費者が、社会生活上の経験が乏しいことから、当該消費者契約の締結について勧誘を行う者に対して**恋愛感情**その他の好意の感情を抱き、かつ、当該勧誘を行う者も当該消費者に対して同様の感情を抱いているものと誤信していることを知りながら、これに乗じ、当該消費者契約を締結しなければ当該**勧誘を行う者との関係が破綻**することになる旨を告げること

(7) 加齢等による判断力の低下の不当な利用

当該消費者が、**加齢または心身の故障**によりその**判断力が著しく低下**していることから、生計・健康その他の事項に関しその現在の生活の維持に過大な不安を抱いていることを知りながら、その不安をあおり、裏付けとなる合理的な根拠がある場合その他の正当な理由がある場合でないのに、当該消費者契約を締結しなければその**現在の生活の維持が困難**となる旨を告げること

(8) 霊感等による知見を用いた告知

当該消費者に対し、**霊感**その他の合理的に実証することが困難な特別な能力による知見として、そのままでは当該消費者に重大な不利益を与える事態が生ずる旨を示してその不安をあおり、当該消費者契約を締結することにより**確実にその重大な不利益を回避**できる旨を告げること

(9) 契約締結前に債務の内容を実施等

当該**消費者**が当該消費者契約の申込みまたはその承諾の**意思表示をする前**に、

① 当該消費者契約を締結したならば負うこととなる**義務の内容の全部もしくは一部を実施**し、または当該**消費者契約の目的物の現状を変更**し、その**実施または変更前の原状の回復を著しく困難**にすること

② 当該事業者が調査・情報の提供・物品の調達その他の当該消費者契約の締結を目指した事業活動を実施した場合、当該事業活動が当該消費者からの特別の求めに応じたものであったことその他の取引上の社会通念に照らして正当な理由がある場合でないのに、当該**事業活動が当該消費者のために特に実施**したものである旨および当該**事業活動の実施により生じた損失の補償を請求**する旨を告げること

３．過量な内容の消費者契約の取消し（4条4項）

(1) 事業者が消費者契約の締結について勧誘する際、物品等、当該消費者契約の目的となるものの分量等が当該消費者にとっての**通常の分量等**（消費者契約の目的となるものの内容・取引条件および事業者がその締結について勧誘をする際の消費者の生活の状況・これについての当該消費者の認識に照らして当該消費者契約の目的となるものの分量等として通常想定される分量等をいう）**を著しく超える**こと（過量）を知っていた場合、その勧誘により当該消費者契約の申込み・承諾の意思表示をしたときは、**取り消す**ことができる。

(2) 事業者が消費者契約の締結について勧誘する際、消費者がすでに当該消費者契約の目的となるものと同種のものを目的とする消費者契約（同種契約）を締結し、当該同種契約の目的となるものの分量等と当該消費者契約の目的となるものの分量等とを合算した分量等が当該消費者にとっての**通常の分量等を著しく超える**こと（過量）を知っていた場合、その勧誘により当該消費者契約の申込み・承諾の意思表示をしたときも、**取り消す**ことができる。

４．第三者との関係（4条6項）

消費者契約の申込み・承諾の意思表示の**取消し**は、これをもって**善意・無過失の第三者に対抗できない**。

５．媒介の委託を受けた第三者・代理人（5条）

(1) 事業者が第三者に対し、消費者契約の締結について**媒介を委託**し、その**第三者（受託者等）**が消費者に対して、**不実告知等をした場合**にも、**適用**される（1項）。

(2) 消費者、事業者、受託者等の**代理人**による契約の場合、上記**1．～3．**の取消しの適用については、それぞれ消費者、事業者、受託者等とみなされる（2項）。

６．取消権を行使した消費者の返還義務（6条の2）

無効な行為に基づく債務の履行として給付を受けた者が、相手方を原状に復させる義務を負う規定（民法121条の2第1項）にかかわらず、消費者契約に基づく債務の履行として給付を受けた消費者は、上記**1．～3．**により当該消費者契約の申込み・承諾の

意思表示を取り消した場合、給付を受けた当時その意思表示が取消しできることを**知らなかったとき**は、当該消費者契約によって**現に利益を受けている限度**において、**返還の義務**を負う。

7．取消権の行使期間（7条1項）

取消権は、追認をすることができる時から1年間行わないときは、**時効によって消滅**する。また、消費者契約の締結の時から**5年を経過**したときも、**消滅**する。

❹　消費者契約の条項等の無効

1．無効となる消費者契約の条項

(1) 債務不履行の全部または一部の免責条項（8条1項1号・2号）

次のような免責条項は、無効となる。

> ① 事業者の債務不履行により消費者に生じた損害を賠償する責任の**全部を免除**し、または当該**事業者にその責任の有無を決定する権限を付与**する条項
>
> ② 事業者の債務不履行（当該事業者、その代表者またはその使用する者の故意または重大な過失によるものに限る）により消費者に生じた損害を賠償する責任の**一部を免除**し、または当該**事業者にその責任の有無を決定する権限を付与**する条項

(2) 不法行為の全部または一部の免責条項（8条1項3号・4号）

次のような免責条項は、無効となる。

> ① 消費者契約における事業者の債務の履行に際してされた、事業者の不法行為により消費者に生じた損害を賠償する責任の**全部を免除**し、または当該**事業者にその責任の有無を決定する権限を付与**する条項
>
> ② 消費者契約における事業者の債務の履行に際してされた、事業者の不法行為（当該事業者、その代表者またはその使用する者の故意または重大な過失によるものに限る）により消費者に生じた損害を賠償する責任の**一部を免除**し、または当該**事業者にその責任の有無を決定する権限を付与**する条項

2．適用除外（8条2項）

　1.（1）の条項のうち、消費者契約が**有償**契約である場合、引き渡された目的物が**種類・品質に関して契約の内容に適合しない**とき〔当該消費者契約が請負契約である場合、請負人が種類・品質に関して契約不適合の仕事の目的物を注文者に引き渡したとき（その引渡しを要しない場合は、仕事終了時に仕事の目的物が種類・品質に関して契約不適合のとき）〕に、これにより消費者に生じた損害を賠償する事業者の責任を免除し、または当該事業者にその責任の有無もしくは限度を決定する権限を付与するものについては、次の場合は、**1.** の規定は**適用されない**。

（1）当該消費者契約において、引き渡された目的物が**種類・品質に関して契約不適合**のときに、当該事業者が履行の追完責任または不適合の程度に応じた代金・報酬の減額責任を負うこととされている場合

（2）当該消費者と当該事業者の委託を受けた他の事業者との間の契約または当該事業者と他の事業者との間の当該消費者のためにする契約で、当該消費者契約の締結に先立ってまたはこれと同時に締結されたものにおいて、当該消費者契約の目的物に契約不適合があるときに、当該他の事業者が、その目的物が種類・品質に関して契約不適合により当該消費者に生じた損害賠償責任の全部もしくは一部を負い、または履行の追完責任を負うこととされている場合

3．債務不履行または不法行為の一部の免除条項の無効

　事業者の債務不履行（当該事業者、その代表者またはその使用する者の故意・重大な過失によるものを除く）または消費者契約における事業者の債務の履行に際してされた当該事業者の不法行為（当該事業者、その代表者またはその使用する者の故意・重大な過失によるものを除く）により消費者に生じた損害を賠償する責任の一部を免除する消費者契約の条項であって、当該条項において事業者、その代表者またはその使用する者の重大な過失を除く過失による行為にのみ適用されることを明らかにしていないものは、無効とする。

4．消費者の解除権を放棄させる条項等（8条の2）

事業者の債務不履行により生じた消費者の解除権を放棄させ、または当該事業者にその解除権の有無を決定する権限を付与する消費者契約の条項は、無効となる。

5．消費者の後見等を理由とする解除条項（8条の3）

事業者に対し、消費者が後見開始、保佐開始または補助開始の審判を受けたことのみを理由とする解除権を付与する消費者契約（消費者が事業者に対し物品・権利・役務その他の消費者契約の目的となるものを提供するものを除く）の条項は、無効となる。

6．消費者の利益を一方的に害する条項（10条）

消費者の権利を制限し、または消費者の義務を加重する消費者契約の条項であって、民法1条2項に規定する基本原則（信義誠実の原則）に反して消費者の利益を一方的に害するような内容の契約条項であれば、無効となる。

❺　他の法律の適用（11条）

(1) 消費者契約の申込みまたはその承諾の意思表示の取消しおよび消費者契約の条項の効力については、この法律の規定によるほか、民法および商法の規定による（1項）。

(2) 消費者契約の申込みまたはその承諾の意思表示の取消しおよび消費者契約の条項の効力について民法および商法以外の他の法律に別段の定めがあるときは、その定めるところによる（2項）。

第 8 章

個人情報の保護に
関する法律

個人情報の保護に関する法律

重要度 マ **B** 主 **A**

❖ Introduction ❖

　この法律は、デジタル社会の進展に伴い個人情報の利用が著しく拡大していることに鑑み、個人情報の適正な取扱いに関し、基本理念および政府による基本方針の作成その他の個人情報の保護に関する施策の基本となる事項を定め、国および地方公共団体の責務等を明らかにし、個人情報を取り扱う事業者および行政機関等についてこれらの特性に応じて遵守すべき義務等を定めるとともに、個人情報保護委員会を設置することにより、行政機関等の事務および事業の適正かつ円滑な運営を図り、ならびに個人情報の適正かつ効果的な活用が新たな産業の創出ならびに活力ある経済社会および豊かな国民生活の実現に資するものであることその他の個人情報の有用性に配慮しつつ、個人の権利利益を保護することを目的とする（1条）。

❶ 定　義

（1）個人情報（2条1項）

生存する個人に関する情報であって、次のいずれかに該当するものをいう。
① 当該情報に含まれる氏名、生年月日その他の記述等（文書、図画・電磁的記録※に記載・記録または音声・動作その他の方法を用いて表された一切の事項（個人識別符号を除く）をいう）により特定の個人を識別できるもの（他の情報と容易に照合でき、それにより特定の個人を識別できることとなるものを含む）
　　※　電磁的方式（電子的方式、磁気的方式その他人の知覚によっては認識できない方式をいう）で作られる記録をいう。
② 個人識別符号が含まれるもの

（2）個人識別符号（2条2項）

次のいずれかに該当する文字・番号・記号等の符号のうち、一定のものをいう。
① 特定の個人の身体の一部の特徴を電子計算機の用に供するために変換した文字・番号・記号等の符号※であって、当該特定の個人を識別することができるもの
　　※ DNA、顔、虹彩、声紋、歩行の態様、手指の静脈、指紋・掌紋
② 「個人に提供される役務の利用」や「個人に販売される商品の購入」に関し割り当てられ、または個人に発行されるカードその他の書類に記載され、もしくは電磁的方式により記録された文字・番号・記号等の符号※で、その利用者・購入者・発行を受ける者ごとに異なるものとなるように割り当てられ、または記載・記録されることにより、特定の利用者・購入者・発行を受ける者を識別できるもの
　　※公的な番号（旅券番号、基礎年金番号、免許証番号、住民票コード、マイナンバー、各種保険証等）

(3) 要配慮個人情報（2条3項）

　本人の人種・信条・社会的身分・病歴・犯罪の経歴・犯罪により害を被った事実その他本人に対する不当な差別・偏見その他の不利益が生じないようにその取扱いに特に配慮を要するものとして一定の記述等が含まれる個人情報をいう。

(4) 本人（2条4項）

　個人情報によって識別される特定の個人をいう。

(5) 仮名加工情報（2条5項）

　次の個人情報の区分に応じてこれらに定める措置を講じて、他の情報と照合しない限り特定の個人を識別できないように個人情報を加工して得られる個人に関する情報をいう。

　　① 前記（1）①に該当する個人情報
　　　当該個人情報に含まれる記述等の**一部を削除する**こと（当該一部の記述等を復元することのできる規則性を有しない方法により他の記述等に置き換えることを含む）。
　　② 前記（1）②に該当する個人情報
　　　当該個人情報に含まれる個人識別符号の**全部を削除する**こと（当該個人識別符号を復元することのできる規則性を有しない方法により他の記述等に置き換えることを含む）。

(6) 匿名加工情報（2条6項）

　次の個人情報の区分に応じて当該①②に定める措置を講じて、「特定の個人を識別できないように個人情報を加工した情報」のことであって、当該個人情報を復元できないようにしたものをいう。

　　① 前記(1)①に該当する個人情報
　　　当該個人情報に含まれる記述等の**一部を削除する**こと（当該一部の記述等を復元することのできる規則性を有しない方法により他の記述等に置き換えることを含む）。
　　② 前記(1)②に該当する個人情報
　　　当該個人情報に含まれる個人識別符号の**全部を削除する**こと（当該個人識別符号を復元することのできる規則性を有しない方法により他の記述等に置き換えることを含む）。

(7) 個人関連情報（2条7項）

　生存する個人に関する情報であって、個人情報、仮名加工情報および匿名加工情報のいずれにも該当しないものをいう。

(8) 独立行政法人等（2条9項）

　独立行政法人通則法2条1項に規定する独立行政法人および別表第一に掲げる法人をいう。

(9) 行政機関等（2条11項）

　① 行政機関
　② 地方公共団体の機関（議会を除く）
　③ 独立行政法人等
　④ 地方独立行政法人

(10) 個人情報データベース等（16条1項）

　個人情報を含む情報の集合物であって、次のもの（利用方法からみて個人の権利利益を害するおそれが少ないものとして政令で定めるものを除く）をいう。

　　① 特定の個人情報を電子計算機を用いて検索できるように体系的に構成したもの
　　② 上記①のほか、特定の個人情報を容易に検索できるように体系的に構成したものとして政令で定めるもの
　　【例】組合員名簿、顧客名簿等

(11) 個人情報取扱事業者（16条2項）

個人情報データベース等を事業の用に供している者をいう。

> 個人情報取扱事業者 （※）
> ➡ 個人情報保護法でいう「**義務規定**」の対象者
> ① 利用目的の特定・変更（17条）
> ② 利用目的による制限（18条）
> ③ 適正な取得（20条）
> ④ 取得に際しての利用目的の通知等（21条）
> ⑤ データ内容の正確性の確保（22条）
> ⑥ 安全管理措置（23条）
> ⑦ 第三者提供の制限（27条）
> ⑧ 保有個人データに関する事項の公表等（32条）
> ⑨ 開示（33条）
> ⑩ 訂正等（34条）等
> ※　「一般私人」は、事業の用に供しないため含まれない。

> 除外される者
> ① 国の機関
> ② 地方公共団体
> ③ 独立行政法人等
> ④ 地方独立行政法人（地方独立行政法人法2条1項に規定する地方独立行政法人をいう）

(12) 個人データ（16条3項）

個人情報データベース等を構成する個人情報をいう。

(13) 保有個人データ（16条4項）

個人情報取扱事業者が、開示、内容の訂正、追加・削除、利用の停止、消去および第三者への提供の停止を行うことのできる権限を有する個人データであって、その存否が明らかになることにより公益その他の利益が害されるものとして政令で定めるもの「以外」のものをいう。

(14) 仮名加工情報取扱事業者（16条5項）

仮名加工情報を含む情報の集合物であって、特定の仮名加工情報を電子計算機を用いて検索できるように体系的に構成したものその他特定の仮名加工情報を容易に検索できるように体系的に構成したものとして政令で定めるもの（「仮名加工情報データベース等」という）を事業の用に供している者をいう。ただし、前記(11)「 除外される者 ①～④」を除く。

(15) 匿名加工情報取扱事業者（16条6項）

匿名加工情報を含む情報の集合物で、特定の匿名加工情報を電子計算機を用いて検索できるように体系的に構成したもの、その他特定の匿名加工情報を容易に検索できるように体系的に構成したものとしての一定のものを事業の用に供している者をいう。ただし、前記(11)「 除外される者 ①～④」を除く。

❷ 個人情報取扱事業者の義務

1．利用目的の特定・変更（17条）

(1) 利用目的の特定

　個人情報取扱事業者は、個人情報を取り扱うに当たっては、その利用目的をできる限り**特定**しなければならない（1項）。

(2) 利用目的の変更

　個人情報取扱事業者は、利用目的を**変更**する場合、変更前の利用目的と関連性を有すると合理的に認められる範囲を超えて行ってはならない（2項）。

2．利用目的による制限（18条）

(1) 利用目的による制限

　個人情報取扱事業者は、あらかじめ**本人の同意を得ないで**、上記**1．**により特定された利用目的の達成に必要な範囲を超えて、個人情報を取り扱ってはならない（1項）。

(2) 事業承継に伴う利用目的による制限（2項）

　個人情報取扱事業者は、合併その他の事由により他の個人情報取扱事業者から事業を**承継**することに伴って個人情報を取得した場合は、あらかじめ**本人の同意を得ない**で、承継前における当該個人情報の利用目的の達成に**必要な範囲を超えて**、当該**個人情報を取り扱ってはならない**。

(3) 適用除外（3項）

　上記（1）（2）は、次の場合、適用されない。

① **法令（条例を含む）に基づく場合**
② **人の生命・身体・財産の保護のために必要がある場合**で、本人の同意を得ることが困難であるとき
③ 公衆衛生の向上・児童の健全な育成の推進のために特に必要がある場合で、本人の同意を得ることが困難であるとき
④ 国の機関・地方公共団体またはその委託を受けた者が法令の定める事務を遂行することに対して協力する必要がある場合で、本人の同意を得ることにより当該事務の遂行に支障を及ぼすおそれがあるとき
⑤ 当該個人情報取扱事業者が学術研究機関等である場合で、当該個人情報を学術研究の用に供する目的（以下「学術研究目的」という）で取り扱う必要があるとき（当該個人情報を取り扱う目的の一部が学術研究目的である場合を含み、個人の権利利益を不当に侵害するおそれがある場合を除く）

⑥　学術研究機関等に個人データを提供する場合で、当該学術研究機関等が当該個人データを学術研究目的で取り扱う必要があるとき（当該個人データを取り扱う目的の一部が学術研究目的である場合を含み、個人の権利利益を不当に侵害するおそれがある場合を除く）

3．不適正な利用の禁止（19条）

個人情報取扱事業者は、違法または不当な行為を助長し、または誘発するおそれがある方法により個人情報を利用してはならない。

4．適正な取得（20条）

(1)　個人情報取扱事業者は、偽りその他不正の手段により個人情報を取得してはならない（1項）。

(2)　個人情報取扱事業者は、上記**2**．(3) ①～④の「適用除外」および次の⑤～⑦の場合を除くほか、あらかじめ**本人の同意を得ないで、要配慮個人情報を取得してはならない**（2項）。

⑤　当該個人情報取扱事業者が学術研究機関等である場合で、当該要配慮個人情報を学術研究目的で取り扱う必要があるとき（当該要配慮個人情報を取り扱う目的の一部が学術研究目的である場合を含み、個人の権利利益を不当に侵害するおそれがある場合を除く）

⑥　学術研究機関等から当該要配慮個人情報を取得する場合で、当該要配慮個人情報を学術研究目的で取得する必要があるとき（当該要配慮個人情報を取得する目的の一部が学術研究目的である場合を含み、個人の権利利益を不当に侵害するおそれがある場合を除く）（当該個人情報取扱事業者と当該学術研究機関等が共同して学術研究を行う場合に限る）

⑦　当該要配慮個人情報が、本人・国の機関・地方公共団体等、その他個人情報保護委員会規則で定める者により公開されている場合　等

5．取得に際しての利用目的の通知等（21条）

(1) 利用目的の通知・公表（1項）

　個人情報取扱事業者は、**個人情報を取得した場合**、あらかじめその**利用目的を公表している場合を除き**、**速やかに**、その**利用目的**を、**本人に通知し**、または公表しなければならない。

(2) 利用目的の明示（2項）

　個人情報取扱事業者は、本人との間で契約を締結することに伴って契約書その他の書面（電磁的記録を含む）に記載された当該本人の個人情報を取得する場合その他本人から直接書面に記載された当該本人の個人情報を取得する場合、あらかじめ、本人に対し、その**利用目的を明示**しなければならない。ただし、人の生命・身体・財産の保護のために**緊急の必要**がある場合、**明示の必要がない**。

(3) 利用目的変更による通知・公表（3項）

　個人情報取扱事業者は、利用目的を変更した場合は、変更された利用目的について、本人に通知し、または公表しなければならない。

(4) 適用除外（4項）

　上記（1）〜（3）は、次の場合適用しない。

① 利用目的を本人に通知し、または公表することにより本人または第三者の生命、身体、財産その他の権利利益を害するおそれがある場合

② 利用目的を本人に通知し、または公表することにより当該個人情報取扱事業者の権利または正当な利益を害するおそれがある場合

③ 国の機関または地方公共団体が法令の定める事務を遂行することに対して協力する必要がある場合で、利用目的を本人に通知し、または公表することにより当該事務の遂行に支障を及ぼすおそれがあるとき。

④ 取得の状況からみて利用目的が明らかであると認められる場合

6．データ内容の正確性の確保等（22条）

　　個人情報取扱事業者は、利用目的の達成に必要な範囲内において、個人データを正確かつ最新の内容に保つとともに、利用する必要がなくなったときは、当該個人データを、遅滞なく消去するよう努めなければならない。

7．安全管理措置（23条）

　　個人情報取扱事業者は、その取り扱う個人データの漏えい・滅失、または毀損の防止・その他の個人データの安全管理のために、必要かつ適切な措置を講じなければならない。

8．監　督

（1）従業者の監督（24条）

　　個人情報取扱事業者は、その従業者に個人データを取り扱わせるに当たっては、当該個人データの安全管理が図られるよう、当該従業者に対する必要かつ適切な監督を行わなければならない。

（2）委託先の監督（25条）

　　個人情報取扱事業者は、個人データの取扱いの全部または一部を委託する場合、その取扱いを委託された個人データの安全管理が図られるよう、委託を受けた者に対する必要かつ適切な監督を行わなければならない。

9．漏えい等の報告等（26条）

（1）個人情報取扱事業者は、その取り扱う個人データの漏えい、滅失、毀損その他の個人データの安全の確保に係る事態であって個人の権利利益を害するおそれが大きいものとして個人情報保護委員会規則で定めるものが生じたときは、原則として、個人情報保護委員会規則で定めるところにより、当該事態が生じた旨を個人情報保護委員会に報告しなければならない。ただし、当該個人情報取扱事業者が、他の個人情報取扱事業者または行政機関等から当該個人データの取扱いの全部または一部の委託を受けた場合で、個人情報保護委員会規則で定めるところにより、当該事態

が生じた旨を当該他の個人情報取扱事業者または行政機関等に通知したときは、報告しなくてもよい（1項）。

(2)　(1)の場合、個人情報取扱事業者（ただし書による通知をした者を除く）は、本人に対し、原則として、個人情報保護委員会規則で定めるところにより、当該事態が生じた旨を通知しなければならない。ただし、本人への通知が困難な場合で、本人の権利利益を保護するため必要なこれに代わるべき措置をとるときは、通知しなくてもよい（2項）。

10．第三者^(※)提供の制限（27条）

(1)　第三者提供の制限（1項）

個人情報取扱事業者は、前記2.(3)①〜④の「適用除外」および次の⑤〜⑦の場合を除き、あらかじめ**本人の同意を得ないで、個人データを第三者に提供してはならない。**

⑤　当該個人情報取扱事業者が学術研究機関等である場合で、当該個人データの提供が学術研究の成果の公表または教授のためやむを得ないとき（個人の権利利益を不当に侵害するおそれがある場合を除く）

⑥　当該個人情報取扱事業者が学術研究機関等である場合で、当該個人データを学術研究目的で提供する必要があるとき（当該個人データを提供する目的の一部が学術研究目的である場合を含み、個人の権利利益を不当に侵害するおそれがある場合を除く）（当該個人情報取扱事業者と当該第三者が共同して学術研究を行う場合に限る）

⑦　当該第三者が学術研究機関等である場合で、当該第三者が当該個人データを学術研究目的で取り扱う必要があるとき（当該個人データを取り扱う目的の一部が学術研究目的である場合を含み、個人の権利利益を不当に侵害するおそれがある場合を除く）

※　「個人データの本人」「その個人データを取り扱っている個人情報取扱事業者」「当該事業者と実質的に一体とみなし得る者」は該当しない。

(2) 例外（2項）

　個人情報取扱事業者は、第三者に提供される**個人データ**について、本人の求めに応じて当該本人が識別される個人データの第三者への提供を停止することとしている場合で、原則として、次の事項について、個人情報保護委員会規則で定めるところにより、あらかじめ、本人に通知し、または本人が容易に知り得る状態に置くとともに、個人情報保護委員会に届け出たときは、上記（1）にかかわらず、当該**個人データを第三者に提供できる**。ただし、第三者に提供される個人データが要配慮個人情報または前記 **4.**（20条）に違反して取得されたものもしくは他の個人情報取扱事業者からこの本文により提供されたもの（その全部・一部を複製し、または加工したものを含む）である場合は、この必要はない。

①　第三者への提供を行う個人情報取扱事業者の氏名・名称および住所ならびに法人にあっては、その代表者（法人でない団体で代表者・管理人の定めのあるものは、その代表者・管理人）の氏名
②　第三者への提供を利用目的とすること
③　第三者に提供される個人データの項目※
④　第三者に提供される個人データの取得の方法
⑤　第三者への提供の方法※
⑥　本人の求めに応じて当該個人が識別される個人データの第三者への提供を停止すること
⑦　本人の求めを受け付ける方法※
⑧　その他個人の権利利益を保護するために必要なものとして個人情報保護委員会規則で定める事項

　※　個人情報取扱事業者は、①の事項に**変更があった**ときまたはこの規定による個人データの提供をやめたときは遅滞なく、③〜⑤⑦⑧の事項を**変更しようとする**ときはあらかじめ、その旨について、個人情報保護委員会規則で定めるところにより、本人に通知し、または本人が容易に知り得る状態に置くとともに、**個人情報保護委員会に届け出**なければならない（3項）。

(3) 個人情報保護委員会は、前記（2）や（2）※による届出があったときは、個人情報保護委員会規則で定めるところにより、当該届出に係る事項を公表しなければな

らない（4項）。

（4）次の場合、当該個人データの提供を受ける者は、上記（1）～（3）の適用については、第三者に該当しない（5項）。

① **業務委託**

　個人情報取扱事業者が利用目的の達成に必要な範囲内において、個人データの取扱いの全部または一部を委託することに伴って、当該個人データが提供される場合

② **事業承継**

　合併その他の事由による事業の承継に伴って個人データが提供される場合

③ 特定の者との間で共同して利用される個人データが当該特定の者に提供される場合で、その旨ならびに共同して利用される個人データの項目、共同して利用する者の範囲、利用する者の利用目的ならびに当該個人データの管理について責任を有する者の氏名・名称および住所ならびに法人にあっては、その代表者の氏名について、あらかじめ、本人に通知し、または本人が容易に知り得る状態に置いているとき※

※　個人情報取扱事業者は、上記③に規定する個人データの管理について責任を有する者の氏名・名称もしくは住所または法人にあっては、その代表者の氏名に**変更があった**ときは遅滞なく、利用する者の利用目的または当該責任を有する者を**変更しようとする**ときはあらかじめ、その旨について、本人に通知し、または本人が容易に知り得る状態に置かなければならない。

11．保有個人データに関する事項の公表等（32条）

（1）個人情報取扱事業者は、保有個人データに関し、次の事項について、本人の知り得る状態（本人の求めに応じて遅滞なく回答する場合を含む）に置かなければならない（1項）。

① 当該個人情報取扱事業者の氏名・名称および住所ならびに法人にあっては、その代表者の氏名

② 全ての保有個人データの利用目的（前記5．（4）①～③を除く）

③　次の (2) の求めまたは **12.** (1)、**13.** (1) 等の請求に応じる手続

④　その他、保有個人データの適正な取扱いの確保に関し必要な事項として政令で
定めるもの

(2) 個人情報取扱事業者は、本人から、当該本人が識別される保有個人データの利用
目的の通知を求められた場合、原則として、本人に対し、遅滞なく、これを通知し
なければならない。ただし、次のいずれかの場合は、この必要はない（2項）。

①　前記 (1) により当該本人が識別される保有個人データの利用目的が明らか
な場合

②　前記 **5.** (4) ①～③に該当する場合

(3) 個人情報取扱事業者は、上記 (2) に基づき求められた保有個人データの利用目
的を通知しない旨の決定をしたときは、本人に対し、遅滞なく、その旨を通知しな
ければならない（3項）。

12. 開示（33条）

(1) 本人は、個人情報取扱事業者に対し、当該本人が識別される**保有個人データの電
磁的記録の提供による方法その他の個人情報保護委員会規則で定める方法による開
示を請求**できる（1項）。

(2) 個人情報取扱事業者は、上記 (1) による請求を受けたときは、**本人に対し**、当
該本人が請求した方法（当該方法による開示に多額の費用を要する場合その他の当
該方法による開示が困難である場合は、**書面の交付**による方法）により、**遅滞なく**、
当該**保有個人データを開示**しなければならない。ただし、開示することにより次の
いずれかに該当する場合は、その全部または一部を開示しないことができる（2項）。

> ① 本人または第三者の生命・身体・財産その他の権利利益を害するおそれがある場合
> ② 当該個人情報取扱事業者の業務の適正な実施に著しい支障を及ぼすおそれがある場合
> ③ 他の法令に違反することとなる場合

(3) 個人情報取扱事業者は、前記（1）による請求に係る保有個人データの全部もしくは一部について開示しない旨の決定をしたとき、当該保有個人データが存在しないとき、または本人が請求した方法による開示が困難であるときは、本人に対し、遅滞なく、その旨を通知しなければならない（3項）。

(4) 他の法令の規定により、本人に対し前記（2）に相当する方法により、当該本人が識別される保有個人データの全部または一部を開示することとされている場合には、当該全部または一部の保有個人データについては、(1)(2) は、適用されない（4項）。

13．訂正等（34条）

(1) 本人は、個人情報取扱事業者に対し、当該本人が識別される保有個人データの内容が事実でないときは、当該保有個人データの内容の訂正・追加・削除（以下「訂正等」という）を請求できる（1項）。

(2) 個人情報取扱事業者は、上記（1）による請求を受けた場合には、その内容の訂正等に関して他の法令の規定により特別の手続が定められている場合を除き、利用目的の達成に必要な範囲内において、遅滞なく必要な調査を行い、その結果に基づき、当該保有個人データの内容の訂正等を行わなければならない（2項）。

(3) 個人情報取扱事業者は、上記（1）による請求に係る保有個人データの内容の全
部もしくは一部について訂正等を行ったとき、または訂正等を行わない旨の決定を
したときは、本人に対し、遅滞なく、その旨（訂正等を行ったときは、その内容を
含む）を通知しなければならない（3項)。

14．手数料（38 条）

個人情報取扱事業者は、個有個人データについて、本人から利用目的の**通知を求められ
たとき**、または**開示の請求を受けた**場合、当該措置の実施に関し、**手数料を徴収できる。**

第 **9** 章

アフターサービス

アフターサービス

重要度 マ ─ 主 **C**

❖ **Introduction** ❖

アフターサービスは、「契約に基づく責任」である点で、今まで勉強してきた、(1) 民法、(2) 品確法、(3) 宅建業法上の各契約不適合責任と同様である。それぞれの適用範囲をしっかり区別しておこう。

アフターサービスは、売買契約締結後、契約で定めた一定期間、一定の部位について売主が無償で補修するという内容のサービスを行うことが一般的である。そして、対象となる部位や種類により、サービス期間・起算日を異にしている場合が多い。

次の表により、アフターサービスの特徴を押さえておこう。

		アフターサービス	民 法		品確法（新築住宅の売買契約・請負契約）	宅建業法（宅建業者が自ら売主となる売買契約）
			売買契約	請負契約		
責任の性質		契約責任 契約の定めによる	契約責任		契約責任	契約責任
責任を負う期間		契約で定めた一定期間（部位別に異なることが多い）	買主が種類・品質の不適合を知った時から1年以内に通知	注文者が種類・品質の不適合を知った時から1年以内に通知	引渡しから10年（20年まで伸長できる）	引渡しから2年以上とする通知特約以外は、民法の売買契約と同じ
責任の内容	損害賠償請求		○		○	○
	解 除		○		○	○
	修補請求履行追完請求	○	○		○	○
責任の対象		契約で定めた期間内に生じた一定の部位の契約不適合	契約不適合		**基本構造部分**（住宅の構造耐力上主要な部分および雨水の浸入を防止する部分で政令で定めるもの）の**契約不適合**	民法の売買契約と同じ
買主・注文者に不利な特約		**契約**による	有効		無効	無効

○：できる

↑Step Up 中高層住宅アフターサービス規準··················

　アフターサービスの内容については、不動産業者の団体が標準的な規準を制定している。ここでは、一般社団法人不動産協会の規準の一部を参考として掲載しておく。

1. 中高層住宅アフターサービス規準（様式A）〈工事種目別の区分による〉

　(1)　**建築Ⅰ**（構造耐力上主要な部分および雨水の浸入を防止する部分）

工種 事目	箇　所	部　位	状　態	1年	2年	5年	7年	10年	備　考
コンクリート工事	外壁	躯体	雨漏り					○	屋内への雨水の浸入
	基礎・柱・梁・耐力壁・内部床・屋上・屋根	躯体	亀裂・破損					○	構造耐力上影響のあるもの（鉄筋のさび汁を伴った亀裂・破損およびこれに準じるものとし、毛細亀裂および軽微な破損は除く）に限ります。
	外階段の床はね出し式のバルコニー、外廊下の床	躯体	亀裂・破損					○	上記と同様とします。なお、はね出し式のバルコニー、外廊下の床については、先端部の亀裂・破損や短辺方向（主筋に平行方向）の亀裂は構造耐力上の影響が少ないので原則として除きます。
防水工事等	屋上・屋根・ルーフバルコニー	アスファルト防水等	雨漏り					○	屋内への雨水の浸入
	外壁		雨漏り					○	屋内への雨水の浸入
	屋上・屋根・外壁の開口部	戸、わくその他の建具	雨漏り					○	屋内への雨水の浸入
	屋上・屋根・外壁・屋内	外部貫通（雨水排水）管	屋内への漏水					○	

※　〈以下 (2)～(4) 省略〉

2. 中高層住宅アフターサービス規準（様式B）〈部位・設備別による区分〉

　本規準は、品確法（瑕疵担保責任の特例）の施行に合わせて改定されたものであり、平成12年4月1日以降の工事発注分から適用されている。

(1) **建築／共用部分Ⅰ**（構造耐力上主要な部分および雨水の浸入を防止する部分）

部位・設備	現象例	期間 (年)	備考
基礎・柱・梁・耐力壁 内部床・屋上・屋根	コンクリート躯体の亀裂・破損	10	構造耐力上影響のあるもの（鉄筋のさび汁を伴った亀裂・破損およびこれに準じるものとし、毛細亀裂および軽微な破損は除く）に限ります。
外階段の床 はね出し式のバルコニー、外廊下の床	コンクリート躯体の亀裂・破損	10	上記と同様とします。なお、はね出し式のバルコニー、外廊下の床については、先端部の亀裂・破損や短辺方向（主筋に平行方向）の亀裂は構造耐力上の影響が少ないので原則として除きます。
屋上・屋根・ルーフバルコニー	雨漏り	10	屋内への雨水の浸入
外壁	雨漏り	10	屋内への雨水の浸入
屋上・屋根・外壁の開口部に設ける戸、わくその他の建具	雨漏り	10	屋内への雨水の浸入
外部貫通（雨水排水）管	屋内への漏水	10	

※ 以下(2)～(4)省略

アフターサービス規準適用上の留意事項

(1) 本アフターサービス**期間の始期（起算日）**については、次に定めるとおりとし、具体的な適用については、アフターサービス規準に基づいて行う。

① 構造耐力上主要な部分および雨水の浸入を防止する部分において、10年間のアフターサービスを行う部分 ➡ **建設会社から分譲会社（売主）に引き渡された日**

② ①以外の共用部分 ➡ 供用を開始した日（区分所有者の一人が**最初に使用した日**）

③ その他の部分 ➡ 当該**物件の引渡し日**

(2) 本アフターサービス規準は、次の場合を適用除外とする。

① **天災地変（地震、火災、風・水・雪害）等、不可抗力による場合**

② 経年変化、使用材料の自然特性による場合

③ 管理不十分、使用上の不注意による場合

④ 増改築等により、形状変更が行われた場合

⑤ 地域特性による場合

⑥ 第三者の故意または過失に起因する場合

⑦ 建物等の通常の維持・保全に必要となる場合

※ 以下省略

＊ 以上、（一社)不動産協会提供

第 10 章

標準管理委託契約書

標準管理委託契約書

重要度 ▼ **B** 主 特**A**

❖ **Introduction** ❖

　標準管理委託契約書（正式には「マンション標準管理委託契約書」という）は、国が関わってつくった、管理委託契約書のモデルとなるものである。管理委託契約の主な法的性質は、「委任契約」と解されており、民法上の委任の規定に従っている。

　契約書の内容の細かいところまで出題されているので、確実に押さえておく必要がある。

　マンション管理組合とマンション管理業者（以下「管理業者」という）とは、マンション（以下「本マンション」という）の管理に関し、次のとおり管理委託契約（以下「本契約」という）を締結する。

コメント（全般関係）

① この管理委託契約書（以下「本契約書」という）は、管理組合と管理業者の間で協議が調った事項を記載した契約書を、マンション管理適正化法（以下「適正化法」という）73条に規定する「契約成立時の書面」として交付する場合の指針として作成したものである。

② 本契約書は、典型的な住居専用の単棟型マンションに共通する管理事務に関する標準的な契約内容を定めたものであり、実際の契約書作成に当たっては、個々の状況や必要性に応じて**適宜内容の追加・修正・削除**を行いつつ活用されるべきものである。

③ この管理委託契約（以下「本契約」という）では、管理組合が適正化法2条6号に定める管理事務を管理業者に委託する場合を想定しているため、適正化法3章に定めるマンション管理計画認定制度および民間団体が行う評価制度等に係る業務ならびに警備業法に定める警備業務および消防法に定める防火管理者が行う業務は、管理事務に含まれない。そのため、これらの業務に係る委託契約については、本契約と別個の契約にすることが望ましい。

---

❶ 総　則（1条）

　管理組合は、本マンションの管理に関する業務を、以下に定めるところにより、管理業者に委託し、管理業者はこれを受託する。

❷ 本マンションの表示・管理対象部分（2条）

　本マンションの表示・管理事務（本マンションの管理に関する業務のうち、管理組合が管理業者に委託する業務をいう。以下同じ）の対象となる部分は、次のとおりである。

(1) 名　　称

(2) 所在地

(3) 敷　地・面　積・権利形態

(4) 建　物・構造等・建築面積・延床面積・専有部分

(5) **管理対象部分**

敷　　　　　地	――
専有部分に属さない建物の部分（規約共用部分を除く）	エントランスホール、廊下、階段、エレベーターホール、共用トイレ、屋上、屋根、塔屋、ポンプ室、自家用電気室、機械室、受水槽室、高置水槽室、パイプスペース、内外壁、床、天井、柱、バルコニー、**風除室**（玄関フード。外気の流入や風の吹きつけを緩和する目的で建物の入口前に設置された小部屋）
専有部分に属さない建物の附属物	エレベーター設備、電気設備、給水設備、排水設備、テレビ共同受信設備、消防・防災設備、避雷設備、各種の配線・配管、**オートロック設備**、**宅配ボックス**
規　約　共　用　部　分	管理事務室、管理用倉庫、清掃員控室、集会室、トランクルーム、倉庫
附　　属　　施　　設	**塀**、**フェンス**、駐車場、通路、自転車置場、ゴミ集積所、排水溝、排水口、外灯設備、植栽、掲示板、**専用庭**、プレイロット

コメント（2条関係）

① 　本条でいう**管理対象部分**とは、管理規約により管理組合が管理すべき部分のうち、管理業者が受託して管理する部分をいい、組合員が管理すべき部分を含まない。この管理対象部分は、名称を含めて、個々の状況や必要性に応じて**適宜追加・修正・削除**すべきものである。管理規約において管理組合が**管理すべ**

きことが**明確**になっていない**部分**が**存在**する場合は、管理業者は管理組合と**協議**して、**契約の締結**までに、管理組合が管理すべき部分の**範囲**および管理業者の管理対象部分の**範囲を定める**必要がある。

② 専用使用部分（バルコニー・トランクルーム・専用庭等）については、管理組合が管理すべき部分の範囲内において**管理業者**が管理事務を行う。

③ 管理事務の対象となるマンションが次のものである場合、または**共用部分の設備等の故障等発信機器**や**インターネット等の設備等**が設置され、当該設備等の維持・管理業務を**管理業者**に委託するときは、本条を**適宜追加・修正・削除**をすることが必要である。

（ア）単棟で、大多数の組合員がマンション外に住所地を有する「**リゾートマンション**」、専有部分の用途が住居以外の用途（事務所等）が認められている「**複合用途型マンション**」

（イ）数棟のマンションが所在する団地

❸ 管理事務の内容および実施方法（3条）

管理事務の内容は、次のとおりとし、後記別表第1〜4に定めるところにより実施する①。

（1）事務管理業務（別表1号）

（2）管理員業務（別表2号）

（3）清掃業務（別表3号）

（4）建物・設備等管理業務（別表4号）

コメント（3条関係）

① （1）〜（4）までの管理事務の具体的な内容・実施方法は別表で示している。なお、実際の契約書作成に当たっては、次のような業務を管理業者に委託する場合等、個々の状況や必要性に応じて本条を**適宜追加・修正・削除**するものとする。

（ア）共用部分の設備等の監視・出動業務

（イ）インターネット・ＣＡＴＶ等の運営業務

（ウ）除雪・排雪業務

（エ）**植栽管理業務**（施肥・剪定・消毒・害虫駆除等）

（オ）管理組合が行う**コミュニティ活動の企画立案**および**実施支援業務**（美化や清掃、防災・防犯活動等、管理規約に定めて組合員全員から管理費を徴収し、それらの費用に充てることが適切であるもの）

また、2 条で定める管理対象部分の部位に応じて、本条の管理事務の内容および実施方法を変更する必要がある場合には、別表においてその相違が明らかになっていることが望ましい。

② （1）の事務管理業務には、管理適正化法 2 条 6 号に定める基幹事務が含まれている。

③ **管理業者**が組合員から**専有部分内の設備の修繕等で対応**を求められるケースがある。**管理業者の管理対象部分**は、原則として**敷地および共用部分等**であるが、**専有部分である設備のうち共用部分と構造上一体となった部分**（配管・配線等）は共用部分と一体で管理を行う必要があるため、**管理組合が管理を行う**とされている場合、**管理組合から依頼があるときに本契約に含める**ことも可能である。

また、こうした業務以外にも**管理業者によって専有部分内を対象とする業務**が想定されるが、費用負担をめぐってトラブルにならないよう、原則として**便益を受ける者が費用を負担する**ことに留意した契約方法とする必要がある。

④ 我が国の高齢化の進展に伴い、マンション管理の現場においても、身体の不自由や認知機能の低下により日常生活や社会生活での介護を必要とする管理組合の組合員およびその所有する専有部分の占有者（以下「組合員等」という）が増加している。こうした状況を踏まえ、**管理業者によって高齢者や認知症有病者等特定の組合員を対象とする業務**が想定されるが、費用負担をめぐってトラブルにならないよう、原則として、**便益を受ける者が費用を負担する**ことに留意した契約方法とする必要がある。

ただし、各マンションの個別の事情を踏まえ、**マンション全体の居住環境の維持および向上や防災に資するなど標準管理規約 32 条 12 号に該当すると認**

められる業務は、**管理組合から依頼があるときに本契約に含める**ことも可能である。

⑤　管理業者は、**管理員業務や清掃業務の労働条件等の見直しを行う場合は**、必要に応じ、管理組合に対し、労働時間に関する法制度の概要や平成 31 年 4 月 1 日から順次施行された「働き方改革関連法」の「**時間外労働の上限規制**」および「**年 5 日の年次有給休暇の確実な取得**」の趣旨等を説明し、理解を促すことが望ましい。

先生からのコメント

①この契約では、管理適正化法 2 条 6 号に定める管理事務を管理業者に委託する場合を想定しており、警備業法に定める「警備業務」、消防法に定める「防火管理者が行う業務」は、管理事務に含まれない。

別表第 1　事務管理業務（以下「**管理組合**」＝組合、「**管理業者**」＝会社とする）

1　基幹事務	
(1)　組合の会計の収入・支出の調定	
①　収支予算案の素案の作成	組合の会計年度開始の〇月「**前**」までに、組合の会計区分に基づき、組合の次年度の収支予算案の素案を作成し、組合に提出する。
②　収支決算案の素案の作成	組合の会計年度終了後〇月以内に、組合の会計区分に基づき、組合の前年度の収支決算（収支報告書・貸借対照表）の素案を作成し、組合に提出する。
③　収支状況の報告	会社は、**毎月末日**までに、前月における組合の会計の収支状況に関する**書面の交付**を行うほか、組合の**請求**があったときは、組合の会計の収支状況に関する**報告**を行う。なお、あらかじめ組合が当該書面の交付に代えて電磁的方法による提供を承諾した場合、会社は、当該方法による提供を行うことができる。

(2) 出納（保証契約を締結して組合**の収納口座と**組合**の保管口座を設ける**場合）	
①　組合 の組合員が 組合 に納入する管理費の収納	（一）　会社 は、組合 の管理規約等の定め・総会決議、組合名簿・組合員異動届または専用使用契約書に基づき、組合員別の1ヵ月当たりの管理費等の負担額の一覧表（以下「**組合員別管理費等負担額一覧表**」という）を 組合 に**提出**する。
	（二）　組合員別管理費等負担額一覧表に基づき、毎月（三）に定める預金口座振替日の○営業日前までに、預金口座振替請求金額通知書を、○○銀行に提出する。
	（三）　組合 の組合員の管理費等の収納は、組合 の管理規約○条に定める**預金口座振替**の方法によるものとし、毎月○日（当該日が金融機関の休業日に当たる場合はその翌営業日）に、組合 の組合員の口座から 組合 の**収納口座**に振り替えし、④の事務を行った後その残額を、当該管理費等を充当する月の**翌月末日**までに、組合 の**保管口座**に移し換える。
	（四）　会社 は、次の保証契約を締結する。
	㋑　**保証する第三者の名称**
	㋺　**保証契約の名称**
	㋩　**保証契約の内容**
	ⓐ　**保証契約の額・範囲**
	ⓑ　**保証契約の期間**
	ⓒ　**更新に関する事項**
	ⓓ　**解除に関する事項**
	ⓔ　**免責に関する事項**
	ⓕ　**保証額の支払に関する事項**
②　管理費等滞納者に対する督促	（一）　毎月、組合 の組合員の管理費等の**滞納状況**を、組合 に**報告**する。 ※　管理業者をして報告する義務なし。
	（二）　組合 の組合員が管理費等を**滞納**したときは、最初の支払期限から起算して○月の間、**電話・自宅訪問**または**督促状の方法**により、その**支払の督促**を行う。
	（三）　（二）の方法により督促しても 組合 の組合員がなお**滞納管理費等を支払わない**ときは、会社 はその**業務を終了**する。
③　通帳等の保管者	（一）　収納口座・保管口座に係る通帳等の保管者は　別紙4　のとおりとする。

	（二）　[会社] は、**掛け捨て保険**に限り [組合] の損害保険証券を**保管**する。なお、[組合] の**請求**があったときは、遅滞なく、当該保険証券を [組合] に**提出**する。
	（三）　[組合] の管理費等のうち**余裕資金**については、必要に応じ、[組合] **の指示**に基づいて、定期預金・金銭信託等に振り替える。
④　[組合] の経費の支払い	[会社] は、[組合] の収支予算に基づき、[組合] の**経費**を、[組合] の**承認**の下に [組合] の**収納口座**から、または [組合] の**承認**を得て [組合] の**保管口座**から支払う。
⑤　[組合] の会計に係る帳簿等の管理	（一）　[会社] は、[組合] の会計に係る帳簿等を整備・保管する。
	（二）　[会社] は、（一）の帳簿等を、[組合] の通常**総会終了後**、**遅滞なく**、[組合] に引き渡す。
⑥　現金収納業務	現金収納は行わない。 （現金収納を行う場合には、次のとおりとする） （一）　[会社] が現金で受領する使用料等の種類は次に掲げるものとし、これら以外は、現金で受領することはできないものとする。 　　イ　○○使用料 　　ロ　××使用料 （二）　[会社] は、現金を受領したときは、あらかじめ [組合] の承認を得た様式の領収書を支払者に発行するとともに、（一）に掲げる使用料等を毎月末で締め、速やかに [組合] の収納口座に入金する。 （三）　[会社] は、（一）に掲げる使用料等の収納状況に関して所定の帳簿を備え、これに記載する。

別紙4

1　通帳等の保管者

番号	口座の種類	金融機関名	支店名	預貯金の種類	名義	通帳等の保管					
						通帳の保管者	印鑑の保管者	印鑑以外の預貯金引出用パスワード等			甲又は乙の収納口座における電子取引を利用する場合のパスワード（預貯金引出用）以外に乙が保管する預貯金引出用のキャッシュカード等の有無
								電子取引を利用する場合のパスワード（預貯金引出用）			
								パスワードの名称	保管者		
1											
2											
3											
4											
5											

2　乙が保管する通帳等の管理責任者（乙名義の収納口座を含む。）

通帳・印鑑・パスワード等の別	部　　署　　名	役　　職　　名

コメント（別紙4関係）

別紙4の記載要領は次のとおり。

・記載対象の口座について

　本契約締結時において、口座の名義にかかわらず、管理対象となる全ての口座を記載すること。

・「口座の種類」について

　「収納口座」、「保管口座」および「収納・保管口座」のいずれかの口座を記載すること。

・「預貯金の種類」について

　「普通預金」や「定期預金」等、当該口座の預貯金の種類を記載すること。

・「名義」、「通帳の保管者」、「印鑑の保管者」および「電子取引を利用する場合

のパスワードの保管者」について「管理組合」または「管理業者」を記載すること。

　また、保管者が「管理組合」および「管理業者」以外の場合は、その保管者の名称を記載すること（管理組合損害補償金給付制度を活用する場合等）。

・「電子取引を利用する場合のパスワードの名称」について

　「インターネットバンキングパスワード」、「ファームバンキングパスワード」、「支払承認パスワード」等、電子取引の手法を判別できるよう記載すること。

・「電子取引を利用する場合のパスワード（預貯金引出用）以外に管理業者が保管する預貯金引出用のキャッシュカード等の有無」についてキャッシュカード等がある場合は「有」と記載し、その名称を併せて記載すること。

　また、キャッシュカード等がない場合は「無」と記載すること。

・「管理業者が保管する通帳等の管理責任者（管理業者名義の収納口座を含む）」について

　管理責任者の所属している部署名および役職名を記載すること（氏名不要）。

　また、通帳・印鑑・パスワード等について、管理責任者が異なる場合は、それぞれ記載すること。

(2)　**出納**（ 会社 の**収納口座**と 組合 の**保管口座**を設ける場合）	
①　 組合 の組合員が 組合 に納入する管理費の収納	（一）　 会社 は、 組合 の管理規約等の定め・総会決議、組合員名簿・組合員異動届または専用使用契約書に基づき、組合員別の１月当たりの管理費等の負担額の一覧表（以下「**組合員別管理費等負担額一覧表**」という）を 組合 に**提出**する。
	（二）　組合員別管理費等負担額一覧表に基づき、毎月（三）に定める預金口座振替日の〇営業日前までに、預金口座振替請求金額通知書を、〇〇銀行に提出する。
	（三）　 組合 の組合員の管理費等の収納は、 組合 の管理規約〇条に定める**預金口座振替**の方法によるものとし、毎月〇日（当該日が金融機関の休業日に当たる場合はその翌営業日）に、 組合 の組合員の口座から 会社 の**収納口座**に収納し、④の事務を行った後その残額を、当該管理費等を充当する月の**翌月末日**までに、 組合 の**保管口座**に移し換える。この場合、 組合 の保管口座に移し換えるまでの管理費等については、利息を付さない。

		(四)　会社 は、次の保証契約を締結する。
		㋑　保証する第三者の名称
		㋺　保証契約の名称
		㋩　保証契約の内容
		ⓐ　保証契約の額・範囲
		ⓑ　保証契約の期間
		ⓒ　更新に関する事項
		ⓓ　解除に関する事項
		ⓔ　免責に関する事項
		ⓕ　保証額の支払に関する事項
②	管理費等滞納者に対する督促	(一)　毎月、組合 の組合員の管理費等の**滞納状況**を、組合 に**報告**する。
		※　管理業者をして報告する義務なし。
		(二)　組合 の組合員が管理費等を**滞納**したときは、最初の支払期限から起算して○月の間、**電話・自宅訪問**または**督促状の方法**により、その**支払の督促**を行う。
		(三)　(二)の方法により督促しても 組合 の組合員がなお**滞納管理費等を支払わない**ときは、会社 はその**業務を終了**する。
③	通帳等の保管者	(一)　収納口座および保管口座に係る通帳等の保管者は 別紙4 のとおりとする。
		(二)　会社 は、**掛け捨て保険**に限り 組合 の損害保険証券を**保管**する。なお、組合 の**請求**があったときは、遅滞なく、当該保険証券を 組合 に**提出**する。
		(三)　組合 の管理費等のうち**余裕資金**については、必要に応じ、組合 の**指示**に基づいて、定期預金・金銭信託等に振り替える。
④	組合 の経費の支払い	会社 は、組合 の収支予算に基づき、組合 の経費を、組合 の承認の下に 会社 の**収納口座**から、または 組合 の承認を得て 組合 の**保管口座**から支払う。
⑤	組合 の会計に係る帳簿等の管理	(一)　会社 は、組合 の会計に係る帳簿等を整備・保管する。
		(二)　会社 は、(一)の帳簿等を、組合 の**通常総会終了後**、**遅滞なく**、組合 に引き渡す。
⑥	現金収納業務	現金収納は行わない。
		(現金収納を行う場合には、次のとおりとする)
		(一)　会社 が現金で受領する使用料等の種類は次に掲げるものとし、これら以外は、現金で受領することはできないものとする。

	㋑　○○使用料
	㋺　××使用料
	（二）　**会社** は、現金を受領したときは、あらかじめ **組合** の承認を得た様式の領収書を支払者に発行するとともに、（一）に掲げる使用料等を毎月末で締め、速やかに **会社** の収納口座に入金する。
	（三）　**会社** は、（一）に掲げる使用料等の収納状況に関して所定の帳簿を備え、これに記載する。
(2) 出納（保証契約を締結する必要がないときに 組合 の収納口座と 組合 の保管口座を設ける場合）	
①　**組合** の組合員が **組合** に納入する管理費の収納	（一）　**会社** は、**組合** の管理規約等の定め・総会決議、組合員名簿・組合員異動届または専用使用契約書に基づき、組合員別の１月当たりの管理費等の負担額の一覧表（以下「**組合員別管理費等負担額一覧表**」という）を **組合** に**提出**する。
	（二）　組合員別管理費等負担額一覧表に基づき、毎月（三）に定める預金口座振替日の○営業日前までに、預金口座振替請求金額通知書を、○○銀行に提出する。
	（三）　**組合** の組合員の管理費等の収納は、**組合** の管理規約○条に定める**預金口座振替**の方法によるものとし、毎月○日（当該日が金融機関の休業日に当たる場合はその翌営業日）に、**組合** の組合員の口座から **組合** の**収納口座**に振り替えし、④の事務を行った後その残額を、当該管理費等を充当する月の**翌月末日**までに、**組合** の**保管口座**に移し換える。
②　管理費等滞納者に対する督促	（一）　毎月、**組合** の組合員の管理費等の**滞納状況**を、**組合** に**報告**する。 ※　管理業者をして報告する義務なし。
	（二）　**組合** の組合員が管理費等を**滞納**したときは、最初の支払期限から起算して○月の間、**電話・自宅訪問**または**督促状の方法**により、その**支払の督促**を行う。
	（三）　（二）の方法により督促しても **組合** の組合員がなお**滞納管理費等を支払わない**ときは、**会社** はその**業務を終了**する。
③　通帳等の保管者	（一）　収納口座・保管口座に係る通帳等の保管者は 別紙4 のとおりとする。

	（二）　会社 は、**掛け捨て保険に限り** 組合 の損害保険証券を**保管**する。なお、組合 の**請求**があったときは、遅滞なく、当該保険証券を 組合 に**提出**する。
	（三）　組合 の管理費等のうち**余裕資金**については、必要に応じ、組合 の**指示**に基づいて、定期預金・金銭信託等に振り替える。 ※　会社 は、事前に指示を受けないとできない義務である。
④　組合 の経費の支払い	会社 は、組合 の収支予算に基づき、組合 の経費を、組合 の**承認**を得て、組合 の収納口座または 組合 の保管口座から支払う。
⑤　組合 の会計に係る帳簿等の管理	（一）　会社 は、組合 の会計に係る帳簿等を整備・保管する。
	（二）　会社 は、（一）の帳簿等を、組合 の**通常総会終了後**、**遅滞なく**、組合 に引き渡す。
⑥　現金収納業務	現金収納は行わない。 （現金収納を行う場合には、次のとおりとする） （一）　会社 が現金で受領する使用料等の種類は次に掲げるものとし、これら以外は、現金で受領することはできないものとする。 　　　イ　〇〇使用料 　　　ロ　××使用料 （二）　会社 は、現金を受領したときは、あらかじめ 組合 の承認を得た様式の領収書を支払者に発行するとともに、（一）に掲げる使用料等を毎月末で締め、速やかに 組合 の収納口座に入金する。 （三）　会社 は、（一）に掲げる使用料等の収納状況に関して所定の帳簿を備え、これに記載する。

出納（保証契約を締結する必要がないときに管理組合の収納口座・保管口座を設置）

1．コメント（別表第1-1 (2) ③関係）

　管理業者は、管理組合の収納口座と管理組合の保管口座を設ける場合で、次の①②のいずれにも該当する場合、収納口座に収納される1月分の管理費等の合計額以上の額につき、有効な**保証契約を締結する必要がない**。

① 　**管理費等の収納**について

　　次の（ア）（イ）の場合に限る。

　　（ア）管理費等が組合員から管理業者が受託契約を締結した管理組合またはそ

の管理者等（以下「管理組合等」という）を名義人とする収納口座に直接預入される場合

　　（イ）管理業者または管理業者から委託を受けた者が組合員から管理費等を徴収しない場合

②　**収納口座の印鑑等の管理**について

　　管理業者が、管理組合等を名義人とする収納口座に係る当該管理組合等の印鑑、預貯金の引出用カードその他これらに類するものを管理しない場合

2．コメント（別表第1-1(2) ④関係）

　　別表第1-1(2) ①（三）による「管理費等の収納」は、上記③の「管理費等の収納について」および「収納口座の印鑑等の管理について」のいずれにも該当し、かつ、その月分として徴収された修繕積立金等金銭または管理適正化法施行規則87条1項に規定する財産から当該月中の管理事務に要した費用を控除した残額を引き続き当該収納口座において管理することを管理組合等が承認している場合には、別表第1-1(2) ④の事務を行った後の残額を引き続き収納口座で管理できる。なお、管理組合等があらかじめこの承認をしている場合の契約書の記載例は次のとおりである。

（記載例）別表第1-1(2) ①

　　（三）管理組合の組合員の管理費等の収納は、管理組合の管理規約第○条に定める預金口座振替の方法によるものとし、毎月○日（当該日が金融機関の休業日に当たる場合はその翌営業日）に、管理組合の組合員の口座から管理組合の収納口座に振り替えし、1(2) ④の事務を行った後その残額を、引き続き管理組合の収納口座において管理する。

3．コメント（別表第1-1(2) ⑤関係）

　　別表第1-1(2) ④は、経費等の支払いに際し、複数の口座を使用している場合には支払の流れがわかるように追記すること。

(2) 出納（組合の収納・保管口座を設ける場合）	
① 組合の組合員が組合に納入する管理費の収納	(一) 会社は、組合の管理規約等の定め・総会決議、組合員名簿・組合員異動届または専用使用契約書に基づき、組合員別の1ヵ月当たりの管理費等の負担額の一覧表（以下「**組合員別管理費等負担額一覧表**」という）を組合に**提出**する。
	(二) 組合員別管理費等負担額一覧表に基づき、毎月（三）に定める預金口座振替日の〇営業日前までに、預金口座振替請求金額通知書を、〇〇銀行に提出する。
	(三) 組合の組合員の管理費等の収納は、組合の管理規約〇条に定める**預金口座振替**の方法によるものとし、毎月〇日（当該日が金融機関の休業日に当たる場合はその翌営業日）に、組合の組合員の口座から組合の**収納・保管口座**に振り替える。
② 管理費等滞納者に対する督促	(一) 毎月、組合の組合員の管理費等の**滞納状況**を、組合に**報告**する。 ※ 管理業者をして報告する義務なし。
	(二) 組合の組合員が管理費等を**滞納**したときは、最初の支払期限から起算して〇月の間、**電話・自宅訪問**または**督促状の方法**により、その**支払の督促**を行う。
	(三) （二)の方法により督促しても組合の組合員がなお**滞納管理費等を支払わない**ときは、会社はその**業務を終了**する。
③ 通帳等の保管者	(一) 収納・保管口座に係る通帳等の保管者は 別紙4 のとおりとする。
	(二) 会社は、**掛け捨て保険**に限り組合の損害保険証券を**保管**する。なお、組合の**請求**があったときは、遅滞なく、当該保険証券を組合に**提出**する。
④ 組合の経費の支払い	会社は、組合の収支予算に基づき、組合の**経費**を、組合の承認を得て、組合の収納・保管口座から支払う。
⑤ 組合の会計に係る帳簿等の管理	(一) 会社は、組合の会計に係る帳簿等を整備・保管する。
	(二) 会社は、（一)の帳簿等を、組合の**通常総会終了後、遅滞なく、組合**に引き渡す。
⑥ 現金収納業務	現金収納は行わない。 (現金収納を行う場合には、次のとおりとする) (一) 会社が現金で受領する使用料等の種類は次に掲げるものとし、これら以外は、現金で受領することはできないものとする。

	④　○○使用料 ⑤　××使用料 （二）　会社 は、現金を受領したときは、あらかじめ 組合 の承認を得た様式の領収書を支払者に発行するとともに、（一）に掲げる使用料等を毎月末で締め、速やかに 組合 の収納・保管口座に入金する。 （三）　会社 は、（一）に掲げる使用料等の収納状況に関して所定の帳簿を備え、これに記載する。
（3）　本マンション（専有部分を除く。以下同じ）の 維持・修繕に関する企画・実施の調整	（一）　会社 は、組合 の**長期修繕計画**における修繕積立金の額が著しく低額である場合もしくは設定額に対して実際の積立額が不足している場合または管理事務を実施する上で把握した本マンションの劣化等の状況に基づき、当該計画の修繕工事の内容、実施予定時期、工事の概算費用もしくは**修繕積立金の見直しが必要であると判断し**た場合には、書面をもって 組合 に**助言**する。 　　なお、会社 は、長期修繕計画案の作成業務ならびに建物・設備の劣化状況等を把握するための調査・診断の実施およびその結果に基づき行う当該計画の**見直し**業務を**実施**する場合は、本契約とは**別個の契約**とする。 （二）　会社 は、組合 が本マンションの維持または修繕（大規模修繕を除く修繕・保守点検等）を外注により 会社 以外の業者に行わせる場合には、見積書の受理、組合 と受注業者との取次ぎ、実施の確認を行う。 　　なお、「実施の確認」とは、別表第2-2（3）（一）に定める**管理員が外注業務の完了の立会いにより確認できる内容のもの**のほか、別表第2-2（3）（一）に定める管理員業務に含まれていない場合または管理員が配置されていない場合には、会社 の使用人等が完了の立会いを行うことにより確認できる内容のものをいう。会社 **の使用人等が立会う場合における必要な費用負担**については、組合 と 会社 が**協議**して定めるものとする。ただし、組合 と 会社 の協議により、施工を行った者から提出された作業報告書等の確認をもって「実施の確認」とすることを妨げるものではない。 　　また、会社 は、本マンションの維持または修繕を自ら実施する場合は、本契約とは別個の契約とする。

コメント（別表第 1-1（3）関係）

② 長期修繕計画案の作成業務（長期修繕計画案の作成のための建物等劣化診断業務を含む）以外にも、必要な年度に特別に行われ、業務内容の独立性が高いという業務の性格から、次の業務を**管理業者に委託**するときは、本契約とは**別個の契約**にすることが望ましい。

(一)　修繕工事の前提としての建物等劣化診断業務（耐震診断を含む）

(二)　大規模修繕工事実施設計・工事監理業務

(三)　建物・設備の性能向上に資する改良工事の企画・実施の調整（耐震改修工事・防犯化工事・バリアフリー化工事・ＩＴ化工事等）

(四)　マンション建替え支援業務

④ 別表第 1-1（3）（二）の「**大規模修繕**」とは、建物の全体または複数の部位について、修繕積立金を充当して行う計画的な修繕または特別な事情により必要となる修繕等をいう。

⑤ 別表第 1-1（3）（二）の「**見積書の受理**」には、見積書の提出を依頼する**業者への現場説明**や見積書の内容に対する**管理組合への助言等**（見積書の内容や依頼内容との整合性の確認の範囲を超えるもの）は**含まれない**。また、「**管理業者と受注業者との取次ぎ**」には、工事の影響がある住戸や近隣との調整、苦情対応等、管理組合と受注業者の連絡調整の範囲を超えるものは**含まれない**。ただし、管理組合と管理業者の**協議**により、これらを**追記することは可能**である。なお、これらを追記する場合には、費用負担を明確にすること。

⑥ 別表第 1-1（3）（二）の「**実施の確認**」について、本契約とは別個の契約として、建築士やマンション維持修繕技術者等の有資格者による確認を行うことも考えられる。

2　基幹事務以外の事務管理業務	
(1)　理事長・理事会支援業務	
①　組合員等の名簿の整備	組合員等異動届に基づき、組合員・賃借人等の氏名、連絡先（緊急連絡先を含む）を記載した名簿を整備し、書面をもって理事長に提出する。
②　理事会の開催・運営支援	（一）　組合 の理事会の開催日程等の調整 （二）　組合 の役員に対する理事会招集通知・連絡 （三）　組合 が 会社 の協力を必要とするときの理事会議事に係る助言、資料の作成 （四）　組合 が 会社 の協力を必要とするときの理事会議事録案の作成 （五）　WEB 会議システム等を活用した理事会を行う場合において、組合 が 会社 の協力を必要とするときの機器の調達、貸与および設置の補助 　なお、上記の場合で、組合 が 会社 の協力を必要とするときは、組合・会社 は、その協力する会議の開催頻度（上限回数 ○回／年）、出席する概ねの時間（1 回当たり ○時間を目安）等の協力方法について協議するものとする。
③　組合 の契約事務の処理	組合 に代わって、組合 が行うべき共用部分に係る損害保険契約、マンション内の駐車場等の使用契約、マンション管理士その他マンション管理に関する各分野の専門的知識を有する者との契約等に係る事務を行う。
(2)　総会支援業務	（一）　組合 の総会の開催日程等の調整 （二）　組合 の次年度の事業計画案の素案の作成 （三）　総会会場の手配、招集通知・議案書の配付 （四）　組合員等の出欠の集計等 （五）　組合 が 会社 の協力を必要とするときの総会議事に係る助言 （六）　組合 が 会社 の協力を必要とするときの総会議事録案の作成 （七）　WEB 会議システム等を活用した総会を行う場合において、組合 が 会社 の協力を必要とするときの機器の調達、貸与および設置の補助 　なお、上記の場合で、組合 が 会社 の協力を必要とするときは、組合・会社 は、その協力する会議の開催頻度（上限回数○回／年、臨時総会への出席）、出席する概ねの時間（1 回当たり○時間を目安）等の協力方法について協議するものとする。

(3) その他	
① 各種点検・検査等に基づく助言等	管理対象部分に係る各種の点検・検査等の結果を **組合** に **報告** するとともに、改善等の必要がある事項については、具体的な方策を **組合** に **助言** する。 　この報告・助言は、**書面** をもって行う。
② **組合** の各種検査等の報告・届出の補助	(一)　**組合** に代わって、消防計画の届出・消防用設備等点検報告・特定建築物定期調査または特定建築物の建築設備等定期検査の報告等に係る補助を行う。 (二)　**組合** の指示に基づく **組合** の口座の変更に必要な事務を行う。 (三)　諸官庁からの各種通知を、**組合**・**組合** の組合員に通知する。
③ 図書等の保管等	(一)　**会社** は、本マンションに係る **設計図書** を、**組合** の **事務所で保管** する。 ※ **会社** の事務所で保管するのではない。 (二)　**会社** は、**組合** の **管理規約の原本・総会議事録・総会議案書** 等を、**組合** の **事務所で保管** する。 (三)　**会社** は、解約等により本契約が終了した場合には、**会社** が管理する(一)(二)の図書等、本表２(1)①で整備する組合員等の名簿および出納事務のため **会社** が預かっている **組合** の口座の通帳等を遅滞なく、**組合** に引き渡す。

コメント（別表第1-2関係）

①　理事会支援業務は、理事会の円滑な運営を支援するものであるが、理事会の運営主体があくまで管理組合であることに留意する。

②　別表第1-2 (1) ①の規定に基づき整備する名簿について、標準管理規約において理事長に組合員名簿の作成・保管等が義務付けられていることを踏まえ、管理業者が組合員等から閲覧の請求を受けた場合には、閲覧の請求先が理事長であることを説明すること。ただし、法令の定めに基づく閲覧の請求の場合は、この限りではない。また、名簿を理事長に提出する頻度やタイミングについては、理事長とあらかじめ協議しておくことが望ましい。

　なお、「理事長」には管理組合法人における理事および代表理事も含むものとする。

③　必要に応じて理事会・総会に管理業者の使用人等を出席させる場合には、あ

　らかじめ出席時間の目安や頻度、理事会・総会が長時間または深夜に及ぶ場合の対応等を決めておくことが望ましい。

④　管理業者は、業務時間外や休日に管理組合が管理業者の使用人等に連絡した場合、翌営業日または休日明けの対応となる可能性があることを事前に伝えておくことが望ましい。

⑤　理事会・総会の議事録は、管理組合の活動の重要な資料となることを踏まえ、管理業者に議事録の案の作成を委託する場合は、その内容の適正さについて管理組合がチェックする等、十分留意する。議事録については、議事の経過の要点・その結果を記載する必要がある。「議事の経過」とは議題、議案、討議の内容・採決方法等を指すが、それらの要点を記載することで足り、すべての発言を一言一句記録するものではない。しかし、議事に影響を与える重要な発言は記録することに留意する。また、管理業者は、管理組合がチェックする上で十分な余裕をもって議事録の案を提出する。

⑥　大規模修繕、長期修繕計画変更、管理規約改正等、理事会が設置する各種専門委員会の運営支援業務を実施する場合は、その業務内容、費用負担について、別途、管理組合・管理業者が協議して定めるものとする。

⑦　総会等の決議や議事録の作成を電磁的方法により行う場合には、事務処理の方法等について具体的に記述することが望ましい。

⑧　別表第 1-2（2）（四）の組合員等の出欠の集計等の業務を実施する場合は、総会の成立要件とも関係するため、管理組合が事前にチェックできるように十分留意する。

　なお、議決権行使書や委任状により議決権を行使する方法について、管理組合から管理業者が協力を求められたときは、その協力方法について、別途、管理組合・管理業者が協議して定めるものとする。

⑨　理事会支援業務や総会支援業務について、区分所有法・管理組合の管理規約に照らし、管理組合の管理者等以外の正規に招集の権限があると考えられる者から当該支援業務に関する契約書に規定する業務の履行の要求があった場合にも、これを拒否すべき正当な理由がある場合を除き、管理業者は業務を履行すべきものである。

　　ただし、あらかじめ定めた理事会等支援業務の頻度を超える場合には超えた部分の費用について、WEB会議システム等を活用した理事会・総会を行う場合には機器の調達、貸与および設置の補助に係る費用（アカウントのライセンス費用を含む）について、別途、管理組合・管理業者が協議して定めるものとする。

　　なお、別表第1-2（1）②一〜四、（2）一〜六の業務のうち、電磁的方法の活用が可能である場合、具体的に明示すること。

⑩　別表第1-2（3）③一の設計図書とは、適正化法施行規則102条に規定する設計図書その他の管理組合が宅地建物取引業者から承継した図書・管理組合が実施したマンションの修繕等に関する図書であって管理組合から管理を依頼された図書をいう。

⑪　管理組合の管理者等は、区分所有法33条・42条5項等により、管理規約・総会議事録の保管、利害関係人に対する閲覧を義務付けられている。管理業者は、管理組合の管理者等の依頼の下にこれらの図書等の保管業務を行うものである。

⑫　管理業者が別表第1-2（3）③（一）（二）の図書等の保管業務を行う場合には、管理組合の役員の交替等により預かっている図書等の種類が当事者間で食い違うことのないように、例えば、定期的な管理組合と管理業者双方の立会いや図書等の保管リストにより保管状況を確認することも考えられる。

⑬　マンション分譲業者はマンションの分譲に際し、あらかじめ規約共用部分等について区分所有法32条に基づき、単独で公正証書により規約設定することができる。マンションの管理規約は、本来、この公正証書規約と一覧性を有するよう作成すべきであるが、マンションによっては、公正証書規約とそれ以外の管理規約の両方の保管が必要な場合も想定される。

⑭　本契約書3条に個々のマンションの状況や必要性に応じて業務を追加した場合には、具体的な内容および実施方法を記載すること。

↑Step Up

別表第2　管理員業務

1　業務実施の態様	
(1)　業務実施態様	通勤方式、管理員○名
(2)　勤務日・勤務時間	(一)　勤務日・勤務時間は、次のとおりとする。 　週○日（○曜日、○曜日、○曜日、○曜日、○曜日） 　午前・午後○時○分～午前・午後○時○分（休憩時間○分を含む） (二)　緊急事態の発生したときその他やむを得ない場合においては、 　当該勤務日・勤務時間以外に適宜執務するものとする。
(3)　休　日	休日は、次のとおりとする。 (一)　日曜日・祝日・国が定める休日 (二)　夏期休暇○日・年末年始休暇（○月○日～○月○日）・その他 　休暇○日（健康診断、研修等で勤務できない場合を含む）。この場合、 　会社 はあらかじめ 組合 にその旨を届け出るものとする。 (三)　忌引、病気、災害、事故等でやむを得ず勤務できない場合の休暇。 　この場合の対応について、管理業者はあらかじめ管理組合と協議す 　るものとする。
(4)　執務場所	執務場所は、管理事務室とする。

2　業務の区分・業務内容	
(1)　受付等の業務	(一)　組合 が定める各種使用申込の受理・報告 (二)　組合 が定める組合員等異動届出書の受理・報告 (三)　利害関係人に対する管理規約等の閲覧 (四)　共用部分の鍵の管理・貸出し (五)　管理用備品の在庫管理 (六)　引越業者等に対する指示
(2)　点検業務	(一)　建物・諸設備・諸施設の外観目視点検 (二)　照明の点灯・消灯および管球類等の点検・交換（高所等危険箇 　所は除く） (三)　諸設備の運転・作動状況の点検およびその記録 (四)　無断駐車等の確認
(3)　立会業務	(一)　管理事務の実施に係る外注業者の業務の着手・実施の立会い (二)　ゴミ搬出時の際の立会い (三)　災害・事故等の処理の立会い
(4)　報告連絡業務	(一)　組合 の文書の配付・掲示 (二)　各種届出・点検結果・立会結果等の報告 (三)　災害・事故等発生時の連絡・報告

コメント（別表第2関係）

① 別表第2は、管理員の勤務形態で最も多い「管理員通勤方式」の勤務・業務態様を規定しているので、これ以外の方式（住込方式または巡回方式等）による場合は、適宜本表を修正するものとする。

　また、集会室やパーティールーム、ライブラリー、フィットネスルーム、来客用駐車場等の各種共用施設があるようなマンション等で、管理員とは別に受付等の業務を専門に行うスタッフを配置することを管理業者に委託することも考えられ、その場合は、管理員の業務と区分して別途記載するものとする。

② 管理員の休憩時間については、勤務形態に応じて適宜記載するものとする。

③ **管理業者**は、管理員の夏期休暇、年末年始休暇の対象日、その他休暇の日数等（健康診断や研修等で勤務できない日を含む）について**事前に書面で提示**し、また、それらの休暇の際の対応（精算や他勤務日での時間調整等）を、あらかじめ具体的に明示することが望ましい。

④ 管理業者は、管理員が忌引、病気、災害、事故等でやむを得ず勤務できない場合の対応（精算や他勤務日での時間調整等）を管理組合との協議により、あらかじめ規定しておくことが望ましい。

⑤ 管理員に勤務時間外の対応が想定される場合、あらかじめ管理組合との協議を行い、必要に応じて、本契約に条件等を明記することが望ましい。

⑥ 自治体の都合によりゴミの収集日や時間が変更となった場合に管理組合および管理業者の協議により勤務日等を変更することができる旨をあらかじめ規定しておくことも考えられる。

⑦ 別表第2-2(3)（一）の外注業者とは、管理事務の実施に係るものであり、専有部分のリフォーム工事等に係る業者は含まれない。

⑧ 管理事務実施の必要上、管理員の勤務日以外の日に、管理事務の実施に係る外注業者が業務を行う場合、**管理員による業務の着手・実施の立会いが困難な場合**が想定される。このような場合、**管理組合への連絡・事後の確認**等により、**適切な対応を行う**ことが望ましい。

⑨ 別表第2-2(3)（一）の「実施の立会い」とは、終業または業務の完了確認等を行うものであり、外注業者の業務中、常に立会うことを意味しない。また、工事の完了確認を行う場合は、工事が設計図書のとおりに実施されているかいないかを確認するものではなく、外観目視等によりその完了を確認することや外注業者から業務終了の報告を受けることをいう。

⑩ 清掃業務を管理員が兼務する場合は、その旨を「2　業務の区分および業務内容」に記載するものとする。

⑪ 本契約書3条に追加した業務を管理員業務とする場合には、具体的な内容および実施方法を記載すること。

別表第3　清掃業務

1	日常清掃	
(1) 実施日・実施する時間帯	実施日・実施する時間帯については、自治体によるゴミの収集日や時間等を踏まえ、別途、組合 および 会社 が協議して定めるものとする。	
(2) 業務の内容	(一)　日常清掃は、本表の範囲および時間内において作業するものとする。 (二)　廊下・階段等常時利用または使用状態にある場所・箇所については、通常の作業工程を終了した段階で、日常清掃の作業を完了したものとする。 (三)　廊下・階段等常時利用または使用状態にある場所・箇所において清掃作業をする場合は、組合員等に事故が生じないよう配慮する。なお、当該作業を実施する場合は、共用部分の電気、水道を使用するものとする。	

〈以下省略〉

2	定期清掃	
業務の内容	(一)　定期清掃は、本表の範囲および通常要すると認められる時間において作業するものとする。 (二)　廊下・階段等常時利用または使用状態にある場所・箇所については、通常の作業工程を終了した段階で、定期清掃の作業を完了したものとする。 (三)　廊下・階段等常時利用または使用状態にある場所・箇所において清掃作業をする場合は、組合員等に事故が生じないよう配慮する。なお、当該作業を実施する場合は、共用部分の電気、水道を使用するものとする。 (四)　作業対象部分の素材、仕様に変更が生じた場合、清掃仕様内容・費用について、組合 および 会社 は、協議するものとする。	

〈以下省略〉

❹　第三者への再委託（4条）

(1) 管理業者は、前記❸(1)の管理事務の一部または (2)～(4) の管理事務の全部・一部を、 別紙1 に従って第三者に再委託（再委託された者が更に委託を行う場合以降も含む。以下同じ）できる。

(2) 管理業者が、管理事務を第三者に再委託した場合、管理業者は、再委託した管理事務の適正な処理について、管理組合に対して、**責任を負う。**

コメント（4条関係）

① 　(1)は、管理適正化法74条で基幹事務の一括再委託を禁止していることを踏まえ、3条1号の事務管理業務の一括再委託ができないように定めたものである。

② 　本契約は、管理組合と管理業者の信頼関係を基本とするものであるから、管理事務を第三者に再委託する場合でも、管理業者は、自らの責任と管理体制の下で処理すべきものである。

③ 　契約締結時に再委託先の名称が明らかな場合または契約締結後に明らかになったときには、管理組合に通知することが望ましい。

↑Step Up ....

別紙1

業務対象	第三者への再委託の有無
別表第1　事務管理業務	
1　基幹事務	
（1）甲の会計の収入及び支出の調定	有・無
（2）出納	
・収納業務	有・無
・収納業務以外	有・無
（3）本マンション（専有部分を除く。）の維持又は修繕に関する企画又は実施の調整	有・無
2　基幹事務以外の事務管理業務	
（1）理事長・理事会支援業務	有・無
（2）総会支援業務	有・無
（3）その他（○○）	有・無
別表第2　管理員業務	有・無
別表第3　清掃業務	
1　日常清掃	有・無
2　定期清掃	有・無
別表第4　建物・設備等管理業務	
1　建物等点検、検査	有・無
2　エレベーター設備	有・無
3　給水設備	有・無
4　浄化槽、排水設備	有・無
5　電気設備	有・無
6　消防用設備等	有・無
7　機械式駐車場設備	有・無

> **コメント（別紙1関係）**
> ①　業務対象は、管理事務の内容として別表第1～4に定めるものを原則とするが、業務を
>   細分化して記載できる場合には分けて記載すること。別表第1-2 (3) については、その他
>   の業務を具体的に記載すること。
> ②　別紙1では、契約時に第三者へ再委託することが明らかなものを記載すること。このほ
>   か一時的・臨時的に第三者への再委託が必要となった場合は、その旨を管理組合に通知す
>   ることが望ましい。

❺　善管注意義務（5条）

　管理業者は、善良な管理者の注意をもって管理事務を行うものとする。もし、この義
務を果たしていないと、後述の免責条項（9条、11条、12条、14条、19条）は適
用されないことになる。

> **コメント（5条関係）**
> 　　本条は、本契約が民法656条の準委任契約の性格を有することを踏まえ、同法
> 644条の善管注意義務を契約書上も明文化したものである。
> 　　本契約書の免責条項（9条、11条、12条、14条、19条）の規定により、管理
> 業者が免責されるには、各規定に適合するほか本条の善管注意義務を果たしてい
> ることが必要である。

❻　管理事務に要する費用の負担および支払方法（6条）

(1)　管理組合は、管理事務として管理業者に委託する事務のため、管理業者に**委託業
務費を支払う**ものとする。

(2)　管理組合は、委託業務費のうち、その負担方法が**定額でかつ精算を要しない費用**
（以下「定額委託業務費」という）を、管理業者に対し、**毎月**、次のとおり**支払う**
ものとする。

① 定額委託業務費の額

　合計月額〇〇円

　　消費税・地方消費税抜き価格　〇〇円

　　消費税額・地方消費税額（以下、本契約において「消費税額等」という）　〇〇円

　内訳は 別紙2 のとおり。

② 支払期日・支払方法

　　毎月〇日までにその〇月分を、**管理業者が指定する口座**に振り込む方法により支払う。

③ 日割計算

　　期間が1ヵ月に満たない場合は当該月の暦日数によって日割計算を行う（1円未満は四捨五入）。

コメント（6条関係）

① （2）で定額委託業務費の内訳を明示することにより、管理事務の範囲・内容と定額委託業務費の関係を明確化することとしたものである。

　　ただし、管理適正化法72条に基づき管理委託契約前に行う重要事項説明の際に、管理業者が管理組合に対して見積書等であらかじめ定額委託業務費の内訳を明示している場合であって、当事者間で合意しているときは、本契約書に定額委託業務費の内訳を記載しないことができる。

② （2）②で定める支払方法以外の方法で、定額委託業務費の支払いをする場合には、この②を適宜追加・修正するものとする。

↑Step Up ....

【内訳明示例1】　一号から四号までの各業務費には一般管理費および利益が含まれておらず、五号で別に表示されているもの

定額委託業務費月額内訳

一	事務管理業務費	月額	円
二	管理員業務費	月額	円
三	清掃業務費	月額	円
四	建物・設備等管理業務費	月額	円
ア	○○業務費	月額	円
イ	○○業務費	月額	円
ウ	○○業務費	月額	円
五	管理報酬	月額	円
	消費税額等	月額	円

【内訳明示例2】　一号の管理手数料に事務管理業務費、一般管理費および利益が含まれており、二号から四号までの各業務費には一般管理費および利益が含まれていないもの

定額委託業務費月額内訳

一	管理手数料	月額	円
二	管理員業務費	月額	円
三	清掃業務費	月額	円
四	建物・設備等管理業務費	月額	円
ア	○○業務費	月額	円
イ	○○業務費	月額	円
ウ	○○業務費	月額	円
	消費税額等	月額	円

【内訳明示例3】　一号から四号までの各業務費に一般管理費および利益が含まれているもの

定額委託業務費月額内訳

一	事務管理業務費	月額	円
二	管理員業務費	月額	円
三	清掃業務費	月額	円
四	建物・設備等管理業務費	月額	円
ア	○○業務費	月額	円
イ	○○業務費	月額	円
ウ	○○業務費	月額	円
	消費税額等	月額	円

(3) 委託業務費のうち、**定額委託業務費以外の費用の額**（消費税額等を含む）は 別紙3 のとおりとし、管理組合は、各業務終了後に、管理組合・管理業者が別に定める方法により精算の上、**管理業者が指定**する**口座に振り込む**方法により支払うものとする。

コメント（6条関係）

③　管理組合は、管理事務として管理業者に委託する事務（別表第1から別表第4までに定める事務）のため、管理業者に委託業務費を支払う。この委託業務費は、実施する業務の性格によって、(2)で定める定額委託業務費（その負担が定額でかつ実施内容によって価格に変更を生じる場合がないため精算を要しない費用）と、(3)の定額委託業務費以外の費用（実施内容によって価額に変更が生じる場合があるため各業務終了後に管理組合・管理業者で精算を行う費用）とに分けられる。

④　(3)の定額委託業務費以外の費用とは、たとえば、業務の一部が専有部分で行われる排水管の清掃業務・消防用設備等の保守点検業務等に支払う費用が想定される。

　　なお、定額委託業務費以外の費用が存在しない場合は、本項は不要である。

⑤　3年ごとに実施する特定建築物定期調査のように、契約期間をまたいで実施する管理事務の取扱いについては、「本契約と別個の契約とする方法」「(2)の定額委託業務費に含める方法」「(3)の定額委託業務費以外の費用に含める方法」が考えられる。(2)の定額委託業務費に含める場合には、実施時期や費用を明示し、管理事務を実施しない場合の精算方法をあらかじめ明らかにすべきである。

⑥　**1年に1回以上**実施する消防用設備等の点検のように、契約期間内に複数回実施する管理事務の取扱いについては、「(2)の定額委託業務費に含める方法」「(3)の定額委託業務費以外の費用に含める方法」が考えられる。(2)の定額委託業務費に含める場合には、実施時期や費用を明示し、管理事務を実施しない場合の精算方法をあらかじめ明らかにすべきである。

別紙3

【内訳明示例】 一号から四号までの各業務費に一般管理費・利益が含まれているもの

定額委託業務費以外の費用

　　一 ○○業務費　　　　　　円（消費税額等を含む）
　　二 ○○業務費　　　　　　円（消費税額等を含む）
　　三 ○○業務費　　　　　　円（消費税額等を含む）
　　四 ○○業務費　　　　　　円（消費税額等を含む）

(4) 管理組合は、**委託業務費のほか**、管理業者が管理事務を実施するのに伴い必要となる水道光熱費・通信費・消耗品費等の**諸費用を負担する**ものとする。

❼ 管理事務室等の使用（7条）

(1) 管理組合は、管理業者に管理事務を行わせるために不可欠な管理事務室・管理用倉庫・清掃員控室・器具・備品等（以下「管理事務室等」という）は、通常、管理組合がマンション管理業者にマンションの管理事務を行わせるのに不可欠であるため、**無償で使用**させるものとする。

(2) 管理業者の管理事務室等の使用に係る諸費用（水道光熱費・通信費・備品・消耗品費等）の負担は、次のとおりとする。

①　○○○○費　**管理組合（または管理業者）**の負担とする。
②　○○○○費　**管理組合（または管理業者）**の負担とする。
③　○○○○費　**管理組合（または管理業者）**の負担とする。
④　○○○○費　**管理組合（または管理業者）**の負担とする。

＊　管理業者のみの負担とは限らない。

コメント（7条関係）

①　管理事務室等は、通常、管理組合が管理業者に管理事務を行わせるのに不可欠であるため、無償で使用させるものとしている。

②　(2)は、管理事務室等の使用に係る諸費用（水道光熱費・通信費・備品・消耗品費等）の負担区分について、その内容を規定するものとする。

③　管理事務室等の資本的支出が必要となった場合の負担については、別途、管理組合と管理業者が協議して決定することとなる。

❽　管理事務の指示（8 条）

　本契約に基づく管理組合の管理業者に対する**管理事務に関する指示**については、法令の定めに基づく場合を**除き**、管理組合の管理者等または管理組合の指定する管理組合の役員が管理業者の使用人その他の従業者（以下「使用人等」という）のうち**管理業者が指定した者**に対して行うものとする。

コメント（8 条関係）

①　本条は、カスタマーハラスメントを未然に防止する観点から、管理組合が管理業者に対して管理事務に関する指示を行う場合には、**管理組合が指定した者以外から行わない**ことを定めたものであるが、組合員等が管理業者の使用人その他の従業者（以下「使用人等」という）に対して行う**情報の伝達**、**相談**や**要望**（管理業者がカスタマーセンター等を設置している場合に行うものを**含む**）**を妨げるものではない**。また、「法令の定め」とは、区分所有法 34 条 3 項に規定する集会の招集請求などが想定される。なお「管理者等」とは、管理適正化法 2 条 4 号に定める管理者等をいう（以下同じ）。

②　管理組合または管理業者は、本条に基づき指定する者について、あらかじめ相手方に**書面で通知**することが望ましい。

---

❾　緊急時の業務（9 条）

(1) 管理業者は、前記❸の規定にかかわらず、次の①②に掲げる災害・事故等の事由により、管理組合のために、**緊急に行う必要がある業務**で、管理組合の**承認を受ける時間的な余裕がないもの**は、管理組合の**承認を受けないで実施**できる。この場合、管理業者は、速やかに、書面をもって、その**業務の内容**およびその**実施に要した費用の額**を管理組合に通知しなければならない。

①　地震・台風・突風・集中豪雨・落雷・雪・噴火・ひょう・あられ等

②　火災、漏水、破裂、爆発、物の飛来・落下・衝突、犯罪、孤立死（孤独死）等

(2) 管理組合は、管理業者が**業務を遂行する上でやむを得ず支出した費用**については、速やかに、**管理業者に支払わなければならない**。ただし、管理業者の責めによる事故等の場合はこの限りでない。

コメント（9条関係）

①　本条で想定する災害・事故等とは、天災地変による災害・漏水・火災等の偶発的な事故等をいい、事前に事故等の発生を予測することが極めて困難なものをいう。

②　(1)①②の災害・事故等の例については、当該マンションの地域性・設備の状況等に応じて、適宜内容の追加・修正・削除を行うものとする。

③　専有部分は組合員が管理することになるが、専有部分において犯罪や孤立死（孤独死）等があり、当該専有部分の組合員の同意の取得が困難な場合には、警察等から管理業者に対し、緊急連絡先の照会等の協力を求められることがある。

④　管理業者は、災害・事故等の発生に備え、管理組合と管理業者の役割分担やどちらが負担すべきか判断が難しい場合の費用負担のあり方について、あらかじめ管理組合と協議しておくことが望ましい。

⑤　組合員等で生じたトラブルについては、組合員等で解決することが原則であるが、管理組合がマンションの共同利益を害すると判断した場合、管理組合で対応することとなる。この場合に管理組合が管理業者に助言等の協力を必要とする場合、緊急時の業務に明記することも考えられる。

❿　管理事務の報告等（10条）

(1)　管理業者は、管理組合の事業年度終了後○月以内に、管理組合に対し、当該年度における**管理事務の処理状況**および「管理組合の**会計の収支の結果を記載した書面②**」を交付し、**管理業務主任者**をして、報告をさせなければならない③。

先生からの
コメント

②これは、「収支決算案の素案」を提出することで代えることができる。

③管理適正化法では、この報告は、事業年度終了後「遅滞なく」行わなければならないと規定している。したがって、「事業年度終了後6ヵ月以内」とする定めは適切ではない。

(2) 管理業者は、**毎月末日までに**、管理組合に対し、**前月における管理組合の会計の収支状況に関する書面を交付**※しなければならない。

※　管理組合の請求とは関係なく交付する。

(3) 管理業者は、管理組合から**請求があるときは**、**管理事務の処理状況・管理組合の会計の収支状況**について報告を行わなければならない。この報告は、当事者間の合意により、あらかじめ期日を定めて行う方法とすることも考えられる。

(4)（1)～(3)の場合、管理組合は、管理業者に対し、**管理事務の処理状況・管理組合の会計の収支に係る関係書類の提示**を求めることができる。

コメント（10条関係）

①　(1)に規定する**書面**は、別表第1-1 (1)②に定める**「収支決算案の素案」**を**提出**することで**代える**ことができる。また、本報告は**管理適正化法77条に基づく報告**であるので、管理業者は、**管理業務主任者をして行う必要がある**。

②　(1)の報告期限は、管理組合の総会の開催時期等を考慮し、管理組合の運営上支障がないように定めるものとする。

③　(1)に規定する書面の交付を管理適正化法施行規則に基づき電磁的方法により提供する場合には、管理業者は、同施行規則88条に定める要件を満たす必要がある。なお、電磁的方法とは、電子情報処理組織を使用する方法その他の情報通信の技術を利用する方法であって次に定めるものをいう（以下同じ）。

イ　送信者の使用に係る電子計算機と受信者の使用に係る電子計算機とを電気通信回線で接続した電子情報処理組織を使用する方法であって、当該電気通信回線を通じて情報が送信され、受信者の使用に係る電子計算機に備えられたファイルに当該情報が記録されるもの

ロ　磁気ディスクその他これに準ずる方法により一定の情報を確実に記録しておくことができる物をもって調製するファイルに情報を記録したものを交付する方法

④　(2)の規定は、管理適正化法施行規則87条5項に基づく書面の交付であるため、同施行規則の規定に従って交付する必要がある。なお、「国土交通省の所管する法令に係る民間事業者等が行う書面の保存等における情報通信の技術

の利用に関する法律施行規則」に規定する要件を満たした場合、当該書面は電磁的方法により提供できる。

⑤　(3)の報告は、当事者間の合意により、あらかじめ期日を定めて行う方法とすることも考えられる。

⑪　管理費等滞納者に対する督促（11条）

(1)　**管理業者**は、前記❸(1)の事務管理業務のうち、出納業務を行う場合、管理組合の組合員に対し別表第1による管理費・修繕積立金・使用料その他の金銭（「管理費等」という）の督促を行っても、なお当該**組合員が支払わないとき**は、その責めを免れるものとし、その後の収納の請求は**管理組合が行う**ものとする。

(2)　この場合、管理組合が管理業者の協力を必要とするときは、管理組合・管理業者は、その協力方法について協議するものとする。

コメント（11条関係）

①　弁護士法72条の規定を踏まえ、債権回収はあくまで管理組合が行うものであることに留意し、(2)の管理業者の管理費等滞納者に対する督促に関する協力について、事前に協議が調っている場合は、協力内容（管理組合の名義による配達証明付内容証明郵便による督促等）、費用の負担等に関し、具体的に規定するものとする。

②　滞納者が支払わない旨を明らかにしている状態または複数回の督促に対して滞納者が明確な返答をしない状態にもかかわらず、管理業者が督促業務を継続するなど法的紛争となるおそれがある場合には、弁護士法72条の規定に抵触する可能性があることに十分留意すること。

⑫　有害行為④の中止要求（12条）

(1)　管理業者は、管理事務を行うため必要なときは、管理組合の**組合員**・その所有する専有部分の**占有者**（以下「組合員等」という）に対し、管理組合に代わって、次の**行為の中止を求める**ことができる。

① 法令・管理規約・使用細則・総会決議等に違反する行為
② 建物の保存に有害な行為
③ 所轄官庁の指示事項等に違反する行為または所轄官庁の改善命令を受けるとみられる違法・著しく不当な行為
④ 管理事務の適正な遂行に著しく有害な行為（カスタマーハラスメントに該当する行為を含む）
⑤ 組合員の共同の利益に反する行為
⑥ ①～⑤のほか、共同生活秩序を乱す行為

(2) (1) の規定に基づき、**管理業者が組合員等に行為の中止を求めた場合は**、速やかに、その旨を**管理組合に報告**することとする。

(3) **管理業者は**、(1) の規定に基づき中止を求めても、なお組合員等がその**行為を中止しないときは**、**書面をもって管理組合にその内容を報告**しなければならない。

(4) (3) の報告を行った場合、**管理業者はさらなる中止要求の責務を免れる**ものとし、その後の中止等の要求は**管理組合が行う**ものとする。

(5) **管理組合は**、(4) の場合において、(1) ④に該当する行為については、その是正のために**必要な措置を講じるよう努め**なければならない。

コメント（12条関係）

① いわゆる**カスタマーハラスメント**は、「顧客等からのクレーム・言動のうち、当該クレーム・言動の要求の内容の妥当性に照らして、当該要求を実現するための手段・態様が社会通念上不相当なものであって、当該手段・態様により、労働者の就業環境が害されるもの」と定義されており〔「カスタマーハラスメント対策企業マニュアル」（厚生労働省）〕、これは (1) ④の「**管理事務の適正な遂行に著しく有害な行為**」**に該当**し、組合員等が、管理業者の使用人等に対し、本契約に定めのない行為や法令・管理規約・使用細則・総会決議等（以下「法令等」という）に違反する行為を強要すること、侮辱や人格を否定する発言をすること、文書の掲示や投函、インターネットへの投稿等による誹謗中傷を行うこと、執拗なつきまといや長時間の拘束を行うこと、執拗な架電、文書等による連絡を行うこと、緊急でないにもかかわらず休日や深夜に呼び出しを行うことなどが含まれる。なお、管理組合の**役員**も管理組合の組合員であるため、当然に本条の「**組合員等**」**に含まれる**ことに留意すること。また、カスタ

マーハラスメントが発生した場合または疑われる場合には、「カスタマーハラスメント対策企業マニュアル」を参考とし、企業として毅然と対応すること。

② 　**管理業者**は、**報告の対象となる行為や頻度**等について、あらかじめ**管理組合と協議**しておくことが望ましい。

③ 　(5) は、カスタマーハラスメントが組合員等と管理業者の使用人等との間で起こり、その是正が必ずしも共同の利益とみなされない場合があることから、管理組合に是正に向けた特段の配慮を求めるために定めたものである。

先生からの
コメント

④「管理組合の承諾を得ないで専有部分を賃貸する行為」は、含まれていない。

⑬ 通知義務（13条）

(1) 管理組合または管理業者は、本マンションにおいて滅失・き損・契約不適合等の**事実を知った場合**、速やかに、その状況を相手方に通知しなければならない。

(2) 管理組合または管理業者は、次のいずれかに該当したときは、速やかに、**書面**をもって、相手方に通知しなければならない。

① 　管理組合の**役員・組合員が変更**したとき
② 　管理組合の組合員がその**専有部分を第三者に貸与**したとき
③ 　管理業者が商号・住所を変更したとき
④ 　管理業者が合併・会社分割したとき
⑤ 　管理業者がマンション管理適正化法の規定に基づき処分を受けたとき
⑥ 　管理業者が後記⑳(2)①～③に掲げる事項に該当したとき

コメント（13条関係）

① 　(1) は、建物等の滅失・き損・瑕疵等の事実を知った場合の通知義務を定めたものであるが、新型コロナウイルス感染症の流行により組合員等の共同生活に重大な影響を及ぼす事態が生じたことを踏まえ、今後、管理業者が、管理事務の実施に際し、マンション内で初めて、健康の維持に重大な影響を及ぼすとされる新たな感染症への罹患の事実を知った場合にも、協議の上で、相手方に

通知しなければならない内容とすることが考えられる。この場合、行政からの指示や情報を踏まえて対応することが望ましい。また、管理事務の実施に際し、組合員等にひとり歩き等の認知症の兆候がみられ、**組合員等の共同生活や管理事務の適正な遂行に影響を及ぼすおそれがある**と認められる場合にも、**協議の**上で、**相手方に通知**しなければならない内容とすることが考えられる。なお、管理業者がこれらの情報を本契約の範囲内で取得した場合は、**本人の同意なくこれらの情報を管理組合に提供**でき、**管理組合も本人の同意なく取得**できる。ただし、管理業者が通知するこれらの情報については、特定の個人を識別する情報が含まれているため、当該情報の取扱いを適切に行う観点から、あらかじめ管理組合において、その取扱いについて定めておく必要がある。また、管理業者は、「個人情報取扱事業者等に係るガイドライン・Q&A等（個人情報保護法総則規定、4章等関係）」（個人情報保護委員会公表）を遵守する必要があり、**管理組合**は、個人情報保護法25条に基づき**管理業者を監督する義務**があることに留意すること。

また、「障害を理由とする差別の解消の推進に関する法律」により、事業者は、社会的障壁（障害がある者にとって日常生活・社会生活を営む上で障壁となるような社会における事物・制度・慣行・観念その他一切のもの）の除去の実施について必要かつ合理的な配慮の提供を行うことが義務化された。そのため、**管理業者**は、**管理組合から**、社会的障壁の除去の実施についての必要かつ合理的な配慮の提供に関する**助言を求められた**場合には、地域包括支援センター等の支援施設の役割や連絡先に関する**情報を提供**するなどの対応を行うこと。

② 管理規約や使用細則に組合員の住所変更や組合員等の長期不在等について届出義務を設けている場合は、(2)に適宜追加することが望ましい。

⑭ 専有部分等への立入り（14条）

(1) 管理業者は、管理事務を行うため必要があるときは、組合員等に対して、その**専有部分・専用使用部分**（以下「専有部分等」という）への**立入りを請求**できる。

(2) (1)の場合、管理業者は、組合員等が、正当な理由なく、管理業者（または再委

託先の業者）のその専有部分等への**立入りを拒否したとき**は、その旨を管理組合に通知しなければならない。

(3) 管理業者は、前記❾(1)①②に掲げる災害・事故等の事由により、管理組合のために**緊急に行う必要がある**場合、専有部分等に**立ち入ることができる**※。この場合、管理業者は、管理組合・管理業者が立ち入った専有部分等に係る組合員等に対し、**事後**速やかに、報告をしなければならない。

※　立入り請求は不要である。

コメント（14条関係）

(1) に規定する**管理事務**は、その都度**管理組合の承認を得て行われる**ものであり、**管理組合の協力が不可欠**なものである。

管理業者は、組合員等が正当な理由なく、管理業者（または再委託先の業者）の立入りを拒否したときは、(2)によりその部分に係る管理事務の実施が不可能である旨を**管理組合に通知**するものとする。また、**管理業者**は、その場合の**取扱い**（費用負担を含む）について、あらかじめ**管理組合と協議**しておくことが望ましい。

---

⑮　管理規約等の提供等（15条）

(1) 管理業者は、管理組合の組合員から当該組合員が所有する専有部分の売却等の依頼を受けた**宅建業者**が、その媒介等の業務のために、**理由を付した書面の提出**または当該書面を電子情報処理組織を使用する方法その他の情報通信の技術を利用する方法であって次に定めるもの（以下「**電磁的方法**」という）**により提出**することにより、管理組合の管理規約、管理組合が作成し保管する会計帳簿、什器備品台帳および「その他の帳票類」ならびに管理組合が保管する長期修繕計画書および「設計図書（本条および別表第5において「**管理規約等**」という）」の提供または**別表第5に掲げる事項**の開示を求めてきたときは、管理組合に代わって、当該宅建業者に対し、**管理規約等の写し**※を提供し、**別表第5に掲げる事項**について**書面をもって、**または**電磁的方法により開示**するものとする。管理組合の**組合員**が、当該組合員が所有する**専有部分の売却等**を目的とする情報収集のためにこれらの提供等を求めて

きたときも、同様とする。

① 送信者の使用に係る電子計算機と受信者の使用に係る電子計算機とを電気通信回線で接続した電子情報処理組織を使用する方法であって、当該電気通信回線を通じて情報が送信され、受信者の使用に係る電子計算機に備えられたファイルに当該情報が記録されるもの

② 磁気ディスクその他これに準ずる方法により一定の情報を確実に記録しておくことができる物をもって調製するファイルに情報を記録したものを交付する方法

※ 総会議事録の写しではない。

(2) 管理業者は、(1)の**業務に要する費用**を管理規約等の提供または別表第5に掲げる事項の開示を行う**相手から受領**できる（2項）。

(3) この場合、管理業者は、当該組合員が管理費等を**滞納**しているときは、管理組合に代わって、当該**宅建業者**に対し、その**清算**に関する必要な措置を求めることができるものとする。

コメント（15条関係）

① 本条は、宅建業者が、媒介等の業務のために、宅建業法施行規則16条の2に定める事項等について、管理業者に当該事項の確認を求めてきた場合および**専有部分の売却等を予定する組合員が同様の事項の確認を求めてきた場合**の対応を定めたものである。

宅建業者または売主たる組合員を通じて専有部分の購入等を予定する者に管理組合の財務・管理に関する情報を提供・開示することは、当該購入等予定者等の利益の保護等に資するとともに、**マンション内におけるトラブルの未然防止、組合運営の円滑化、マンションの資産価値の向上等の観点からも有意義**であることを踏まえて、**提供・開示する範囲等について定めた規定**である。

② 本来宅建業者等への管理組合の管理規約、管理組合が作成し保管する会計帳簿、什器備品台帳およびその他の帳票類ならびに管理組合が保管する**長期修繕計画書および設計図書**（コメント15およびコメント44において「管理規約等」という）の提供および**別表第5に掲げる事項の開示は管理規約・使用細則の規定に基づき管理組合が行うべき**ものであるため、これらの事務を管理業者が行う場合にあっては、管理規約・使用細則において**宅建業者等への提供・開示に**

関する根拠が明確に規定されるとともに、これと整合的に本契約書において管理業者による提供・開示に関して規定されることが必要である。

　また、管理業者が提供・開示できる範囲は、原則として本契約書に定める範囲となる。本契約書に定める範囲外の事項については、組合員または管理組合に確認するよう求めるべきである。管理業者が受託した管理事務の実施を通じて知ることができない過去の修繕等の実施状況に関する事項等については、管理業者は管理組合から情報の提供を受けた範囲で、これらの事項を開示することとなる。

　なお、本契約書に定める範囲内の事項であっても、「敷地および共用部分における重大事故・事件」のように該当事項の個別性が高いと想定されるものについては、該当事項ごとに管理組合に開示の可否を確認し、承認を得て開示する事項とすることも考えられる。

③　提供・開示する事項に組合員等の個人情報やプライバシー情報が含まれる場合には、個人情報保護法の趣旨等を踏まえて適切に対応する必要がある。

　なお、別表第5に記載する事項については、「敷地及び共用部分における重大事故・事件」に関する情報として特定の個人名等が含まれている場合を除き、個人情報保護法の趣旨等に照らしても、提供・開示に当たって、特段の配慮が必要となる情報ではない（売主たる組合員の管理費等の滞納額を含む）。

④　管理業者が、管理組合の組合員から当該組合員が所有する専有部分の売却等の依頼を受けた宅建業者に対して総会等の議事録を閲覧させる業務を受託する場合は、本契約内容に追加を行うものとする。この場合、当該議事録が電磁的記録で作成されているときは、当該議事録の保管場所において、当該電磁的記録に記録された情報の内容を書面または出力装置の映像面に表示する方法により表示したものを閲覧させるものとする。なお、議事録には個人情報やプライバシー情報が含まれる場合も多いことから、発言者や審議内容から特定の個人が識別できないように加工するなど、個人情報保護法の趣旨等を踏まえて適切に対応することが必要である。

⑤　管理業者が1項に基づいて提供・開示した件数、2項に基づいて受領することとする金額等については、10条3項の報告の一環として管理組合に報告す

ることとすることも考えられる。

⑥　(1)の「その他の帳票類」とは、領収書や請求書、本契約書、修繕工事請負契約書、駐車場使用契約書、保険証券などのことをいう。

⑦　(1)の「設計図書」とは、管理適正化法施行規則102条に定める図書のことをいう。

↑Step Up

別表第5　宅地建物取引業者等の求めに応じて開示する事項

1　マンション名称等
①物件名称
②総戸数
③物件所在地
④対象住戸の住戸番号

2　管理計画認定の有無、認定取得日

3　管理体制関係
①管理組合名称
②管理組合役員数（理事総数および幹事総数）
③管理組合役員の選任方法（立候補、輪番制、その他の別）
④通常総会の開催月と決算月
⑤理事会の年間の開催回数
⑥管理規約原本の発効年月と変更年月
⑦共用部分に付保している損害保険の種類〔火災保険（マンション総合保険）、地震保険など〕
⑧使用細則等の規程の名称（駐車場使用細則、自転車置場使用細則、ペット飼育細則、リフォーム細則など）

4　共用部分関係
(1)　基本事項
①建築年次（竣工年月）
②共用部分に関する規約等の定め
・共用部分の範囲（規定している規約条項、別表名）
・共用部分の持分（規定している規約条項、別表名）
③専用使用に関する規約等の定め（規定している規約条項、使用細則条項、別表名）

(2)　駐車場
①駐車場区画数
・敷地内台数（内訳：平面自走式台数、機械式台数）
・敷地外台数（内訳：平面自走式台数、立体自走式台数、機械式台数）
②駐車場使用資格（賃借人の使用可否、規定している規約条項、使用細則条項）
③駐車場権利承継可否（駐車場使用の権利が専有部分と一体として承継することの可否）

④車種制限（規定している規約条項、使用細則条項、別表名）
⑤空き区画の有無
⑥空き区画の待機者数
⑦空き区画の補充方法（抽選、先着順、その他の別）
⑧駐車場使用料

(3)　自転車置場・バイク置場・ミニバイク置場
①区画数（自転車置場・バイク置場・ミニバイク置場毎）
②空き区画の有無（自転車置場・バイク置場・ミニバイク置場毎）
③使用料の有無とその使用料（自転車置場・バイク置場・ミニバイク置場毎）

(4)　共用部分の点検・検査・調査
①共用部分の点検・検査・調査の実施の有無〔（　年　月）、無〕
②共用部分の点検・検査・調査の実施者（○○）
③共用部分の点検・検査・調査の実施結果に基づく是正の有無（有、無、検討中の別）

5　売主たる組合員が負担する管理費等関係〔①～⑬の項目毎に金額を記載（滞納がある場合は滞納額も併せて記載）〕
①管理費
②修繕積立金
③修繕一時金
④駐車場使用料
⑤自転車置場使用料
⑥バイク置場使用料
⑦ミニバイク置場使用料
⑧専用庭使用料
⑨ルーフバルコニー使用料
⑩トランクルーム使用料
⑪組合費
⑫戸別水道使用料・冷暖房料・給湯料
⑬その他
⑭遅延損害金の有無とその額
⑮管理費等の支払方法（翌月分（または当月分）を当月○○日に支払い）
⑯管理費等支払手続〔口座振替（○○銀行○○支店）、自動送金（○

　　○銀行○○支店）、振込、集金代行会社委託の別〕

6　管理組合収支関係
（1）収支および予算の状況〔①～⑩の項目について直近の収支報告（確定額）を記載し、①～③及び⑥～⑧については当年度の収支予算（予定額）も併せて記載〕
　　①管理費会計収支総額
　　②管理費会計支出総額
　　③管理費会計繰越額
　　④管理費会計資産総額
　　⑤管理費会計負債総額
　　⑥修繕積立金会計収支総額
　　⑦修繕積立金会計支出総額
　　⑧修繕積立金会計繰越額
　　⑨修繕積立金会計資産総額
　　⑩修繕積立金会計負債総額

（2）管理費等滞納及び借入の状況
　　①管理費滞納額
　　②修繕積立金滞納額
　　③借入金残高

（3）管理費等の変更予定等〔①～⑬について、変更予定有（　年　月から）、変更予定無、検討中の別を記載〕
　　①管理費
　　②修繕積立金
　　③修繕一時金
　　④駐車場使用料
　　⑤自転車置場使用料
　　⑥バイク置場使用料
　　⑦ミニバイク置場使用料
　　⑧専用庭使用料
　　⑨ルーフバルコニー使用料
　　⑩トランクルーム使用料
　　⑪組合費
　　⑫戸別水道使用料・冷暖房費・給湯料
　　⑬その他

（4）修繕積立金に関する規約等の定め（規定している規約等の条項、別表名）

（5）特定の組合員に対する管理費等の減免措置の有無（規定している規約条項、別表名）

7　専有部分使用規制関係
　　①専有部分用途の「住宅専用（住宅宿泊事業は可）」、「住宅専用（住宅宿泊事業は不可）」、「住宅以外も可」の別（規定している規約条項）
　　②専有部分使用規制関係
　　・ペットの飼育制限の有無（規定している使用細則条項）
　　・専有部分内工事の制限の有無（規定している使用細則条項）

　　・楽器等音に関する制限の有無（規定している使用細則条項）
　　・一括受電方式による住戸別契約制限の有無
　　③専有部分使用規制の制定・変更予定の有無

8　大規模修繕計画関係
　　①長期修繕計画の有無（有、無、検討中の別）
　　②共用部分等の修繕実施状況〔工事概要、実施時期（年月）〕
　　③大規模修繕工事実施予定の有無〔有（　年　月予定、工事概要）、無、検討中の別〕

9　アスベスト使用調査の内容
　　①**調査結果の記録の有無**
　　②調査実施日
　　③調査機関名
　　④**調査内容**
　　⑤調査結果

10　耐震診断の内容
　　①**耐震診断の有無**
　　②**耐震診断の内容**

11　建替え関係
　　①建替え推進決議の有無〔有（　年　月決議）、無、検討中の別〕
　　②要除却認定の有無〔有（　年　月認定）、無、申請中（　年　月申請）、検討中の別〕
　　③建替え決議、マンション敷地売却決議の有無〔有（　年　月決議）、無、検討中の別〕

12　管理形態
　　①マンションの管理業者名
　　②業登録番号
　　③主たる事務所の所在地
　　④委託（受託）形態（全部、一部の別）

13　管理事務所関係
　　①管理員業務の有無〔有（契約している業務内容）、無〕
　　②管理員業務の実施態様（通勤方式、住込方式、巡回方式の別及び従事する人数）
　　③管理員勤務日
　　④管理員勤務時間
　　⑤管理事務所の電話番号
　　⑥本物件担当事業所名
　　⑦本物件担当事業所電話番号
　　⑧本物件担当者名

14　備考
　　○**敷地および共用部分における重大事故・事件があればその内容**
　　○ゴミ出しや清掃に関する情報
　　○自治体や民間団体が行う認定・評価制度等による結果
　　○設計図書等保管場所

1．別表第5　全体関係

①　別表第5は、一般分譲の住居専用の単棟型マンションにおいて、宅建業者等から開示を求められると想定される事項を例示しており、実際の契約書作成に当たっては、マンションのタイプ（単棟型、団地型、複合用途型）、管理規約および使用細則・規定や管理規約等の保管状況等に応じて、適宜追加・修正・削除を行う。

②　4(4)①については、本契約の内容にかかわらず、管理業者が把握可能な当該マンション内で行われる共有部分の点検・検査等の全て（日常的に行っている目視による点検の実施年月は除く）を含めることが望ましい。

③　6(3)、8①及び③で「検討中」とあるのは、理事会で検討されている場合であって、いずれも管理業者が把握できている場合をいう。

2．別表第5-6(3)関係

6(3)の「**変更予定有**」とは、値上げ等が**総会で承認**されている場合または**総会に上程**されることが決定している場合をいう。

3．別表第5-7③関係

7③の専有部分使用規制の制定・変更予定の「**有**」とは、7①及び②の規制に係る使用細則等の制定または変更が**総会で承認**されている場合または**総会に上程**されることが決定している場合であって、管理業者が**把握できている**場合をいう。

4．別表第5-8関係

①　「**大規模修繕**」とは、**建物の全体または複数の部位**について、修繕積立金を充当して行う計画的な修繕または特別な事情により必要となる修繕等をいう。

②　8③の**大規模修繕工事実施予定の「有」とは、修繕工事の実施が総会で承認**されている場合または**総会に上程**されることが決定している場合をいう。

8③の「**工事概要**」とは、**工事内容、期間、工事費、一時金の予定等**をいう。

5．別表第5　9関係

当該マンションについて、**アスベストの使用の有無の調査の結果が記載**されているときは、当該**結果の写しを提供**することとすることも考えられる。

6．別表第5　10関係

当該マンションが**昭和56年5月31日以前に新築**されたものであって、建築物の耐震改修の促進に関する法律4条2項3号の技術上の指針となるべき事項に基づいて建築基準法77条の21第1項に定める**指定確認検査機関**、建築士法2条1項に定める**建築士**、品確法5条1項に定める**登録住宅性能評価機関、地方公共団体**が行った**耐震診断**の結果がある場合、次の書類を提供することとすることも考えられる。

ア　品確法5条1項に定める**住宅性能評価書の写し**〔平成13年国土交通省告示1346号別表2-1の1-1の耐震等級（構造駆体の倒壊等防止）に係る評価を受けたものに限る〕

イ　地方税法施行規則7条の6に規定する書類（**耐震基準適合証明書の写し**、品確法5条1項に定める**住宅性能評価書の写し**）

ウ　租税特別措置法施行規則18条の4第2項、18条の21第1項、23条の6第3項に定める書類（**耐震基準適合証明書の写し**、品確法5条1項に定める**住宅性能評価書の写し**）

エ　**指定確認検査機関、建築士、登録住宅性能評価機関、地方公共団体**が作成した**耐震診断結果評価書の写し**

⑯ 管理業者の使用者責任（16条）

　管理業者は、管理業者の**使用人等**が、管理事務の業務の遂行に関し、管理組合または組合員等に**損害を及ぼしたとき**は、管理組合または組合員等に対し、使用者としての**責任を負う。**

⑰ 秘密保持義務（17条）

　管理業者・管理業者の**使用人等**は、正当な**理由なく**、管理事務に関して知り得た管理組合および組合員等の**秘密を漏らし**、または**管理事務以外の目的に使用してはならない。**

コメント（17条関係）

　　本条は、管理適正化法80条および87条の規定を受けて、管理業者およびその使用人等の秘密保持義務を定めたものである。**管理業者**は、管理事務に関して知り得た秘密について、**書面をもって**管理組合の**事前の承諾**を得た場合等を除き、**開示・漏えいしたり**、**目的外の利用**をしてはならない。なお、管理適正化法80条および87条の規定では、管理業者でなくなった後および管理業者の使用人等でなくなった後にも秘密保持義務が課せられている。

---

⑱ 個人情報の取扱い（18条）

(1) 管理業者は、管理事務の遂行に際して組合員等に関する個人情報（以下「個人情報」という）を取り扱う場合には、本契約の目的の範囲において取り扱い、正当な理由なく、第三者に提供、開示または漏えいしてはならない。

(2) 管理業者は、個人情報への不当なアクセスまたは個人情報の紛失、盗難、改ざん、漏えい等（以下「漏えい等」という）の危険に対し、**合理的な安全管理措置を講じ**なければならない。

(3) 管理業者は、個人情報を管理事務の遂行以外の目的で、使用、加工、複写等してはならない。

(4) 管理業者において個人情報の漏えい等の事故が発生したときは、管理業者は、管理組合に対し、速やかにその状況を報告するとともに、自己の費用において、漏えい等の原因の調査を行い、その結果について、**書面をもって管理組合に報告し**、**再**

発防止策を講じるものとする。

(5) 管理業者は、**個人情報の取扱いを再委託してはならない**。ただし、**書面をもって管理組合の事前の承諾**を得たときは**再委託してもよい**。この場合、管理業者は、再委託先に対して、本契約で定められている**管理業者の義務と同様の義務を課す**とともに、**必要かつ適切な監督**を行わなければならない。

(6) 管理業者は、**本契約が終了**したときは、**管理組合と協議**を行い**個人情報を返却または廃棄する**ものとし、その結果について、**書面をもって管理組合に報告**するものとする。

コメント（18条関係）

①　本条は、管理業者は、管理事務に関して個人情報に接する機会が多いことに鑑み、個人情報保護法の適用を受ける事業者が本法令を遵守することはもとより、個人情報取扱事業者等に係るガイドライン・Q&A等を参考にして、個人情報の適正な取扱いの確保を図ることが重要であることを踏まえた規定である。

②　管理業者が管理組合から委託を受けて作成、管理していた個人情報以外の情報についての返却または廃棄の取扱いや、管理業者において特定の個人が識別できないように加工した情報の活用に関する取扱いについては、あらかじめ、管理組合に対して十分に説明し、明確にしておくことが望ましい。

③　管理業者が本契約の管理事務の遂行とは関係のない目的で組合員等から取得した個人情報については、本規定の対象外であるが、当該個人情報についても本規定の趣旨にのっとり適切に管理すべきである。

⓳ 免責事項（19条）

　管理業者は、管理組合または組合員等が、⑨(1)①②に掲げる災害・事故等（管理業者の責めによらない場合に限る）による損害および次の損害を受けたときは、その損害を賠償する**責任を負わない**ものとする。

①　管理業者が**善良な管理者の注意**をもって管理事務を行ったにもかかわらず生じた管理対象部分の**異常・故障による損害**

② 管理業者が、**書面をもって注意喚起**したにもかかわらず、管理組合が**承認しな
かった事項**に起因する損害

③ その他、管理業者の責めに帰することができない事由による損害

コメント（19条関係）

① 管理業者の免責事項について、昨今のマンションを取り巻く環境の変化、特
に感染症がまん延したり、予期できない自然災害が増えてきていることから、
当該マンションの地域性、設備の状況に応じて、**管理組合・管理業者の協議**の
上、例えば「感染症の拡大のため予定していた総会等の延期に係る会場賃借・
設営に対する損害」、「排水設備の能力以上に機械式駐車場内に雨水流入があっ
たときの車両に対する損害」等、必要に応じて**具体的な内容を記載**することも
考えられる。

② 管理業者がITを活用して管理事務を行う場合、インターネット回線や通信
機器の不具合等が想定されることから、当該マンションの設備の状況等に応じ
て、**管理組合・管理業者が協議**の上、例えば「通信機器の不具合等により生じ
た総会等の延期に伴う出席者の機会損失に対する損害」等、必要に応じて**具体
的な内容を記載**することも考えられる。

---

⑳ 契約の解除（20条）

(1) 管理組合または管理業者は、その相手方が、本契約に定められた義務の履行を怠
った場合は、相当の期間を定めてその履行を**催告**し、相手方が当該期間内に、その
義務を**履行しないとき**は、**本契約を解除**できる。この場合、管理組合・管理業者は、
その相手方に対し、**損害賠償を請求**できる。

(2) 管理組合または管理業者の一方について、次のいずれかに該当したときは、その
相手方は、何らの**催告を要せず**して、**本契約を解除**できる。

① 管理業者が、銀行の取引を停止されたとき
② 管理業者に、破産手続・会社更生手続・民事再生手続その他法的倒産手続開始
の申立て、もしくは私的整理の開始があったとき
③ 管理業者が、合併または上記①②以外の事由により**解散**したとき
④ 管理業者が、マンション**管理業の登録の取消しの処分**を受けたとき
⑤ 27条①〜③の確約に反する事実が判明したとき

> **コメント（第20条関係）**
>
> 　（2）①の「銀行の取引を停止されたとき」とは、「手形交換所の取引停止処分を受けたとき」のことである。

㉑　解約の申入れ（21条）

　管理組合または管理業者は、その相手方に対し、少なくとも3ヵ月前に書面で解約の申入れを行うことにより、**本契約を終了**させることができる。

> **コメント（21条関係）**
>
> 　本条は、民法651条の規定を踏まえ、契約当事者双方の任意解除権を規定したものである。解約の申入れの時期については、契約終了に伴う管理事務の引継ぎ等を合理的に行うのに通常必要な期間を考慮して設定している。

㉒　契約の有効期間（22条）

> **コメント（22条関係）**
>
> 　契約の有効期間は、管理組合の会計期間・総会開催時期・重要事項説明時期等を勘案して設定することが必要である。

㉓　契約の更新等（23条）

（1）管理組合・管理業者は、本契約を更新しようとする場合、本契約の有効期間が満了する日の3ヵ月前までに、その相手方に対し、**書面をもって**、その旨を申し出るものとする。

（2）本契約の更新について申出があった場合において、その**有効期間が満了する日までに更新に関する協議が調う見込みがないとき**は、管理組合・管理業者は、本契約と同一の条件で、期間を定めて**暫定契約を締結**することができる。

（3）本契約の**更新**について、管理組合・管理業者いずれからも**申出がない**ときは、本契約は**有効期間満了をもって終了**する。

（4）管理業者は、本契約の終了時までに、管理事務の引継ぎ等を管理組合または管理

組合の指定する者に対して行うものとする。ただし、**引継ぎ等の期限**について、**管理組合の事前の承諾**を得たときは、**本契約終了後の日時**とすることができる。

コメント（23条関係）

① （1）は、本契約を更新しようとする場合の申入れ期限・方法を規定したものである。管理業者は、管理適正化法72条により、本契約を更新しようとするときは、あらかじめ重要事項説明を行うと定められていることを踏まえ、3ヵ月前までに更新の申入れを行うこととしたものである。

② 契約の有効期間が満了する日までに更新に係る協議が調わないときは既存の契約は終了し、当該マンションの管理運営に支障を及ぼす可能性があるため、上記（2）では暫定契約の手続を定めている。ただし、この場合にも管理適正化法72条に規定する、同一の条件で契約を更新しようとする場合の重要事項の説明等の手続は必要である。

③ 暫定契約の期間は、協議状況を踏まえて、当事者間で適切な期間を設けるものとする。

④ （3）の申出がない場合は、円滑な管理事務の引継ぎ等のため、**契約終了後の取扱い**について、本契約の終了時までに余裕をもって、**管理組合・管理業者が協議**することが望ましい。

⑤ （4）について、管理業者は、10条における管理事務の報告等、本契約期間内で必ずしも完了しない業務およびその引継ぎを契約終了以降に行う必要がある場合は、あらかじめ管理組合の**承諾**を得ることとする。

㉔ 法令改正に伴う契約の変更（24条）

管理組合・管理業者は、本契約締結後の法令改正に伴い管理事務・委託業務費を**変更**する必要が生じたときは、**協議の上、本契約を変更**できる。

ただし、消費税法等の税制の制定・改廃により、**税率等の改定**があった場合、委託業務費のうちの消費税額等は、その**改定に基づく額に変更**する。

> **コメント（24条関係）**
>
> 　本条は、設備の維持管理に関する法令の制定・改廃により、3条の管理事務の内容や6条の委託業務費の額の変更が必要となった場合について定めたものである。

㉕　IT の活用（25条）

(1) 管理組合または管理業者は、あらかじめ、相手方に対し、その用いる電磁的方法の種類および内容を示した上で、その**承諾**を得た場合は、本契約に規定する**書面**およびその事務処理上必要となる書面を**電磁的方法により提供**できる。

(2) **管理業者**は、管理組合の**承諾**を得た場合は、10条1項および3項に規定する**報告**その他の報告を **WEB 会議システム等**（電気通信回線を介して、即時性および双方向性を備えた映像および音声の通信を行うことができる会議システム等）**により行う**ことができる。

> **コメント（25条関係）**
>
> ① 　IT の活用に際しては、管理業者が行う管理事務の効率化のみならず、管理組合にとっても利便性が向上するように配慮して行うことに留意すること。
>
> ② 　(1)(2) の**承諾**を得る際には、承諾の有無をめぐる事後のトラブル防止の観点から、その承諾を**書面**または**書面に出力可能な形式**（電子メール、SNS、WEB ページ上の回答フォーム、CD-ROM、USB メモリ等）で行うこと。
>
> ③ 　(1) の承諾を得る場合、次の事項を明らかにしておくこと。
>
> 　(ア) 電磁的方法による提供に用いる電磁的方法の種類
> 　　　・電子メール、SNS
> 　　　・WEB ページからのダウンロード
> 　　　・WEB ページで閲覧（専用ページ）
> 　　　・CD-ROM や USB メモリ等
>
> 　(イ) 電磁的方法で提供する書面の記録方式
> 　　　・ソフトウェアの形式（Excel や PDF 等）やバージョン等
>
> 　(ウ) 電磁的方法による提供の対象となる書面の種類

・管理委託契約書第○条に係る書面

・上記各書面に関連する書面（事務処理上必要となる書面）

（エ）電磁的方法による提供の中止ができること

相手方が電磁的方法による提供を受けない旨を申し出た際には、電磁的方法による提供を中止し、書面による交付を行うこと。

（オ）その他

・ID やパスワード等を設定する場合の通知方法等

④　(2) の承諾を得る場合、次の事項を明らかにしておくこと。

（ア）WEB 会議システム等の種類

・ソフトウェアの形式やバージョン等

（イ）WEB 会議システム等による報告の内容

・管理委託契約書 10 条 1 項に係る報告

・管理委託契約書 10 条 3 項に係る報告

・管理委託契約書○条に係る報告

・上記各報告に関連する報告（その他の管理事務に関する報告）

（ウ）WEB 会議システム等による報告の中止ができること

相手方が WEB 会議システム等による報告を受けない旨を申し出た際には、WEB 会議システム等による報告を中止し、対面による報告を行うこと。

（エ）その他

・ID やパスワード等を設定する場合の通知方法等

⑤　(2) の 10 条 (1) (3) に規定する報告を管理組合の**承諾**を得て WEB 会議システム等により行う場合には、管理組合から報告の内容を理解した旨の確認を得ること。

⑥　管理業者が (1) (2) に規定する IT の活用を行う際には、管理組合・管理業者の双方が対応可能であることをあらかじめ確認しておくとともに、管理規約の変更を含めた管理組合内のルールを定めることを助言することが望ましい。

⑦　**IT の活用に必要となる費用**やデータの保存に必要となる**サーバ費用等の負担**については、あらかじめ**管理組合と管理業者が協議**しておくこと。

⑧　理事会や総会の様子を動画に保存し、当日出席できなかった者が後日確認で

きるようにする場合には、肖像権等の権利関係に十分留意の上、セキュリティが十分確保できるサーバ等を利用すること。また、**保存しておく期間**等については、**管理組合と管理業者が協議**して定めること。

㉖　誠実義務等（26条）

（1）管理組合・管理業者は、本契約に基づく義務の履行について、信義を旨とし、誠実に行わなければならない。

（2）本契約に定めのない事項・本契約について疑義を生じた事項については、管理組合・管理業者は、誠意をもって協議するものとする。

コメント（26条関係）

　本条の誠実義務には、管理業者・管理組合双方ともに厳にハラスメントに該当する言動を行わないことや、管理業者が管理組合に対して法令等に反するような助言等を行ってはならないことも含まれる。

㉗　反社会的勢力の排除（27条）

管理組合・管理業者は、それぞれ相手方に対し、次の事項を**確約**する。

①　**自ら**が、暴力団、暴力団関係企業、総会屋、社会運動等標ぼうゴロもしくはこれらに準ずる者またはその構成員（以下**「反社会的勢力」**という）**ではないこと**。

②　自らの**役員**（業務を執行する社員、取締役、執行役またはこれらに準ずる者をいう）が**反社会的勢力ではないこと**。

③　反社会的勢力に自己の名義を利用させ、本契約を締結するものではないこと。

④　本契約の有効期間内に、自らまたは第三者を利用して、次の行為をしないこと。

　（ア）相手方に対する脅迫的な言動または暴力を用いる行為

　（イ）偽計または威力を用いて相手方の業務を妨害し、または信用をき損する行為

> **コメント（27条関係）**
>
> 　本条は、管理組合、管理業者およびこれらの役員が反社会的勢力に該当しないことを確約する旨を規定したものであり、その確約に反して、管理組合、管理業者またはこれらの役員が反社会的勢力であることが判明した場合には、20条(2)⑤の規定に基づき、契約の相手方は本契約を解除できる。

㉘　合意管轄裁判所（28条）

　本契約に関する管理組合・管理業者間の紛争については、訴訟を提起する必要が生じたときは、訴額に応じて**本マンションの所在地を管轄**する○○地方裁判所または○○簡易裁判所を第一審の専属管轄裁判所とするものとする。

> **コメント（28条関係）**
>
> 　支払督促を申し立てる裁判所については、本条の規定にかかわらず、民事訴訟法の定めるところにより、債務者の住所地等を管轄する簡易裁判所においてするものとする。

㉙　存続条項（29条）

　本契約において別途定める場合を除き、本契約は、その終了後も、17条（秘密保持義務）、18条（個人情報の取扱い）、20条（契約の解除）、28条（合意管轄裁判所）は効力が存続する。

整理　委託業務の内容と第三者への再委託の可否

業務の内容	再　委　託
事 務 管 理 業 務	△
管 理 員 業 務	
清 掃 業 務	○
建物・設備管理業務	

△：一部できる　○：全部・一部できる

第 11 章

標準管理規約

標準管理規約の類型

重要度 マ **C** 主 **C**

❖ Introduction ❖

管理規約は、個々のマンションにとっては、「管理のための憲法」ともいうべきものである。従来は、分譲会社や管理会社が個々に素案を作成していたため、内容がまちまちであるうえ、不十分なものも多かった。

そこで、このような事情にかんがみ、中規模の各戸均質の住居専用マンションをモデルに、管理組合の役員、消費者団体、分譲会社、管理会社等からの意見を踏まえ、管理規約を定める場合の標準モデルとして「標準管理規約」が作成された。

その後、「マンションに関する法制度の充実」「マンション管理を取り巻く情勢の変化」等を踏まえて標準管理規約の改正が行われ、現在に至っている。

❶ 標準管理規約の種類

標準管理規約（正式には「マンション標準管理規約」という）は、次の３つの類型から成り立っている。

(1) **単棟型**

(2) **団地型**

(3) **複合用途型**

❷ 単棟型

【標準管理規約の対象】

(1) 一般分譲の「**住居専用**」の単棟型マンションである。

(2) 後述の店舗併用等の「複合用途型」マンションおよび数棟のマンションが所在する「団地型」マンションについては、それぞれについて標準管理規約を示しているので、それらを参考とするものとする①。

(3) **外部専門家が管理組合の運営に携わる基本的な３パターン（別添①〜③）**

近年のマンションの課題に対応するためには、外部の専門家に助言等を求めるだけでなく、外部専門家が管理組合の運営に直接携わることも考えられる。

　外部の専門家には、管理の執行を担うという点から、特に、管理規約・管理の委託・修繕・建替え等に関する広範な知識が必要とされ、マンション管理士等がこの専門家として想定される。

① 理事・監事外部専門家型 **（標準管理規約別添①）**

　理事会管理方式において、**理事・監事に外部専門家が加わり**、理事会の運営面の不全の改善を図るものであり、外部役員の選任・解任規定、役員の欠格要件、外部役員の業務執行のチェック体制について規約の規定等の整備が必要である。

② 理事長外部専門家型 **（別添①）**

　理事会管理方式において、**理事長に外部専門家が加わる**ものであり、理事長の選任・解任規定、理事長の業務執行に関する理事会の監督体制について規約の規定等の整備が必要である。

③ 外部管理者理事会監督型 **（別添②）**

　理事長が管理者を兼任することを撤廃し、**外部専門家**による**管理者管理方式**をとるものである。**理事会**が**監事的立場**となり、管理者の業務執行を直接に監視するものである。

④ 外部管理者総会監督型 **（別添③）**

　理事会制度を撤廃し、**管理者管理方式**をとるもので、**管理者を外部専門家が担**当し、また、**監事を区分所有者**が担当し、各区分所有者で構成する**総会が監視す**るものであり、総会の役割が重要となる。

(4) この規約で示している事項は、マンションの規模、居住形態等それぞれのマンションの個別の事情を考慮して、必要に応じて、合理的に修正し活用することが望ましい。なお、別に定められる公正証書による規約と一覧性をもたせることが望ましい。

先生からのコメント

①本テキストでは、単棟型の条文やコメントを中心に、団地型や複合用途型の内容とを比較しながら記述している。団地型は「★」で、複合用途型は「★」で表記している。なお、団地型と複合用途型の条文番号は、原則省略している。

❸ 団地型

【団地型標準管理規約の対象】

(1) 一般分譲の「**住居専用**」のマンションが数棟所在する団地型マンションで、団地内の土地および集会所等の附属施設がその数棟の区分所有者（団地建物所有者）全員の共有となっているものである。

(2) 規約の対象となる団地の単位

　敷地が共有関係にある棟の範囲である。団地型マンションで土地の共有関係が数棟ごとに分かれている場合には、それごとに1つの管理組合を構成し、規約を作成することとなる。

(3) 外部専門家が管理組合の運営に携わる基本的な3パターンは、「単棟型」と同様。

↑ Step Up

1．団地の形態※

(1) 団地内の「土地全体」が全団地建物所有者の共有となっている形態 ➡ 【図1】参照

(2) 土地の共有関係は各棟ごとに分かれ、「集会所等の附属施設」が全団地建物所有者の共有となっている形態 ➡ 【図2】参照

※　本規約の対象としては、団地型として最も一般的な(1)の形態であり、

① 団地内にある数棟の建物の全部が区分所有建物であること

② ①の建物の敷地（建物の所在する土地と規約により敷地と定められた土地の両方を含む）がその団地内にある建物の団地建物所有者の共有に属していること（建物の敷地利用権が所有権以外の権利である場合は、その権利が準共有に属していること）

③ 団地管理組合において、団地内にある区分所有建物全部の管理または使用に関する規約が定められていること

の3つの要件を満たしている団地（【図1】参照）とした。

　なお、(2)の形態の場合には、基本的に各棟は単棟型の標準管理規約を使用し、「附属施設についてのみ」全棟の区分所有者で規約を設定することとなる。

【図1】　団地内の土地全体が全団地建物所有者の共有となっている形態（マンション標準管理規約（団地型）の対象とする形態）

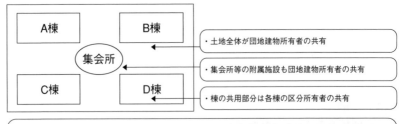

【図2】　土地の共有関係は各棟ごとに分かれ、集会所等の附属施設が全団地建物所有者の共有となっている形態（マンション標準管理規約（団地型）の対象としない形態）

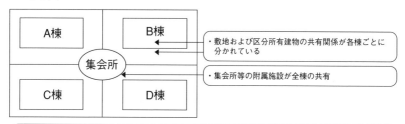

・敷地および区分所有建物の共有関係が各棟ごとに分かれている
・集会所等の附属施設が全棟の共有

・敷地および区分所有物（A〜D棟の各共用部分）管理は、マンション標準管理規約（単棟型）を参考として、各棟ごとに規約を作成。
・集会所等の全棟で共有している附属施設についてのみ全棟で規約を作成。

2．管理手法

（1）一元的管理

　この規約では、団地建物所有者の共有物である団地内の土地、附属施設および団地共用部分のほか、それぞれの棟についても団地全体で一元的に管理するものとする。つまり、管理組合は、「団地全体のもの」を規定し、棟別のものは特に規定していない。ただし、区分所有法で棟ごとに適用されることとなっている事項（義務違反者に対する措置、復旧および建替え）については、「棟ごとの棟総会」で決議することになる。

（2）統合的管理

　棟の管理は、各棟の管理組合で行うことと規約で位置づけた場合であっても、団地全体としての管理水準の統一、効率的な管理の確保等の観点から、全棟で管理のための連絡協議会のような組織を設置し、緩やかな形での統合的な管理を行っていくことが考えられる。

❹ 複合用途型

【複合用途型標準管理規約の対象】

(1) 一般分譲の「**住居・店舗併用**」の単棟型マンションである。

(2) 外部専門家が管理組合の運営に携わる基本的な3パターンは、「単棟型」と同様。

↑Step Up

1．複合用途型マンションの形態

(1) 大規模な再開発等による形態のもの

(2) 低層階に店舗があり、上階に住宅という形態で住宅が主体のもの

　　* 本規約の対象としては、複合用途型として多数を占めている(2)の形態としている。
　　　なお、(1)の形態の場合には、住宅部分、店舗部分のそれぞれの独立性が強いこと、事業実施主体も大規模で管理体制もしっかりしたものとなっていること、各マンションの個別性が強いことから、そのマンションの実態に応じて個別に対応することが必要である。実際の複合用途型マンションは多種多様な形態が考えられるため、この標準管理規約（複合用途型）を参考にして、物件ごとに異なる実情を考慮して管理規約を定めることが望まれる。

(3) 店舗や事務所が併設されているマンションであっても、その併設比率が小さく、店舗一部共用部分、住宅一部共用部分がない場合は、必ずしも複合用途型ではなく、単棟型または団地型の標準管理規約を参考にして、管理規約を定めることも考えられる。

2．一元的管理

　この規約は、区分所有者全員の共有物である「敷地」、「全体共用部分」および「附属施設」のほか、一部の区分所有者の共有物である「一部共用部分」についても、全体で一元的に管理するものとする。つまり、管理組合は、全体のものを規定し、一部管理組合は特に規定していない。

標準管理規約総則

重要度 ▽**B** 主**B**

❖ Introduction ❖

標準管理規約の目的は、マンションの管理または使用に関する事項を定め
ておくことにより、区分所有者共同の利益を増進し、良好な住環境を確保す
ることであるが、このような目的を達成するために区分所有者は、標準管理
規約や総会の決議を誠実に遵守しなければならない。同居者に対してもこれ
を遵守させる義務を負う。

また、管理規約は、区分所有権を相続した包括承継人や売買等により譲り
受けた特定承継人に対しても、効力を有するように定めている。

❶ 目 的（1条）

この規約は、マンション（★「団地」）の管理または使用に関する事項等について定め
ることにより、区分所有者（★「団地建物所有者」）の共同の利益を増進し、良好な住環境
を確保することを目的とする。

❷ 定 義（2条）

この規約においては、用語の意義がそれぞれ次のように定められている。

区 分 所 有 権	建物の区分所有等に関する法律（以下「区分所有法」という）でいう区分所有権をいう。
区 分 所 有 者	区分所有法でいう区分所有者をいう。 ★団地型では、団地建物所有者 ➡ 区分所有法でいう団地建物所有者をいう。
占 有 者	区分所有法でいう占有者をいう。
専 有 部 分	区分所有法でいう専有部分をいう。
共 用 部 分	区分所有法でいう共用部分をいう。 ★団地型では、区分所有法でいう共用部分（以下「棟の共用部分」という）および団地共用部分をいう。 ★複合用途型では、一部共用部分 ➡ 区分所有法でいう一部共用部分をいう。
敷 地	区分所有法でいう建物の敷地をいう。 ★団地型では、「土地」 ➡ 区分所有法でいう土地をいう。
共 用 部 分 等	共用部分および附属施設をいう。
専 用 使 用 権	敷地および共用部分等の一部について、特定の区分所有者が排他的に使用できる権利をいう。

専用使用部分	専用使用権の対象となっている敷地および共用部分等の部分をいう。【例】バルコニー・玄関扉・窓枠・窓ガラス・1階に面する庭・屋上テラス等
電磁的方法	電子情報処理組織を使用する方法その他の情報通信の技術を利用する方法であって次に定めるものをいう。 ① 送信者の使用に係る電子計算機と受信者の使用に係る電子計算機とを電気通信回線で接続した電子情報処理組織を使用する方法であって、当該電気通信回線を通じて情報が送信され、受信者の使用に係る電子計算機に備えられたファイルに当該情報が記録されるもの ② 磁気ディスクその他これに準ずる方法により一定の情報を確実に記録しておくことができる物をもって調製するファイルに情報を記録したもの（以下「電磁的記録」という）を交付する方法
WEB会議システム等	電気通信回線を介して、即時性及び双方向性を備えた映像及び音声の通信を行うことができる会議システム等をいう。

※1 電磁的方法の具体例には、電子メールの送信やウェブサイト（ホームページ）への書込みの利用、CD−R等の交付による方法等がある。

※2 電磁的方法の一部のみ利用可能な管理組合は、電磁的方法の利用状況に応じた規約を制定することが望ましい。例えば、電子メールの送受信やウェブサイト（ホームページ）への書込みは利用できないが、CD−R等に記録されている内容の読込みおよび表示は可能な場合、電磁的方法①は規定しないことが望ましい。

❸ 規約および総会の決議の遵守義務（3条）

1．遵守義務を負う者

区分所有者は、円滑な共同生活を維持するため、この規約および総会の決議を誠実に**遵守**しなければならない。

2．遵守義務を負わされる者

区分所有者は、**同居する者**に対して、この規約および総会の決議を**遵守させなければならない**。

★複合用途型では、「店舗に勤務する者」に対しても、遵守させなければならない。

＊ 「規約の効力発生時点」
最初に住戸（★「住戸または店舗」）の**引渡し**があった時とする。

❹　対象物件の範囲（ 4 条、別表第 1 ）

　この規約の対象となる物件の範囲は、次表に記載された**敷地**、**建物**および**附属施設**（以下「対象物件」という）とする。

物 件 名		
敷地 ※1	所 在 地※2	
	面　　積	
	権利関係	
建 物	構 造 等	造　　　地上　　　階　地下　　　階　　　塔屋 　　階建共同住宅 延べ面積　　　　㎡　　建築面積　　　　㎡
	専有部分	住戸戸数　　　戸 延べ面積　　　㎡
附属 施設		塀、フェンス、駐車場、通路、自転車置場、ごみ集積所、排水溝、排水口、外灯設備、植栽、掲示板、専用庭、プレイロット等建物に附属する施設

※ 1 　敷地は、規約により建物の敷地としたものも含む。

※ 2 　所在地が登記簿上の所在地と住居表示で異なる場合は、両方を記載すること。

❺　規約および総会の決議の効力（ 5 条、同関係コメント（以下「同関係」という））

(1) この規約および総会の決議は、区分所有者の包括承継人①および**特定承継人**①に対しても、その効力を有する。

(2) **占有者**（賃借人も含まれる）は、対象物件の**「使用方法」**につき②、区分所有者がこの規約および総会の決議に基づいて負う義務と同一の義務を負う。

先生からのコメント

①「包括承継」とは相続、「特定承継」とは売買および交換等の場合をいう。

②ここで、「使用方法につき」と限定しているのは、占有者が修繕積立金等管理面に関する支払いを負担することまでは要求しないという趣旨である。

⑥　管理組合③④（6条、同関係）

【管理組合の構成者】

区分所有者は、区分所有法3条に定める建物ならびにその敷地および附属施設の管理を行うための団体として、この規約の目的を達成するため、**区分所有者全員**をもって管理組合を構成する※。**管理組合**は、建物やその敷地（★「団地内の土地」）・附属施設の管理を行うための団体であって、マンションの管理をより円滑に実施し、区分所有者の共同の利益の増進と良好な住環境の確保を図るため構成するものであり、**区分所有者全員が加入**するものである。

※　「管理組合の成立年月日」
　　規約の効力発生時点と同じく、最初に住戸（★「住戸または店舗」）の**引渡し**があった**時**とする。

先生からの コメント

③区分所有法によれば、区分所有者の数が2名以上の管理組合は法人となることができるが、この規約では管理組合を法人とはしていない。つまり、ここにいう管理組合は、「権利能力なき社団」である。「権利能力なき社団」とは、団体としての組織を備え、多数決の原則がとられ、組合員の変更にもかかわらず団体そのものが存続し、その組織において、代表の方法・総会の運営・財産の管理その他団体としての主要な点が確定しているものをいう。

④管理組合は、区分所有者（★「団地建物所有者」）全員の**強制加入の団体**であって、脱退の自由がないことに伴い、任意加入の団体と異なり、区分所有者（★「団地建物所有者」）はすべて管理組合の意思決定に服する義務を負うことになるから、管理組合の業務は、区分所有法3条の目的の範囲内に限定される。ただし、建物等の物理的な管理自体ではなくても、それに附随・附帯する事項は管理組合の目的の範囲内である。各専有部分の使用に関する事項でも、区分所有者の共同利益に関する事項は目的に含まれる。その意味で、区分所有法3条の「管理」概念は、専有部分の使用方法の規制・多数決による建替え決議など、団体的意思決定に服すべき事項も広く包摂するといえる。なお、管理組合内部における意思決定や業務執行についての統制も、法と規約に基づき行われることが要請されていることに留意する必要がある。

専有部分・共用部分の範囲

重要度　🏢 **C** 🔑 **A**

❖ **Introduction** ❖

　専有部分と共用部分の区別については、区分所有法上、争いが大変多い。そこで標準管理規約では、専有部分と共用部分との境界に関して、一定の定めを置いている。

　この節では、標準管理規約で定められた専有部分と共用部分の範囲について学習する。

❶ 専有部分の範囲（7条、同関係）

1．区分所有権の対象となる専有部分

　対象物件のうち、区分所有権の対象となる専有部分は、「**住戸番号を付した住戸（以下「住戸部分」という）**」である。

　★複合用途型では、「店舗番号を付した店舗（以下「店舗部分」という）」も含む。

　専有部分として倉庫または車庫を設けるときは、「倉庫番号を付した倉庫」または「車庫番号を付した車庫」を加える。また、すべての住戸（★複合用途型では、店舗も含む）に倉庫または車庫が附属しているのではない場合、管理組合と特定の者との使用契約により使用させることとする。

2．専有部分と共用部分の境界

天井・床・壁	専有部分と共用部分の区分については、次の3つの考え方がある。標準管理規約においては、「**上塗説**」がとられている。	
	① **内壁説**①	天井、床、壁等の境界部分はすべて共用部分、内のりだけが専有部分であるとする
	② **壁心説**①	壁等の厚さの中央までが専有部分であるとする
	③ **上塗説**	壁、床、天井等の**境界部分のうち、躯体部分は共用部分であり**※1、その**上塗り部分が専有部分**であるとする
玄関扉 （★複合用途型では、シャッターも含む）	錠・内部塗装部分は**専有部分**※2 　＊　シャッターについては、すべて専有部分とし、利用制限を付すこともできる。	
窓枠・窓ガラス・雨戸・網戸	共用部分※2	

※1　躯体部分、つまり、主要な構造部分の変更はできないように配慮している。

※2　玄関扉の外部や窓ガラス等に広告などを出したり、勝手に色を塗りかえたりできない。マンションの美観をそこなわないように配慮している。

● ①建物ごとの多様性もあるし、また区分所有者法にも明確な規定はない。「内壁説」は、専有部分についての所有権を認めることと矛盾し、区分所有者の内装工事も不可能となってしまい、実情に合わないとされる。また「壁心説」は、壁の中心部分まで各区分所有者が自由に変更できることとなってしまい、建物の維持・管理の観点から問題が残るとされる。

3．設　備

「専有部分の専用に供される」設備のうち、共用部分（★「棟の共用部分」）内にある部分以外のものは「専有部分」とする。「専有部分の専用に供される」か否かは、設備機能が各住戸等の専用のものか、共用のものかにより決定する。

(1) **配管、電線等の本管（線）**[②] ➡ 　共用部分

(2) **枝管（線）**[②] ➡ 　専有部分

● ②枝管であっても共用部分内にあるものは「共用部分」にあたる。

専有部分となる配管等でも、定期的に共同で、点検・補修を行いたい場合は、区分所有法によりその専有部分の管理について、共同の管理を相当とする事項については、規約で定めることができる。

専有部分と共用部分の区別は、必ずしも費用と連動するわけではない。

① 費用負担の原因が専有部分にある場合

➡ 共用部分の配管等に故障があっても、その専有部分を所有する区分所有者の責任となる。

② 費用負担の原因が共用部分にある場合

➡ バルコニー、玄関扉、窓枠、窓ガラスなどの専用使用部分の通常の使用に伴う管理費は、専用使用権を有する者が負担する。

❷ 共用部分の範囲（8条、別表第2）

　専有部分と共用部分の区別は、区分所有法上も争いが多いし、不明確なので、共用部分とすべき箇所の具体例をあげている。

　対象物件のうち共用部分の範囲は、次のとおりである。

法定共用部分	(1) エントランスホール、廊下、階段、エレベーターホール、エレベーター室、共用トイレ、屋上、屋根、塔屋、ポンプ室、自家用電気室、機械室、受水槽室、高置水槽室、パイプスペース、メーターボックス（給湯器ボイラー等の設備を除く）、内外壁、界壁、床スラブ、床、天井、柱、基礎部分、バルコニー、ベランダ、屋上テラス、車庫等専有部分に属さない「建物の部分」 ＊【判例】パラペット（陸屋根の先端部分） (2) エレベーター設備、電気設備、給水設備、排水設備、消防・防災設備、インターネット通信設備、テレビ共同受信設備、オートロック設備、宅配ボックス、避雷設備、集合郵便受箱、各種の配線配管（給水管については、本管から各住戸メーターを含む部分、雑排水管および汚水管については、配管継手および立て管）等専有部分に属さない「建物の附属物」
規約共用部分	(3) 管理事務室、管理用倉庫、清掃員控室、集会室、トランクルーム、倉庫およびそれらの附属物※

　※　管理事務室等は、区分所有法上は専有部分の対象となるものであるが、区分所有者の共通の利益のために設置されるものであるから、これを規約により共用部分とすることとした。

【メーターボックス】

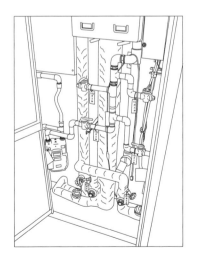

❸　専有部分・共用部分の範囲の考え方

次のような考え方があるので、参照しておこう。

1．考え方①

（1）**内壁説**

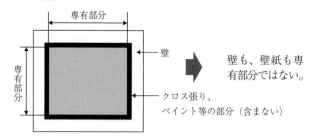

壁も、壁紙も専有部分ではない。

（2）**壁心説**

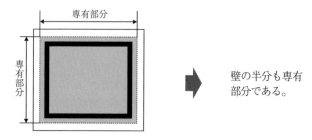

壁の半分も専有部分である。

（3）**上塗説**

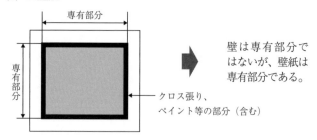

壁は専有部分ではないが、壁紙は専有部分である。

　壁紙を貼り替えられるのは、(2)と(3) の説の場合だが、(2)の説の場合、壁を分割する点で各区分所有者の関係が複雑となる。

2．考え方②

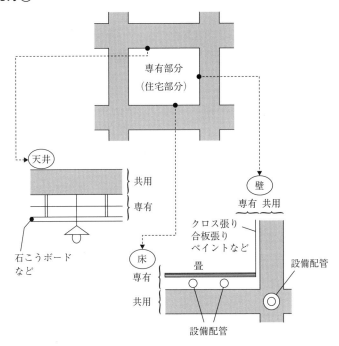

整理　専有部分・共用部分の範囲

		区分所有法による区分	標準管理規約による区分
専有部分		区分所有権の目的たる建物の部分	(1) 住戸番号を付した住戸 　専有部分を他から区分する構造物のうち、天井、床および壁の躯体（くたい）部分を除く部分と玄関扉の錠および内部の塗装部分 (2) 上記の専有部分の専用に供される設備のうち、共用部分内にある部分以外のもの
共用部分	規約共用部分	共用部分とされた建物の部分および附属の建物	管理事務室、管理用倉庫、清掃員控室、集会室、トランクルーム、倉庫およびそれらの附属物
	法定共用部分	数個の専有部分に通ずる廊下または階段室その他構造上区分所有者の全員またはその一部の共用に供されるべき建物の部分	(1) エントランスホール、廊下、階段、エレベーターホール、エレベーター室、共用トイレ、屋上、屋根、塔屋、ポンプ室、自家用電気室、機械室、受水槽室、高置水槽室、パイプスペース、メーターボックス（給湯器ボイラー等の設備を除く）、内外壁、界壁、床スラブ、床、天井、柱、基礎部分、バルコニー、ベランダ、屋上テラス、車庫等専有部分に属さない「建物の部分」 (2) エレベーター施設、電気設備、給水設備、排水設備、消防・防災設備、インターネット通信設備、テレビ共同受信設備、オートロック設備、宅配ボックス、避雷設備、集合郵便受箱、各種の配線配管（給水管については、本管から各住戸メーターを含む部分、雑排水管および汚水管については、配管継手および立て管）等、専有部分に属さない「建物の附属物」

敷地および共用部分等の共有

重要度 ▽ **C** ㊑ **B**

❖ **Introduction** ❖

区分所有法では、共用部分の各共有者の持分は、原則として専有部分の床面積割合によっていた。標準管理規約でも、共用部分は、区分所有法の原則どおり、専有部分の床面積割合によるのだろうか。

この節では、区分所有法の考え方と比較しながら学習を進めていこう。

❶ 共 有（9条）

対象物件のうち、敷地および共用部分等は、区分所有者の共有となる。

★団地型

対象物件のうち、「**土地**」、「**団地共用部分**」および「**附属施設**」は、団地建物所有者の共有とし、「**棟の共用部分**」は、その棟の区分所有者の共有とする。

★複合用途型

（1）対象物件のうち、「**敷地**」、「**全体共用部分**」および「**附属施設**」は、区分所有者の共有とする。

（2）「**住宅一部共用部分**」は、住戸部分の区分所有者のみの共有とする。

（3）「**店舗一部共用部分**」は、店舗部分の区分所有者のみの共有とする。

❷ 共有持分（10条、同関係、別表第3）

1．割 合

共有持分の割合については、専有部分の床面積の割合によることとする。

★団地型では、「**土地**」、「**団地共用部分**」および「**附属施設**」の共有持分の割合については、各棟の延床面積の全棟の延床面積に占める割合を出したうえで、各棟の中での各住戸の専有部分の床面積の割合によることとし、「**棟の共用部分**」の共有持分の割合については、各棟の区分所有者の専有部分の床面積の割合によることとする。

★複合用途型では、「**敷地**」ならびに「**全体共用部分**」および「**附属施設**」の共有持分の割合については、専有部分の床面積［一部共用部分（附属の建物を除く）のうち床面積を有するものがあるときは、その一部共用部分の床面積をこれを共用すべき各区分所有者の専有部分の床面積割合により配分して、それぞれの区分所有者の専有部分の床面積に算入する］の割合によることとする。

また、「**一部共用部分**」の共有持分は、これを共用すべき各区分所有者の専有部分の床面積の割合による。

ただし、敷地については、公正証書によりその割合が定まっている場合、それに合わせる必要がある。

2．共有持分の計算

区分所有法	原　則	登記簿に記載されている面積は、**内のり計算**による。床面積の計算方法は、壁その他の区画の**内側線**で囲まれた部分の水平投影面積（内のり計算）による。
	例　外	**規約で別段の定め**をすることができる。
標準管理規約		共有持分の割合の基準となる面積は、**壁心計算**[1]（界壁の中心線で囲まれた部分の面積を算出する方法をいう）による。

先生からのコメント

①マンションの完成前に売買契約が締結されることが多く、その時点では区分所有法の原則（内のり計算）によって専有部分の面積を正確に算出するのが難しいことを考慮したものである。

3．共有持分の決定方法

「敷地」（★「土地」）および「附属施設」の共有持分は、規約で定まるものではなく、**分譲契約等**によって定まる[2][3]。

なお、「**共用部分**」の共有持分は、**規約**で定まる。

先生からのコメント

②「敷地」（★「土地」）および「附属施設」に係る権利の帰属形式は、分譲契約等によって定まるものであり、規約で定めればそうなるというものではないことに注意しよう。

③**価値割合**〔専有部分の大きさおよび立地（階数・方角等）等を考慮した効用の違いに基づく議決権割合〕による議決権割合を設定する場合、分譲契約等によって定まる敷地（★「土地」）等の共有持分についても、価値割合に連動させることが考えられる。

　各区分所有者（★団地型では、「各団地建物所有者」を含む）の共有持分割合は、次表のとおりである。

持分割合　　住戸番号	敷　　地および附属施設	共用部分
○○号室	○○○分の○○	○○○分の○○
○○号室	○○○分の○○	○○○分の○○
○○号室	○○○分の○○	○○○分の○○
・	・	・
・	・	・
・	・	・
合計	○○○分の○○○	○○○分の○○○

❸　分割請求および単独処分の禁止（11条、同関係）

(1) **区分所有者**（★団地型では、「団地建物所有者」を含む）は、敷地または共用部分等の**分割を請求**できない[1]。

(2) **区分所有者**（★団地型では、「団地建物所有者」を含む）は、専有部分と敷地および共用部分等の共有持分とを**分離して譲渡、抵当権の設定等の処分**をしてはならない[2・3]。

　[1]　★団地型では、建替え等円滑化法に基づく**敷地分割決議による敷地分割**は、本条により**禁止されるものではない**。

　[2]　住戸（★団地型、★複合用途型では「専有部分」）を他の区分所有者（★「団地建物所有者」）または第三者に「**貸与**」することは、ここでいう禁止に当たらない。

　[3]　倉庫・車庫も専有部分となっている場合、倉庫・車庫のみを他の区分所有者に譲渡する場合を除き、住戸と倉庫・車庫とを分離し、または専有部分と敷地および共用部分等の共有持分とを分離して**譲渡、抵当権の設定等の処分**をしてはならない。

重要度　マ**A**主**A**

❖ Introduction ❖

　「標準管理規約」は、バルコニー、玄関扉、窓枠、窓ガラス等について、各区分所有者に専用使用権を認めている。また、駐車場については、通常、区分所有者全員の共有している敷地上にあるが、住戸数に比べて駐車場の収容台数が不足しており、駐車場の空き待ちが多いという一般的な状況のもとでは、全員が駐車場を使用できない。そこで、特定の区分所有者には駐車場使用契約により使用させることになるので、駐車場の使用についての諸規定を設けている。

　他方、専有部分におけるリフォームやペットの飼育に関するトラブルが多いことにかんがみ、このようなトラブルを未然に防止し、建物全体への影響を考慮するという観点から諸規定を設けている。

　この節では、これら諸規定の内容について学習する。

❶ 専有部分の用途（12条、同関係）

(1)　区分所有者（★「団地建物所有者」、★「住戸部分の区分所有者」）は、その専有部分を専ら住宅として使用※1・2するものとし、他の用途に供してはならない※3（1項）。

　　※1　住宅としての使用は、専ら居住者の生活の**本拠**があるか否かによって判断される。したがって、利用方法は、生活の本拠であるために必要な平穏さを有することを要する。

　　※2　区分所有法で考えると、区分所有者の共同の利益に反しない限り、原則として自由に使用できる。★複合用途型では、店舗部分の区分所有者は、その専有部分を「店舗として使用」するものとし、暴力団の活動に供するなど、他の区分所有者の迷惑となるような営業形態、営業行為をしてはならない。

　　※3　暴力団の排除のため、暴力団事務所としての使用や、暴力団員を反復して出入りさせる等の行為について禁止する旨の規定を追加（★「確認的に明示・追加」）することも考えられる。

(2)　住宅宿泊事業の使用が可能か、禁止かに応じて、次のように分類されている（2項）。

　① **住宅宿泊事業を可能とする場合**

　　　区分所有者（★「団地建物所有者」、★「住戸部分の区分所有者」）は、その専有部分を住宅宿泊事業法3条1項の届出（知事〈保健所設置市等の長〉への住宅宿泊事業を営む旨の届出）を行って営む同2条3項の**住宅宿泊事業**※1～3（旅館業法に規

定する営業者以外の者が宿泊料を受けて住宅に人を宿泊させる事業で、人を宿泊
させる算定日数が**1年間で180日を超えないもの**）**に使用できる。**

※1　住宅宿泊事業については、**可能か禁止かを明記**することが望ましい。また、旅館業法3
　　条1項の簡易宿所の許可を得て行う「民泊」については、旅館業営業として行われるもの
　　であり、通常は**専有部分を専ら住宅として使用する用途に含まれていないと考えられる**た
　　め、可能としたい場合、その旨を明記することが望ましい。

※2　マンションによっては、**一定の態様の住宅宿泊事業のみを可能**とすることも考えられ、
　　その場合は**規約に明記**すべきである。

　　　多数の区分所有者等（★「団地建物所有者等」）による共同生活の場であり、その共同生
　　活の維持のための法的手段が区分所有法上特に設けられているというマンションの特性に
　　鑑みれば、個別のマンションの事情によっては、例えば、住宅宿泊事業者が「**同じマンシ
　　ョン内に居住している住民である等**」の「**家主居住型の住宅宿泊事業**」に限り可能とする
　　ケースも考えられる。

　　[家主居住型の住宅宿泊事業のみ可能とする場合の例]

　　　区分所有者（★「団地建物所有者」、★「住戸部分の区分所有者」）は、その専有部分を
　　住宅宿泊事業法3条1項の**届出を行って**営む同2条3項の**住宅宿泊事業**（住宅宿泊事業者
　　が自己の生活の本拠として使用する専有部分と住宅宿泊管理業務を行う届出住宅が**同一の
　　場合、または同じ建物内**にある場合に限る）**に使用できる。**

　　　さらに、個別のマンションの事情によっては、このような家主居住型の住宅宿泊事業の
　　うち、住宅宿泊事業者が「**自己の生活の本拠として使用している専有部分において宿泊**」
　　させる場合（**家主同居型**）に限り可能とするケースも考えられる。

　　[家主同居型のみ可能とする場合の例]

　　　区分所有者（★「団地建物所有者」、★「住戸部分の区分所有者」）は、その専有部分を
　　住宅宿泊事業法の**届出を行って営む住宅宿泊事業**（住宅宿泊事業者が自己の生活の本拠と
　　して使用する専有部分と住宅宿泊管理業務を行う届出住宅が**同一の場合に限る**）**に使用で
　　きる。**

※3　新規分譲時の原始規約等において、**住宅宿泊事業の可否を使用細則に委任**しておくこと
　　もあり得る。

　　[民泊の可否を使用細則に委任する場合の例]

　　　区分所有者（★「団地建物所有者」、★「住戸部分の区分所有者」）が、その専有部分を
　　住宅宿泊事業法の**届出を行って営む住宅宿泊事業**に使用することを可能とするか否かにつ
　　いては、**使用細則に定めることができる。**

② **住宅宿泊事業を禁止する場合**

　　区分所有者（★「団地建物所有者」、★「住戸部分の区分所有者」）は、その専有部分を住
宅宿泊事業法の届出を行って営む**住宅宿泊事業**[1・2]に使用できない。

※1　旅館業法や住宅宿泊事業法に違反して行われる事業は、管理規約に明記するまでもなく、
　　当然に禁止されているとの趣旨である。

※2　「区分所有者（★「団地建物所有者」、★「住戸部分の区分所有者」）は、その専有部分を、
　　宿泊料を受けて人を宿泊させる事業を行う用途に供してはならない」のような規定を置く
　　こともあり得る。

❷　敷地および共用部分等の用法（13条）

区分所有者（★「団地建物所有者」）は、敷地（★「土地」）および共用部分等をそれぞれの**「通常の用法」**※1に従って使用しなければならない。

「通常の用法」の具体的内容※2は、使用細則で定めることとする。

※1　区分所有法で考えると、区分所有者（★「団地建物所有者」）の共同利益に反しない限り、原則として自由に使用できる。

※2　【例】「自転車は、1階の○○に置きます。それ以外の場所に置いてはいけません」

❸　バルコニー等の専用使用権（14条、同関係、別表第4）

建物の共用部分または敷地（★「土地」）を、特定の区分所有者（★「団地建物所有者」）が、排他的に使用できる権利を「専用使用権」という。

「建物の共用部分」の代表例　➡　バルコニー

「敷地（★「土地」）」の代表例　➡　専用庭

1．専用使用権の承認

区分所有者（★「団地建物所有者」）は、次表に掲げるバルコニー、玄関扉、窓枠、窓ガラス、1階に面する庭および屋上テラス（以下「バルコニー等」という）について、次表のとおり、**専用使用権を有することを承認**する。

★複合用途型では、「シャッター」「店舗前面敷地」を含む。　　　　　「(注)」：以下、すべて「略」

専用使用部分／区分	バ ル コ ニ ー	玄　関　扉／窓　　枠／窓 ガ ラ ス	1階に面する庭	屋 上 テ ラ ス
位　　置	各住戸に接するバルコニー	各住戸に附属する玄関扉、窓枠、窓ガラス	別添図(注)のとおり	別添図(注)のとおり
専用使用権者	当該専有部分の区分所有者	同　左	○○号室住戸の区分所有者	○○号室住戸の区分所有者

＊　専用使用権は、その対象が敷地または共用部分等の一部であることから、それぞれの通常の用法に従って使用すべきこと、管理のために必要がある範囲内において、他の者の立入りを受けることがある等の制限を伴うものである。また、工作物設置の禁止、外観変更の禁止等は、使用細則で物件ごとに言及するものとする。

2．1 階に面する庭等

　1 階に面する庭（★複合用途型では、「店舗前面敷地」を含む）について**専用使用権を有している者**は、別に定めるところにより、管理組合に**専用使用料**を納入しなければならない。

　バルコニーおよび屋上テラスが、すべての住戸に附属していない場合、別途専用使用料の徴収について規定できる。

3．専有部分の貸与を受けた者

　区分所有者（★「団地建物所有者」）から**専有部分の貸与を受けた者**は、その区分所有者が専用使用権を有しているバルコニー等を使用することができる。

❹ 駐車場の使用（15 条、同関係）

(1) **管理組合は、駐車場について、特定の区分所有者**（★「団地建物所有者」）に**駐車場使用契約により使用させる**ことができる。

　　駐車場使用契約は、次の契約書の「ひな型」を参考とする[1〜5]。

駐車場使用契約書

○○マンション（★団地型では「団地」。以下同じ）管理組合（以下「甲」という）は、○○マンションの区分所有者（★「団地建物所有者」。以下同じ）である○○（以下「乙」という）と、○○マンションの駐車場のうち別添の図に示す○○の部分につき、駐車場使用契約を締結する。当該部分の使用に当たっては、乙は下記の事項を遵守するものとし、これに違反した場合には、甲はこの契約を解除することができる。

記

1　契約期間は、　　　年　月　日から　　　年　月　日までとする。ただし、乙がその所有する専有部分を他の区分所有者（★「団地建物所有者」）または第三者に譲渡または貸与したときは、本契約は効力を失う。
2　月額○○円の駐車場使用料を前月の○日までに甲に納入しなければならない。
3　別に定める駐車場使用細則を遵守しなければならない。
4　当該駐車場に常時駐車する車両の所有者、車両番号および車種をあらかじめ甲に届け出るものとする。

　※ 1　ここでは、マンションの住戸の数に比べて駐車場の収容台数が不足しており、駐車場の利用希望者（空き待ち）が多い場合を前提としている。駐車場収入は駐車場の管理に要する費用に充てられるほか、修繕積立金（★「各棟修繕積立金」、★「全体修繕積立金」）として積み

立てられるため、修繕積立金不足への対策等の観点から組合員以外の者に使用料を徴収して使用させることも考えられる。その場合、税務上、すべてが収益事業として課税されるケースもあるが、**区分所有者**（★「団地建物所有者」）**を優先する条件を設定**している等のケースでは、**外部貸しのみが課税対象**となり、区分所有者（★「団地建物所有者」）が支払う使用料は共済事業として非課税とする旨の国税庁の見解が公表されている（「管理組合が区分所有者以外の者への駐車場の使用を認めた場合の収益事業の判定について」平成24年国住マ43号）。

※2　**車両の保管責任**については、**管理組合が負わない旨**を**駐車場使用契約・駐車場使用細則**に規定することが望ましい。

※3　駐車場使用細則・駐車場使用契約等に、**管理費・修繕積立金の滞納等の規約違反**の場合、**契約を解除**できるかまたは次回の選定時の参加資格をはく奪することができる旨の規定を定めることもできる。

※4　駐車場使用者の選定は、最初に使用者を選定する場合には抽選、2回目以降の場合には抽選または申込み順にする等、公平な方法により行うものとする。また、マンションの状況等によっては、契約期間終了時に入れ替えるという方法または契約の更新を認めるという方法等について定めることも可能である。たとえば、駐車場使用契約に使用期間を設け、期間終了時に公平な方法により入替えを行うこと（**定期的な入替え制**）が考えられる。なお、駐車場が全戸分ある場合でも、平置きか機械式か、屋根付きの区画があるかなど駐車場区画の位置等により利便性・機能性に差異があるような場合には、マンションの具体的な事情に鑑みて、上記の方法による入替えを行うことも考えられる。駐車場の入替えの実施に当たっては、実施の日時に、**各区分所有者**（★「各団地建物所有者」）**が都合を合わせる**ことが必要であるが、それが困難なため実施が難しいという場合については、外部の駐車場等に車を移動させておく等の対策が考えられる。

※5　駐車場が全戸分ない場合等には、駐車場使用料を近傍の同種の駐車場料金と均衡を失しないよう設定すること等により、区分所有者（★「団地建物所有者」）間の公平を確保することが必要である。なお、**近傍の同種の駐車場料金との均衡**については、**利便性の差異も加味**して考えることが必要である。また、平置きか機械式か、屋根付きの区画があるかなど駐車場区画の位置等による利便性・機能性の差異や、使用料が高額になっても特定の位置の駐車場区画を希望する者がいる等の状況に応じて、柔軟な料金設定を行うことも考えられる。

(2) 駐車場を使用している者は、別に定めるところにより、**管理組合に駐車場使用料を納入**しなければならない。

(3) **区分所有者**（★「団地建物所有者」）が、その所有する専有部分を、他の区分所有者・第三者に譲渡・貸与したときは、その区分所有者の**駐車場使用契約**は、**効力を失う**[※1・2]。

※1　**家主同居型**の住宅宿泊事業を実施する場合、それは**対象外**であると考えられる。

※2　使用者の選定方法をはじめとした具体的な手続、使用者の遵守すべき事項等、駐車場の使用に関する事項の詳細については、「駐車場使用細則」を別途定めるものとする。また、駐車場使用契約の内容（契約書の様式）についても駐車場使用細則に位置づけ、あらかじめ総会

（★団地型では、「団地総会」）で合意を得ておくことが望ましい。

❺　敷地および共用部分等の第三者の使用（16条）

(1)　**管理組合**は、次に掲げる敷地および共用部分等の一部を、それぞれ次の者に**使用させる**ことができる。

① 　管理事務室、管理用倉庫、機械室その他対象物件の管理の執行上必要な施設

➡　 管理事務を受託し、または請け負った者

② 　電気室

➡　 対象物件に電気を供給する設備を維持・運用する事業者

③ 　ガスガバナー

➡　 当該設備を維持・運用する事業者

なお、有償か無償かの区別、有償の場合の使用料の額等については、使用条件で明らかにする。

(2)　前記(1)のほか[1]、**管理組合**は、「**総会**」（★「団地総会」）の**決議**[2]を経て、**敷地**（★「土地」）および**共用部分等**（駐車場および専用使用部分を除く）**の一部**について、**第三者に使用させる**ことができる。

※1 　【例】広告塔、看板等である。
※2 　理事会の決議ではない。

❻　専有部分の修繕等（17条、同関係）

１．理事長の書面による承認（1項）

電磁的方法が利用不可能な場合

区分所有者（★「団地建物所有者」）は、その**専有部分**について、修繕、模様替えまたは建物に定着する物件の取付けもしくは取替え（以下「修繕等」[1・2]という）であって**共用部分**（★「棟の共用部分」）または他の専有部分に影響を与えるおそれのあるものを行おうとする場合、**あらかじめ**、理事長（35条に定める理事長をいう〔★団地型では、「37条」。★複合用途型では、「39条」。以下同じ〕）に**その旨を申請**し、**書面による承認**を受けなければならない。

電磁的方法が利用可能な場合

> **区分所有者**（★「団地建物所有者」）は、その**専有部分**について、修繕等であって**共用部分または他の専有部分に影響を与えるおそれのある**ものを行おうとする場合、**あらかじめ、理事長にその旨を申請**し、書面または電磁的方法による**承認を受けなければ**ならない。

　ただし、区分所有者は、区分所有法6条1項の規定により、「専有部分の増築」または「建物の主要構造部に影響を及ぼす行為」をすることはできない。

　なお、区分所有法17条1項の共用部分の変更に該当し、集会の決議を経ることが必要となる場合もあることに留意する必要がある。

　※1　「修繕等」のうち、承認を必要とするもの〔共用部分（★「棟の共用部分」）・他の専有部分に影響を与えるおそれのあるもの〕

　　　　床のフローリング、ユニットバスの設置、主要構造部に直接取り付けるエアコンの設置、配管（配線）の枝管（枝線）の取付け・取替え、間取りの変更等

　※2　配管（配線）の枝管（枝線）の取付け、取替え工事にあたっては、共用部分（★「棟の共用部分」）内に係る工事についても、理事長の承認を得れば、区分所有者（★「団地建物所有者」）が行うことができる。

2．理事長へ提出する申請書（2項）

　承認を受けようとする場合において、**区分所有者**（★「団地建物所有者」）は、設計図、仕様書および工程表を添付した申請書を理事長に提出しなければならない。

専有部分修繕等工事申請書

年　月　日

○○マンション管理組合
　理事長　　○○○○　殿

氏　名　○○○○

　下記により、専有部分の修繕等の工事を実施することとしたいので、○○マンション（★「団地」）管理規約第17条の規定に基づき申請します。

記

1　対象住戸　　　　　　　　　　　　　○○　号室（★「○○号棟○○号室」）
　　（★複合用途型では「対象店舗」の場合もある）
2　工事内容
3　工事期間　　　　　　　　　　　　年　月　日から
　　　　　　　　　　　　　　　　　　年　月　日まで
4　施工業者
5　添付書類　　　　　　　　　　　設計図、仕様書および工程表

専有部分修繕等工事承認書

年　月　日

　○○○○　殿
　　年　月　日に申請のありました○○号室（★「○○号棟○○号室」）における専有部分の修繕等の工事については、実施することを承認します。
（条件）

○○マンション（★「団地」）管理組合
理事長　　○○○○

3．理事会の決議（3項）

　理事長は、前記1項の申請について、**理事会の決議**により、**承認**[1]または**不承認**を決定しなければならない※1・2・3。

先生からの
コメント

①理事長は承認を行うにあたり、専門的な判断が必要となる場合も考えられるので、専門的知識を有する者（建築士、建築設備の専門家等）の意見を聴く等により専門家の協力を得るよう考慮すべきである。特に、フローリング工事の場合には、構造、工事の仕様、材料等により影響が異なるので、専門家への確認が必要となる。

※1　承認の判断に際して、調査等により特別な費用がかかる場合には、**申請者に負担**させることが適当である。

※2　工事の躯体に与える影響、防火、防音等の影響、耐力計算上の問題、他の住戸への影響等を考慮して、承認するかどうか判断する。なお、工事内容が上下左右の区分所有者（★「団地建物所有者」）に対して**著しい影響を与えるおそれがある**と判断される場合、当該**区分所有者**（★「団地建物所有者」）**の同意**を必要とすることも考えられる。

※3　承認の申請先等は理事長であるが、承認・不承認の判断はあくまで**理事会の決議**によるものである。

4．承認の範囲内での工事（4項）

承認があったときは、区分所有者（★「団地建物所有者」）は、承認の範囲内②において、専門部分の修繕等に係る共用部分（★「棟の共用部分」）の工事※1・2を行うことができる。

先生からの
コメント

②承認を受けないで、専有部分の修繕等の工事を行った場合には、理事長は、その是正等のため必要な勧告または指示もしくは警告を行うか、その差止め、排除または原状回復のための必要な措置等をとることができる。立入り・調査の結果、理事長に申請・届出を行った内容と異なる内容の工事が行われている等の事実が確認された場合も、同様である。

※1　工事が完了したときでも、その旨を報告する旨の規定はない。

※2　老朽化が進む等、近い将来に、建替えやマンション敷地売却（以下「建替え等」という）が想定されるマンションにおいて、**高額な費用をかけて専有部分の大規模な修繕等を行う区分所有者**（★「団地建物所有者」）がいた場合、その工事から数年後に建替え等の検討が始まると、当該区分所有者（★「団地建物所有者」）にとって二重の出費ともなりかねないほか、合意形成に支障が生ずる可能性がある。このため、近い将来に建替え等の検討の可能性があるマンションでは、

修繕等について理事長の承認を求めてくる区分所有者（★「団地建物所有者」）に対して、**近い将来に建替え等が検討される可能性がある旨の注意喚起を行うことが望ましい**。なお、注意喚起があった上で、実際に修繕等を行うか否かはあくまで当該**区分所有者**（★「団地建物所有者」）**の判断**である。

5．立入り・調査（5項）

理事長またはその指定を受けた者は、**専有部分の修繕工事の施行に必要な範囲内**において、修繕等の箇所に立ち入り、**必要な調査**※を行うことができる。

この場合、区分所有者（★「団地建物所有者」）は、**正当な理由**がなければこれを**拒否してはならない**。

> ※　立入り・調査に関しては、施工状況を確認する必要があるものについて、工事中の現場で管理組合の理事等（または組合から依頼を受けた技術者）が立ち会って確認することが考えられる。人手や工期などにより**実際に立ち会うことが難しい場合**、**抜き打ちで検査することをアナウンス**したり、**工事業者に写真等の記録を取らせ報告**させたりすることが考えられる。施工状況を確認する場合、図面の読み方や工事の進め方を知っている外部の専門家の協力が必要になる。
>
> 【確認が必要な場合の例】
> ①　全面リフォームを行う工事について、壁、床等をはがして耐力壁を撤去しないか、工事対象を確認する。
> ②　躯体コンクリートにスリーブをあける際やアンカーを打ち込む際に、鉄筋を探査してから穴をあけているか、手順を確認する。

6．工事後の影響による責任・負担（6項）

承認を受けた修繕等の**工事後**に、当該工事により共用部分（★「棟の共用部分」）や他の専有部分に**影響が生じた場合**、当該**工事を発注した区分所有者**（★「団地建物所有者」）の**責任と負担**により必要な措置をとらなければならない※。

> ※　この規定は、承認が、修繕等の工事の結果、共用部分（★「棟の共用部分」）や他の専有部分に生じた事後的な影響について、当該**工事を発注した区分所有者**（★「団地建物所有者」）の**責任や負担を免責するものではないことを確認的に定める趣旨である。なお、工事を発注する場合、工事業者と協議**した上で、契約書に事後的な影響が生じた場合の責任の所在と補償等についても**明記**することが適切である。また、管理組合等が専有部分の修繕の記録を保管しておくため、**工事業者から工事完了報告書等を提出**させることも考えられる。

7．理事長への届出（7項）

区分所有者（★「団地建物所有者」）は、**承認を要しない修繕**等のうち、工事業者の立入り・

工事の資機材の搬入・工事の騒音・振動・臭気等工事の実施中における共用部分（★「棟の共用部分」）や他の専有部分への**影響について管理組合が事前に把握する必要があるもの**を行おうとするときは、あらかじめ、**理事長に届け出**なければならない※。

※　この規定は、承認を要しない修繕等であっても、工事の実施期間中において、共用部分（★「棟の共用部分」）や他の専有部分に対し、工事業者の立入り等の影響が想定されることから、管理組合が事前に把握する必要があるため、**事前に届出**を求めるものである。なお、1項の場合と異なり、工事の過程における影響を問題とするものであり、工事の結果による事後的な影響を問題とする趣旨ではないことに留意する。また、他の居住者等に影響を与えることが考えられるため、この届出に加えて工事内容等を掲示する等の方法により、他の区分所有者（★「団地建物所有者」）等へ周知を図ることが適当である。

＊　これらの規定のほか、具体的な手続、区分所有者（★「団地建物所有者」）の遵守すべき事項等詳細については、使用細則に別途定めるものとする。

❼　使用細則（18条、同関係）

使用細則※1・5には、規約に基づいて定められるものと※2・3・4、規約に基づかないで定められるもの（総会の決議）がある。もちろんここでは、規約に基づいて定められるものである。

対象物件の使用については、別に使用細則を定めるものとする。

※1　使用細則で定めることが考えられる事項

「動物の飼育・ピアノ等の演奏に関する事項等専有部分の使用方法に関する規制」「駐車場・倉庫等の使用方法、使用料、置き配を認める際のルール等敷地・共用部分（★「棟の共用部分」）の使用方法や対価等」に関する事項等があげられる。

※2　専有部分の使用に関するものについて、その基本的事項は規約で定めるべき事項である。

※3　マンション内における感染症の感染拡大のおそれが高いと認められた場合、使用細則を根拠として、居住者による共用部分等の使用を一時的に停止・制限することは可能であると考えられる。なお、使用細則を定める方法としては、これらの事項を「1つの使用細則として定める方法」と「事項ごとに個別の細則として定める方法」とがある。

※4　犬・猫等のペットの飼育に関しては、それを認める、認めない等の規定は規約で定めるべき事項である。基本的な事項を規約で定め、手続等の細部の規定を使用細則等に委ねることは可能である。なお、飼育を認める場合には、動物等の種類および数等の限定、管理組合への届出または登録等による飼育動物の把握、専有部分における飼育方法ならびに共用部分（★「棟の共用部分」）の利用方法およびふん尿の処理等の飼育者の守るべき事項、飼育に起因する被害等に対する責任、違反者に対する措置等の規定を定める必要がある。

※5　ペット飼育を禁止する場合、容認する場合の規約の例は、次のとおりである。

（1）ペットの飼育を禁止する場合

（ペット飼育の禁止）

第○条　区分所有者（★「団地建物所有者」）・占有者は、専有部分・共用部分（★「棟の共

用部分」）の如何を問わず、犬・猫等の動物を飼育してはならない。ただし、もっ
ぱら専有部分内で、かつ、かご・水槽等内のみで飼育する小鳥・観賞用魚類（金魚・
熱帯魚等）等を、使用細則に定める飼育方法により飼育する場合、および身体障
害者補助犬法に規定する**身体障害者補助犬**（盲導犬、介助犬および聴導犬）**を使
用する場合は、この限りではない。**

(2) ペットの飼育を容認する場合

（ペットの飼育）

第○条　ペット飼育を希望する区分所有者（★「団地建物所有者」）および占有者は、使用
細則およびペット飼育に関する細則を遵守しなければならない。ただし、他の区
分所有者（★「団地建物所有者」）または占有者からの苦情の申し出があり、改善
勧告に従わない場合には、理事会は、飼育禁止を含む措置をとることができる。

※6　専用使用部分でない共用部分に物品を置くことは原則として認められないが、宅配ボックスが
ない場合等、例外的に共用部分への置き配を認める場合には、長期間の放置や大量・乱雑な放置
等により避難の支障とならないよう留意する必要がある。

※7　12条で住宅宿泊事業を**可能**とする場合は、必要に応じ、住宅宿泊事業法13条に基づき掲げ
ることとされている**標識の掲示場所等の取扱い**（住宅宿泊事業者が届出住宅ごとに、公衆の見や
すい場所に一定様式の標識を掲示することが必要）について、あらかじめ**使用細則**において明確
化しておくことが望ましい。

❽　専有部分の貸与（19条、同関係）

(1) **区分所有者**（★「団地建物所有者」）は、その**専有部分を第三者に貸与**する場合に
は、この規約および使用細則に定める事項をその**第三者に遵守**※**させなければな
らない。**

　　規約の効力は、対象物件の使用方法につき占有者にも及ぶことになるが、それ以
外に、区分所有者（★「団地建物所有者」）がその専有部分を第三者に貸与する場合には、
区分所有者（★「団地建物所有者」）がその第三者に、この規約および使用細則に定め
る事項を遵守させる義務がある。

※　第三者が遵守すべき事項

　　この規約および使用細則に定める事項のうち、対象物件の「使用」に関する事項。

(2) **区分所有者**（★「団地建物所有者」）は、貸与に係る契約にこの規約および使用細
則に定める事項を遵守する旨の条項を定めるとともに、契約の相手方にこの規約
および使用細則に定める事項を遵守する旨の誓約書※を**管理組合に提出**させなけ
ればならない。

※「貸借に関する契約書の写し」ではない。

「貸与に係る契約書に記載する条項」および「管理組合に提出する誓約書」の様式は次のとおりとする。

賃貸借契約書

○○条　賃借人は、対象物件の使用、収益に際して、○○マンション（★「団地」）管理規約および同使用細則に定める事項を誠実に遵守しなければならない。

　　2　賃借人が、前項に規定する義務に違反したときは、賃貸人は、本契約を解除することができる。

誓　約　書

　私は、○○○○（賃貸人）との○○マンション（★「団地」）○○号室（★「○○号棟○○号室」）〔以下「対象物件」という〕の賃貸借契約の締結に際し、下記事項を誓約します。

記

　対象物件の使用に際しては、○○マンション（★「団地」）管理規約および同使用細則に定める事項を誠実に遵守すること。

　　年　月　日

○○マンション（★「団地」）管理組合

理　事　長　　○○○○　殿

住　所
氏　名

---

*　12条で住宅宿泊事業を**可能**とする場合は、管理組合が事業開始を把握することがトラブル防止に資すると考えられるため、例えば、「区分所有者（★「団地建物所有者」）は、その**専有部分にお**いて**住宅宿泊事業を実施することを内容**とする届出を行った場合は、遅滞なく、その旨を**管理組合に届け出なければならない**」等と**規約に定めることも有効**である。また、宿泊者等からの**誓約書**については、その**提出義務を免除**する旨を定めることも考えられる。

(3) 区分所有者（★「団地建物所有者」）は、その専有部分を第三者に貸与している間（当該専有部分から転出する場合のみならず、転出後さらに転居する場合も含む）は、現に居住する住所・電話番号等の連絡先を管理組合に届け出なければならない旨を規約に定めることも、区分所有者（★「団地建物所有者」）に連絡がつかない場合を未

然に回避する観点から有効である。また、長期間不在にする場合も、届出の規定を
設けることが有効である。

＊　前記の定めをした場合でも、届出をしない区分所有者（★「団地建物所有者」）に対す
る総会招集手続は、後記の第7節❹2.(2)(3)による。

❾　暴力団員の排除（19条の2、同関係）

専有部分の貸与に関し、暴力団員への貸与を禁止する旨の規約の規定を定める場合[※1]
は、次のようになる。

(1) 区分所有者（★「団地建物所有者」）は、その専有部分を第三者に貸与する場合、専
有部分の貸与（19条）に定めるもののほか、次の内容を含む条項をその貸与に係
る契約に定めなければならない[※2・3]。

① 契約の相手方が暴力団員ではないことおよび契約後において暴力団員にならな
いことを確約すること。

② 契約の相手方が暴力団員であることが判明した場合、**催告不要**で、区分所有者
（★「団地建物所有者」）は当該**契約を解約**[※4]できること。

③ 区分所有者（★「団地建物所有者」）が②の解約権を行使しないときは、**管理組合**は、
区分所有者（★「団地建物所有者」）**に代理して解約権**[※5]**を行使**できること。

※1　専有部分の貸与に関し、暴力団員への貸与を禁止する旨の規約の規定を定める場合の規
定例である。なお、必要に応じ、暴力団員だけでなく、暴力団関係者や準構成員等を追加
する場合、その範囲について、各都道府県が定めている暴力団排除条例などを参考に規定
することが考えられる。

※2　暴力団員への譲渡については、このような**賃貸契約に係るものと同様の取決め**を区分所
有者（★「団地建物所有者」）間で結ぶといった対応をすることが考えられる。また、**敷地
内における暴力行為や威嚇行為等の禁止**については、「**共同生活の秩序を乱す行為**」や「**共
同の利益に反する行為**」等に該当するものとして、法的措置をはじめとする必要な措置を
講ずることが可能であると考えられる。

※3　**措置の実行**等に当たっては、暴力団関係者かどうかの判断や、訴訟等の措置を遂行する
上での理事長等の身の安全の確保等のため、**警察当局や暴力追放運動推進センターとの連
携**が重要であり、必要に応じて協力を要請することが望ましい。

※4・5　区分所有者（★「団地建物所有者」）の解約権は、区分所有者（★「団地建物所有者」）
と第三者との間の契約における解除原因に係る特約を根拠とするものであり、**管理組合**は、
区分所有者（★「団地建物所有者」）から当該解約権行使の代理権の授与を受けて〔解約権
の代理行使を認める書面の提出（当該書面に記載すべき事項の電磁的方法による提供を含
む）を受けて〕、**区分所有者**（★「団地建物所有者」）**に代理して解約権を行使**する。管理

　　組合の解約権の代理行使は、理事会決議事項とすることも考えられるが、理事会で決定することを躊躇するケースもあり得ることから、**総会決議**によることが望ましい。

| 電磁的方法が利用不可能な場合 |

(2) (1)の場合、区分所有者（★「団地建物所有者」）は、③による**解約権の代理行使を管理組合に認める旨の書面の提出**をするとともに、契約の相手方に暴力団員ではないことおよび契約後において暴力団員にならないことを確約する旨の**誓約書を管理組合に提出**させなければならない。

| 電磁的方法が利用可能な場合 |

(2) (1)の場合、区分所有者（★「団地建物所有者」）は、③による**解約権の代理行使を管理組合に認める旨の書面の提出**（当該書面に記載すべき事項の**電磁的方法による提供**を含む）をするとともに、契約の相手方に暴力団員ではないことおよび契約後において暴力団員にならないことを確約する旨の**誓約書を管理組合に提出**させなければならない。

↑Step Up　住宅宿泊事業法 ···

(1) 住宅宿泊事業法において「住宅」とは、次の要件のいずれにも該当する家屋をいう（2条1項1号・2号）。

　① 当該家屋内に**台所・浴室・便所・洗面設備**その他の当該家屋を生活の本拠として使用するために必要なものとして国土交通省令・厚生労働省令で定める設備が設けられていること。

　② 現に人の生活の本拠として使用されている家屋、従前の入居者の賃貸借の期間の満了後新たな入居者の募集が行われている家屋その他の家屋であって、人の居住の用に供されていると認められるものとして国土交通省令・厚生労働省令で定めるものに該当すること。

　　したがって、住宅宿泊事業者は、住宅の家屋内に、**台所・浴室・便所・洗面設備**を**設けなければならない**。

(2) 住宅宿泊事業を営む場合に、住宅に人を宿泊させることができる日数は**1年間で180日が上限**である（2条3項）。

(3) 分譲マンション（住宅がある建物が、2以上の区分所有者が存する建物で人の居住用に供する専有部分のあるもの）で住宅宿泊事業を行う場合は、標識の掲示場所

等の取扱いについて、**予め管理組合と相談**することが望ましい（13条、住宅宿泊事業施行要領2－2(8)①参照）。

整理

❶　専用使用権

専 用 使 用 権	専用使用部分を使用できる権利
専用使用権の承認	区分所有者（★「団地建物所有者」）は、バルコニー等について、専用使用権を有することを承認する。
専 用 使 用 部 分	敷地（★「土地」）の一部または共用部分であるが、特定の区分所有者（★「団地建物所有者」）だけに使用させる部分。
1 階に面する庭	管理組合に専用使用料を納付しなければならない。
専有部分の貸与を受けた者	その区分所有者（★「団地建物所有者」）が専用使用権を有しているバルコニー等を使用することができる。

❷　駐車場の使用

駐 　 車 　 場	①　管理組合は、特定の区分所有者（★「団地建物所有者」）に**駐車場使用契約により使用させる**ことができる。 ②　管理組合に駐車場使用料を納入しなければならない。 ③　区分所有者（★「団地建物所有者」）が、その所有する専有部分を第三者に譲渡、貸与すると、駐車場使用契約は効力を失う。

❸　専有部分の修繕等

理事長の書面による承認	**区分所有者**（★「団地建物所有者」）は、専有部分の修繕、模様替え、建物に定着する物件の取付け、取替えを行おうとする場合、**あらかじめ、理事長に申請し、書面による承認**を受けなければならない。
理事長に申請書を提出	**区分所有者**（★「団地建物所有者」）は、設計図、仕様書、工程表を添付した申請書を**理事長に提出**しなければならない。
理 事 会 の 決 議	**理事長**は、承認・不承認をしようとする場合、**理事会の決議**を経なければならない。

❖ **Introduction** ❖

　標準管理規約によれば、「敷地および共用部分等の管理」は管理組合等がその責任と負担において行うことになっている。そこで、管理組合の収入源となる管理費・修繕積立金・使用料の徴収が必要となるが、これらはどのような経費に充当されるのだろう。

　この節では、これら収入源の充当先などについて学習する。

❶ 総　則

1．区分所有者（★「団地建物所有者」）の責務（20条）

　区分所有者（★「団地建物所有者」）は、対象物件について、その価値および機能の維持増進を図るため、常に適正な管理を行うよう努めなければならない。

2．敷地および共用部分等の管理（21条、同関係）

（1）管理対象とその管理者

管理対象	管理者
① **敷地**（★「土地」）、**共用部分等**（駐車場）	管理組合が、 その責任と負担において行う。
② バルコニー等の保存行為のうち、**通常の使用に伴うもの** 　【例】バルコニーの清掃や窓ガラスが割れたときの入替え等	専用使用権を有する者が、 その責任と負担において行う。
③ バルコニー等の**計画修繕等**[1・2] 　【例】バルコニーの防水等の計画修繕	管理組合が、 その責任と負担において行う。
④ 専有部分の設備（配管・配線等）のうち、**共用部分**（★「棟の共用部分」）と**構造上一体となった部分の管理を共用部分**（★「棟の共用部分」）**の管理と一体として行うとき**[3]	管理組合が、 行うことができる。

　[1]　バルコニー等の経年劣化への対応は、③のとおり管理組合がその責任と負担において、計画修繕として行うものである。ただし、バルコニー等の劣化であっても、長期修繕計画作成ガイドラインにおいて管理組合が行うものとされている**修繕等の周期と比べ短い期間で発生**したものであり、かつ、他のバルコニー等と比較して**劣化の程度が顕著**である場合には、特

段の事情がない限りは、当該バルコニー等の**専用使用権を有する者の「通常の使用に伴う」**ものとして、その責任と負担において**保存行為を行うものとする**。なお、この場合でも、結果として**管理組合による計画修繕の中で劣化が解消される**のであれば、**管理組合の負担で行わ**れることとなる。

※2 バルコニー等の**破損が第三者による犯罪行為**等によることが明らかである場合の保存行為の実施については、通常の使用に伴わないものであるため、**管理組合がその責任と負担に**おいて行うものとする。ただし、**同居人や賃借人等による破損**については、「**通常の使用に伴う**」ものとして、当該バルコニー等の**専用使用権を有する者**がその責任と負担において保存行為を行うものとする。

※3 対象となる設備としては、配管、配線等がある。「**配管の清掃等に要する費用**」については、「**共用設備の保守維持費**（後記❷1.（3）③）」として管理費を充当できるが、「**配管の取替え等に要する費用**」のうち**専有部分に係る**ものについては、**各区分所有者**（★「各団地建物所有者」）が実費に応じて負担すべきものである。なお、共用部分の配管の取替えと専有部分の配管の取替えを同時に行うことにより、専有部分の配管の取替えを単独で行うよりも費用が軽減される場合には、これらについて**一体的に工事を行う**ことも考えられる。その場合には、あらかじめ**長期修繕計画において専有部分の配管の取替えについて記載**し、その**工事費用を修繕積立金から拠出することについて規約に規定する**とともに、先行して工事を行った区分所有者（★「団地建物所有者」）への補償の有無等についても十分留意することが必要である。

（2）保存行為

電磁的方法が利用不可能な場合

① 区分所有者（★「団地建物所有者」）は、「（1）②の場合」または「**あらかじめ理事長に申請して書面による承認を受けた場合**」を除き、敷地（★「土地」）・共用部分等の**保存行為はできない**。ただし、専有部分の使用に支障が生じている場合、当該専有部分を所有する区分所有者（★「団地建物所有者」）が行う保存行為の実施が**緊急を要する**ときは、**保存行為ができる**※4（3項）。

電磁的方法が利用可能な場合

① 区分所有者（★「団地建物所有者」）は、「（1）②の場合」または「**あらかじめ理事長に申請して書面または電磁的方法による承認を受けた場合**」を除き、敷地（★「土地」）・共用部分等の**保存行為はできない**。ただし、専有部分の使用に支障が生じている場合、当該専有部分を所有する区分所有者（★「団地建物所有者」）が行う保存行為の実施が**緊急を要する**ときは、**保存行為ができる**※4（3項）。

② ①に**違反して保存行為を行った場合**、当該**保存行為に要した費用**※5は、当該保存行為を行った**区分所有者**（★「団地建物所有者」）が**負担する**（5項）。

③　**理事長**は、**災害等の緊急時**においては、**総会**（★「団地総会」）**または理事会の決議によらずに**、敷地（★「土地」）・共用部分等の必要な**保存行為ができる**※6～8（6項）。

※4【ただし書の例】

台風等で住戸の窓ガラスが割れた場合に、専有部分への雨の吹き込みを防ぐため、**割れたものと同様の仕様の窓ガラスに張り替える**というようなケースが該当する。

※5　区分所有法19条に基づき、規約で別段の定めをするものである。承認の申請先等は**理事長**であるが、**承認・不承認の判断はあくまで理事会の決議によるもの**である。

※6　区分所有法26条1項では、敷地（★「土地」）・共用部分等の**保存行為の実施**が**管理者**（本標準管理規約では理事長）**の権限**として定められている。③では、「災害等の緊急時」における必要な保存行為について、理事長が単独で判断し実施できることを定めるものである。**「災害等の緊急時」**における必要な保存行為としては、共用部分等を維持するための**緊急を要する行為**または共用部分等の損傷・滅失を防止して現状の維持を図るための**比較的軽度の行為**が該当する。

【後者の例】給水管・排水管の補修、共用部分等の被災箇所の点検、破損箇所の小修繕等があげられる。

※7　「災害等の緊急時」において、**保存行為を超える応急的な修繕行為の実施**が必要であるが、総会（★「団地総会」）の開催が困難である場合、**理事会でその実施を決定できること**としている。しかし、**大規模な災害や突発的な被災**では、理事会の開催も困難な場合があるから、保存行為に限らず、**応急的な修繕行為の実施まで理事長単独で判断し実施できる旨**を、規約で定めることも考えられる。さらに、理事長をはじめとする役員が対応できない事態に備え、**あらかじめ定められた方法により選任された区分所有者**（★「団地建物所有者」）**等の判断により保存行為や応急的な修繕行為を実施できる旨**を、規約で定めることも考えられる。なお、理事長等が単独で判断し実施できる保存行為や応急的な修繕行為に要する**費用の限度額**について、あらかじめ定めておくことも考えられる。

※8　③の**「災害等の緊急時」**における必要な保存行為の実施のほか、平時における専用使用権のない敷地（★「土地」）・共用部分等の保存行為について、**理事会の承認を得て理事長が行える**とすることや、**少額の保存行為であれば理事長に一任**することを、規約で定めることも考えられる。その場合、理事長単独で判断し実施することができる保存行為に要する**費用の限度額**について、あらかじめ定めておくことも考えられる。

3．窓ガラス等の改良（22条、同関係）

(1)　共用部分のうち各住戸に附属する窓枠、窓ガラス、玄関扉その他の「開口部」※1に係る改良工事であって、防犯、防音または断熱等の住宅の性能の向上等に資するもの※2については、**管理組合がその責任と負担において、計画修繕としてこれを実施する**※3。

※1　開口部は共用部分として扱う。

※2　工事の具体例としては、防犯・防音・断熱性等により優れた複層ガラスやサッシ等への交換、既設のサッシへの内窓または外窓の増設等が考えられる。

※3　(1)は、防犯、防音または断熱等の住宅の性能の向上のため行われる開口部の改良工事については、原則として、他の共用部分と同様に計画修繕の対象とすべき旨を規定したものである。

電磁的方法が利用不可能な場合

(2)　区分所有者（★「団地建物所有者」）は、**管理組合**が改良工事を**速やかに実施できない場合**、あらかじめ理事長に申請して**書面による承認**を受けることにより、当該工事を当該区分所有者の責任と負担において実施できる※4〜6。

電磁的方法が利用可能な場合

(2)　区分所有者（★「団地建物所有者」）は、**管理組合**が改良工事を**速やかに実施できない場合**、あらかじめ理事長に申請して**書面または電磁的方法による承認**を受けることにより、当該工事を当該区分所有者（★「団地建物所有者」）の責任と負担において実施できる※4〜6。

※4　開口部の改良工事については、治安上の問題を踏まえた防犯性能の向上や、結露から発生したカビやダニによるいわゆるシックハウス問題を改善するための断熱性の向上等、一棟全戸ではなく一部の住戸において緊急かつ重大な必要性が生じる場合もあり得ることに鑑み、計画修繕によりただちに開口部の改良を行うことが困難な場合には、専有部分の修繕等における手続と同様の手続により、各区分所有者（★「団地建物所有者」）の責任と負担において工事を行うことができるよう規定したものである。**承認の申請先等は理事長**であるが、**承認・不承認の判断**はあくまで**理事会の決議**によるものである。

※5　マンションでは通常個々の専有部分に係る開口部（共用部分）が形状や材質において大きく異なるような状況は考えられないことから、当該開口部の改良工事についてもその方法や材質・形状等に問題のないものは、施工の都度総会の決議を求めるまでもなく、**専有部分の修繕等における手続と同様の手続**により、各区分所有者（★「団地建物所有者」）の責任と負担において実施することを可能とする趣旨である。

※6　本条の規定のほか、具体的な工事内容・区分所有者（★「団地建物所有者」）の遵守すべき事項等詳細については、細則に別途定めるものとする。

4．必要箇所への立入り（23条、同関係）

(1)　**管理を行う者**は、管理を行うために**必要な範囲内**において、他の者が管理する専有部分または専用使用部分への立入りを**請求**できる。

(2) 立入りを請求された者は、**正当な理由**がなければこれを**拒否してはならない**。

(3) 正当な理由なく立入りを拒否した者は、その結果生じた損害を賠償しなければならない。

    * 区分所有者（★「団地建物所有者」）が、正当事由なくマンションの点検立入りを拒絶するのは、不法行為にあたる（判例）。

(4) **理事長**は、**災害・事故等が発生**した場合であって、緊急に立ち入らないと共用部分等・他の専有部分に対して物理的に・機能上重大な影響を与えるおそれがあるときは、**専有部分・専用使用部分に自ら立ち入り**、または**委任した者に立ち入らせる**ことができる[1・2]。

    [1] 緊急の立入りが認められるのは、災害時等における共用部分に係る**緊急的な工事に伴い必要**な場合や、**専有部分における大規模な水漏れ**等、そのまま放置すれば、**他の専有部分や共用部分に対して物理的に・機能上重大な影響を与える**おそれがある場合に限られるものである。

    [2] この規定の実効性を高めるため、管理組合が**各住戸の合い鍵を預かっておくこと**を定めることも考えられるが、**プライバシーの問題**等があることから、各マンションの**個別の事情を踏まえて検討**する必要がある。

(5) 立入りをした者は、速やかに立入りをした箇所を原状に復さなければならない。

5．損害保険（24条）

　火災やガス爆発があったときに復旧を円滑に行うためには、共用部分全体について損害保険をかけておく必要がある。各区分所有者（★「各団地建物所有者」）が個別にその持分に応じて共用部分に付保することとすると、保険をまったくかけていなかったり、保険金額が不十分であったりした場合に、全額補されないおそれがある。したがって、共用部分については、管理組合が一括して損害保険を付保することが望ましい。また、共用部分について損害保険を付保するのは、保険事故が発生した場合の共用部分の修復等に備えるためであるから、保険金がこの目的のために使用されることを確保するためには、保険金が一括して理事長（管理者）の手許にプールされることが望ましい。

> ① **区分所有者**（★「団地建物所有者」）は、共用部分等に関し、管理組合が火災保険・地震保険その他の**損害保険契約**①②を締結することを承認する。
>
> ② **理事長**（管理者）は、この契約に基づく**損害保険金の請求および受領**について、区分所有者（★「団地建物所有者」）を**代理**する。

①「地震保険契約」とは、次の要件を備える損害保険契約（火災に係る共済契約を含む）をいう（地震保険に関する法律2条2項2号）。
　（ア）居住の用に供する建物・生活用動産のみを保険の目的とすること
　（イ）地震・噴火またはこれらによる津波（「地震等」という）を直接・間接の原因とする火災・損壊・埋没・流失による損害（政令で定めるものに限る）を政令で定める金額によりてん補すること
　（ウ）特定の損害保険契約に附帯して締結されること
　（エ）附帯される損害保険契約の保険金額の100分の30以上100の50以下の額に相当する金額（その金額が政令で定める金額を超えるときは、当該政令で定める金額）を保険金額とすること
②地震等により損害を受けた場合に支払われる保険金額は、損害の区分によって異なり、損害の区分として政令に定められているのは「全損」「大半損」「小半損」「一部損」の4つである（施行令1条）。

❷ 費用の負担

　管理組合の収入源として、管理費・修繕積立金・専用使用料その他預金利息・保険配当金等が考えられるが、この中から必要な支出をする。

　区分所有者※は、敷地および共用部分等の管理に要する経費にあてるため、**管理費**（管理組合の運営に要する費用については、「組合費」として管理費とは分離して徴収することもできる）・**修繕積立金**を**管理組合に納入**しなければならない。

　※　賃借人等の「占有者」は、組合員でないので、負担義務はない。区分所有者が滞納していても義務はない。

1．管理費等（25条〜27条、同関係）

(1) 承継人に対する債権の行使	管理組合が管理費等について有する債権は、区分所有者の特定承継人に対しても行うことができる。 ＊ 包括承継人が債務を承継するのは当然である。

(2) 管理費等の額の算出	各区分所有者の共用部分の共有持分に応じて算出するものとする※1・2。
	※1　管理費等の負担割合を定めるにあたっては、使用頻度等は勘案しない。
	※2　議決権割合の設定方法について、一戸一議決権や価値割合（**専有部分の大きさ・立地**（階数・方角等）等を考慮した効用の違いに基づく議決権割合を設定するものであり、住戸内の内装や備付けの設備等住戸内の豪華さ等も加味したものではない）を採用する場合でも、これとは別に管理費等の負担額については、共用部分の共有持分に応じて算出することが考えられる。
(3) 管理費	次の「**通常の管理に要する経費**」に充当される。 ① 管理員人件費 ② **公租公課** ③ **共用設備の保守維持費・運転費** ④ 備品費、通信費その他の事務費 ⑤ **共用部分等に係る火災保険料・地震保険料**その他の損害保険料 ⑥ **経常的な補修費** ⑦ 清掃費・消毒費・ごみ処理費 ⑧ 委託業務費 ⑨ **専門的知識を有する者の活用に要する費用** ⑩ 管理組合の運営に要する費用※1・2
	＊　これには「役員活動費」も含まれ、一般の人件費等を勘案して定めるものとするが、役員は区分所有者全員の利益のために活動することに鑑み、適正な水準に設定することとする。
	⑪ その他一定の業務に要する費用（後記第7節❷1.の業務で後記2.の経費を除く）

※1　**管理組合**は、区分所有法3条に基づき、区分所有者全員で構成される**強制加入の団体**であり、居住者が**任意加入する**地縁団体である**自治会・町内会等とは異なる性格の団体**であることから、管理組合と自治会・町内会等との活動を混同することのないよう注意する必要がある。各居住者が各自の判断で自治会・町内会等に加入する場合に支払うこととなる自治会費・町内会費等は、地域住民相互の親睦や福祉、助け合い等を図るために居住者が任意に負担するものであり、マンションを維持・管理していくための費用である管理費等とは別のものである。自治会費・町内会費等を管理費等と一体で徴収している場合には、次の点に留意すべきである。

（ア）自治会・町内会等への加入を強制しないこと

（イ）自治会・町内会等への加入を希望しない者から自治会費・町内会費等の徴収を行わないこと

（ウ）自治会費・町内会費等を管理費とは区分経理すること

（エ）管理組合による自治会費・町内会費等の代行徴収に係る負担について整理すること

※2　管理組合の法的性質から、マンションの管理に関わりのない活動を行うことは適切ではない。

　　【例】一部の者のみに対象が限定されるクラブやサークル活動経費

　　　　　主として親睦を目的とする飲食の経費 等

　マンションの管理業務の範囲を超え、マンション全体の資産価値向上等に資するとも言い難いため、区分所有者全員から強制徴収する管理費をそれらの費用に充てることは適切ではなく、**管理費とは別に、参加者からの直接の支払や積立て等によって費用を賄うべきである。**

2．修繕積立金（28条、同関係）

(1) 積立て	管理組合は、各区分所有者が納入する修繕積立金を積み立てるものとする。 　＊　対象物件の経済的価値を適正に維持するためには、一定期間ごとに行う計画的な維持修繕工事が重要であるので、修繕積立金を必ず積み立てることとしたものである。
(2) 取崩し	①　**特別の管理**に要する経費に充当する場合 　(ア)　**一定年数の経過ごとに計画的に行う修繕** 　　＊　外壁改修工事費等 　(イ)　**不測の事故等により必要となる修繕** 　　＊　自然災害等 　(ウ)　**敷地および共用部分等の変更** 　　＊　駐車場等の増設・新設費用等 　(エ)　**建物の建替え・マンション敷地売却（以下「建替え等」という）に係る合意形成に必要となる事項の調査** 　(オ)　**その他敷地および共用部分等の管理に関し、区分所有者全体の利益のために特別に必要となる管理** 　　＊　衛星放送受信用共同アンテナ設置等 ②　①にかかわらず、建物の建替えに係る計画または設計等に必要がある場合、その経費に充当するため※1・2 　※1　区分所有法の建替え決議または建替えに関する区分所有者全員の合意の後であっても、建替え等円滑化法9条のマンション建替組合の設立の認可または建替え円滑化法45条のマンション建替事業の認可までの間であれば可能。 　※2　修繕積立金から管理組合の消滅時に建替え不参加者に帰属する修繕積立金相当額を除いた金額を限度とする。 ③　①にかかわらず、マンション敷地売却に係る計画等に必要がある場合、その経費に充当するため※3・4 　※3　建替え等円滑化法108条1項のマンション敷地売却決議（以下「マンション敷地売却決議」という）の後であっても、建替え等円滑化法120条のマンション敷地売却組合の設立の認可までの間であれば可能。 　※4　修繕積立金から管理組合の消滅時にマンション敷地売却不参加者に帰属する修繕積立金相当額を除いた金額を限度とする。

(3) 借入金の償還	特別の管理に要する経費にあてるため借入れをしたとき、修繕積立金をもって**償還にあてる**ことができる。
(4) 区分経理	**修繕積立金**については、**管理費とは区分**して経理しなければならない。 ＊　分譲会社が**分譲時**において将来の計画修繕に要する経費に充当していくため、**一括**して購入者より修繕積立基金として徴収している場合や、修繕時に、既存の修繕積立金の額が修繕費用に不足すること等から、一時負担金が区分所有者から徴収される場合があるが、これらについても修繕積立金として積み立てられ、区分経理されるべきものである。

＊1　建替え等円滑化法に基づく建替組合によるマンション建替事業における建替えまでのプロセスの概要は、建替え等円滑化法の制定を踏まえ作成された「マンションの建替えに向けた合意形成に関するマニュアル」（平成15年1月国土交通省公表）によれば、次のとおりである。

　① **建替え決議までのプロセス**
　（ア）準備段階
　　　一部の区分所有者から建替えの発意がなされ、それに賛同する有志により、建替えを提起するための基礎的な検討が行われる段階であり、「管理組合として建替えの検討を行うことの合意を得ること」を目標とする。
　（イ）検討段階
　　　管理組合として、修繕・改修との比較等による建替えの必要性、建替えの構想について検討する段階であり、「管理組合として、建替えを必要として計画することの合意を得ること」を目標とする。
　（ウ）計画段階
　　　管理組合として、各区分所有者の合意形成を図りながら、建替えの計画を本格的に検討する段階であり、「建替え計画を策定するとともに、それを前提とした建替え決議を得ること」を目標とする。
　② **建替え決議後のプロセス**
　（ア）建替組合の設立段階
　　　定款・事業計画を定め、知事等の認可を受けて建替組合を設立する段階。
　（イ）権利変換段階
　　　権利変換計画を策定し、同計画に関し都道府県知事等の認可を受け、権利変換を行う段階。
　（ウ）工事実施段階
　　　建替え工事を施工し、工事完了時にマンション建替事業に係る清算を行う段階。
　（エ）再入居と新管理組合の設立段階
　　　新マンションに入居し、新マンションの管理組合が発足する段階。

＊2　＊1のプロセスのうち、①（イ）および（ウ）の段階においては、管理組合が建替えの検討のため、調査を実施する。調査の主な内容は、再建マンションの設計概要、マンションの取壊しおよび再建マンションの建築に要する費用の概算額やその費用分担、再建マンションの区分所有権の帰属に関する事項等である。

＊3　＊1のプロセスのうち、②（ア）の段階においても、修繕積立金を取り崩すことのできる場合があることを定めたのが本文「2.(2)②」である。

＊4　＊1のプロセスによらず、建替え等円滑化法45条のマンション建替事業の認可に基づく建替え、または区分所有者の全員合意に基づく任意の建替えを推進する場合であっても、必要に応じて、本文「2.(2)①②」、または「2.(2)②と同様の方法」により、修繕積立金を取り崩すことは可能である。ただし、任意の組織に関しては、その設立時期について管理組合内で共通認識を得ておくことが必要である。

＊5　建替え等円滑化法に基づくマンション敷地売却組合によるマンション敷地売却事業のプロセスの概要は、平成26年の建替え等円滑化法の改正を踏まえ作成された「**耐震性不足のマンションに係るマンション敷地売却ガイドライン**」を参考とする。この場合、建替えの場合と同様に、必要に応じて、修繕積立金を取り崩すことは可能である。

＊6　建替え等に係る調査に必要な経費の支出は、各マンションの実態に応じて、管理費から支出する旨管理規約に規定もできる。

3．使用料（29条）

(1) 種　類	① **駐車場**使用料 ② **敷地および共用部分**等に係る使用料
(2) 徴収目的	① それらの管理に要する費用にあてる。 ② 修繕積立金として積み立てる。 　＊ 大規模修繕工事のための修繕積立金をより多く確保するためである。

＊　**機械式駐車場**を有する場合は、その維持および修繕に多額の費用を要することから、管理費および修繕積立金とは**区分して経理**することもできる。

★**団地型における団地建物所有者の費用負担**
団地建物所有者は、土地および共用部分等の管理に要する経費にあてるため、管理費・団地修繕積立金・各棟修繕積立金（以下「管理費等」という）を団地管理組合に納入しなければならない。

1．管理費等

費用負担者	算出方法	充当目的（使途）等
各棟の各区分所有者	**棟の管理に相当する額** 　それぞれの棟の各区分所有者の**棟の共用部分の共有持分に応じて**算出される。	**通常の管理**に要する経費に充当される。
各団地建物所有者	**それ以外の管理に相当する額** 　各団地建物所有者の**土地の共有持分に応じ**て算出される。	

2．団地修繕積立金

費用負担者	算出方法	充当目的（使途）等
各団地建物所有者	各団地建物所有者の**土地の共有持分に応じ**て算出される。	(1) 団地管理組合は、各団地建物所有者が納入する**団地修繕積立金**を積み立てるものとする。
		(2) 団地修繕積立金は土地、附属施設および団地共用部分の、次の特別の管理に要する経費に充当する場合に限って、取り崩すことができる。 ① 一定年数の経過ごとに計画的に行う修繕 ② 不測の事故その他特別の事由により必要となる修繕 ③ 土地、附属施設および団地共用部分の変更 ④ 建物の建替えに係る合意形成に必要となる事項の調査 ⑤ その他土地、附属施設および団地共用部分の管理に関し、団地建物所有者全体の利益のために特別に必要となる管理
		(3) 上記にかかわらず、区分所有法の団地内建物の一括建替え決議または一括建替えに関する団地建物所有者全員の合意の後であっても、マンション建替組合の設立の認可（建替え等円滑化法9条）またはマンション建替事業の認可（同法45条）までの間において、建物の建替えに係る計画または設計等に必要がある場合には、その経費に充当するため、管理組合は、団地修繕積立金から管理組合の消滅時に建替え不参加者に帰属する団地修繕積立金相当額を除いた金額を限度として、団地修繕積立金を**取り崩す**ことができる。
		(4)「**敷地分割決議**（建替え等円滑化法115条の4第1項）」後であっても、「**敷地分割組合**（同法168条）」**の設立の認可まで**の間において、敷地分割に係る計画等に必要がある場合には、その経費に充当するため、管理組合は、団地修繕積立金を**取り崩す**ことができる。
		(5) 管理組合は、(2)①〜⑤の経費にあてるため借入れをしたときは、「団地修繕積立金」をもって、その償還にあてることができる。

3. 各棟修繕積立金

費用負担者	算出方法	充当目的（使途）等
各棟の各区分所有者	それぞれの棟の各区分所有者の**棟の共用部分の共有持分**に応じて算出される。	(1) 団地管理組合は、それぞれの棟の各区分所有者が納入する「**各棟修繕積立金**」として積み立てるものとする。
		(2) 各棟修繕積立金は、それぞれの棟の「棟の共用部分」の、次の特別の管理に要する経費に充当する場合に限って、取り崩すことができる。 ① 一定年数の経過ごとに計画的に行う修繕 ② 不測の事故その他特別の事由により必要となる修繕 ③ 棟の共用部分の変更 ④ 建物の建替えに係る合意形成に必要となる事項の調査 ⑤ その他棟の共用部分の管理に関し、その棟の区分所有者全体の利益のために特別に必要となる管理
		(3) 上記にかかわらず、区分所有法の建替え決議または建替えに関する区分所有者全員の合意の後であっても、マンション建替組合の設立の認可（建替え等円滑化法9条）またはマンション建替事業の認可（同法45条）までの間において、建物の建替えに係る計画または設計等に必要がある場合には、その経費に充当するため、管理組合は、各棟修繕積立金から管理組合の消滅時に建替え不参加者に帰属する各棟修繕積立金相当額を除いた金額を限度として、各棟修繕積立金を取り崩すことができる。
		(4) 「**敷地分割決議**」後であっても、「**敷地分割組合**」の**設立の認可**までの間において、敷地分割に係る計画等に必要がある場合には、その経費に充当するため、管理組合は、各棟修繕積立金を**取り崩す**ことができる。
		(5) 管理組合は、(2)①〜⑤の経費にあてるため借入れをしたときは、「**各棟修繕積立金**」をもって、その償還にあてることができる。

4. 区分整理

管理組合は、管理費・団地修繕積立金・各棟修繕積立金ごとにそれぞれ区分して経理しなければならない。

各棟修繕積立金は、棟ごとにそれぞれ区分して経理しなければならない。

5. 使用料

駐車場使用料その他の土地および共用部分等に係る使用料は、それらの**管理に要する費用に充てる**ほか、団地建物所有者の土地の共有持分に応じて棟ごとに**各棟修繕積立金**として積み立てる。

★複合用途型における区分所有者の費用負担

区分所有者は、敷地、全体共用部分および附属施設の管理に要する経費にあてるため、全体管理費・全体修繕積立金（以下「全体管理費等」という）を**管理組合**に納入しなければならない。

また、一部共用部分の管理に要する経費にあてるため、**住戸部分の区分所有者**にあっては、住宅一部管理費・住宅一部修繕積立金、**店舗部分の区分所有者**にあっては、店舗一部管理費・店舗一部修繕積立金を、それぞれ**管理組合**に納入しなければならない。

1．全体管理費

費用負担者	算出方法	充当目的（使途）
住戸部分と店舗部分の各区分所有者	「住戸部分のために必要となる費用」と「店舗部分のために必要となる費用」をあらかじめ按分する。	敷地、全体共用部分、附属施設の次に掲げる**通常の管理**に要する経費に充当される。 ① 管理員人件費 ② 公租公課 ③ 共用設備の保守維持費および運転費 ④ 備品費、通信費その他の事務費 ⑤ 全体共用部分および附属施設に係る火災保険料、地震保険料その他の損害保険料
	住戸部分・店舗部分の区分所有者ごとに、各区分所有者の**全体共用部分の共有持分**に応じて算出される。	⑥ 経常的な補修費 ⑦ 清掃費、消毒費およびごみ処理費 ⑧ 委託業務費 ⑨ 専門的知識を有する者の活用に要する費用 ⑩ 管理組合の運営に要する費用 ⑪ その他管理組合の業務に要する一定の費用

2．住宅一部管理費

住戸部分の各区分所有者	住戸部分の各区分所有者の、一部共用部分の共有持分に応じて算出する。	住宅一部共用部分の、右に掲げる通常の管理に要する経費に充当される。	① 管理員人件費 ② 公租公課 ③ 共用設備の保守維持費および運転費 ④ 備品費、通信費その他の事務費 ⑤ 一部共用部分に係る火災保険料、地震保険料その他の損害保険料 ⑥ 経常的な補修費 ⑦ 清掃費、消毒費およびごみ処理費 ⑧ 委託業務費 ⑨ 専門的知識を有する者の活用に要する費用 ⑩ その他管理組合の業務に要する一定の費用

3．店舗一部管理費

店舗部分の各区分所有者	店舗部分の各区分所有者の、一部共用部分の共有持分に応じて算出する。	店舗一部共用部分の、右に掲げる通常の管理に要する経費に充当される。

218

4．全体修繕積立金

各区分所有者	前記**1.**と同様	(1) 管理組合は、各区分所有者が納入する「**全体修繕積立金**」を積み立てるものとする。
		(2) 全体修繕積立金は、次の**特別の管理**に要する経費に充当する場合に、取り崩すことができる。 ① 一定年数の経過ごとに計画的に行う修繕 ② 不測の事故その他特別の事由により必要となる修繕 ③ 敷地、全体共用部分および附属施設の変更 ④ 建物の建替えに係る合意形成に必要となる事項の調査 ⑤ その他敷地、全体共用部分および附属施設の管理に関し、区分所有者全体の利益のために特別に必要となる管理
		(3) (2)にかかわらず、建物の建替えに係る計画または設計等に必要がある場合、その経費に充当するため ＊1 区分所有法の建替え決議または建替えに関する区分所有者全員の合意の後であっても、建替え等円滑化法9条のマンション建替組合の認可または建替え等円滑化法45条のマンション建替え事業の認可までの間であれば可能。 ＊2 全体修繕積立金から管理組合の消滅時に建替え不参加者に帰属する全体修繕積立金相当額を除いた金額を限度として、全体修繕積立金を取り崩すことができる。
		(4) 管理組合は、(2)①〜⑤の経費にあてるため借入れをしたときは、「**全体修繕積立金**」をもって、その償還にあてることができる。

5．住宅一部修繕積立金

住戸部分の各区分所有者	前記**2.**と同様	**住宅一部共用部分の特別の管理**に要する経費に充当される。	(1) 管理組合は、住戸部分の各区分所有者が納入する「**住宅一部修繕積立金**」および店舗部分の各区分所有者が納入する「**店舗一部修繕積立金**」を、それぞれ積み立てるものとする。
			(2) 住宅一部修繕積立金は住宅一部共用部分の、店舗一部修繕積立金は店舗一部共用部分の、それぞれ次の**特別の管理**に要する経費に充当する場合に限って、取り崩すことができる。 ① 一定年数の経過ごとに計画的に行う修繕 ② 不測の事故その他特別の事由により必要となる修繕 ③ 一部共用部分の変更 ④ その他一部共用部分の管理に関し、当該一部共用部分を共用すべき区分所有者全体の利益のために特別に必要となる管理

6．店舗一部修繕積立金

店舗部分の各区分所有者	前記**3.**と同様	**店舗一部共用部分の特別の管理**に要する経費に充当される。	(3) 管理組合は、(2)①〜④の経費にあてるため借入れをしたときは、それぞれ「**住宅一部修繕積立金**」または「**店舗一部修繕積立金**」をもってその償還にあてることができる。

7．区分経理

管理組合は、全体管理費・住宅一部管理費・店舗一部管理費・全体修繕積立金・住宅一部修繕積立金・店舗一部修繕積立金ごとにそれぞれ区分して経理しなければならない。

8．使用料

駐車場使用料その他の敷地および共用部分等に係る使用料は、それらの**管理に要する費用に充て**るほか、**全体修繕積立金**として積み立てる。

整理　費用の負担

管理費等	管　理　費	**通常の管理**に要する経費に充当される。
	管理費等の額の算出	各区分所有者の**共用部分の共有持分**に応じて算出する。
	区　分　経　理	修繕積立金については、**管理費とは区分**して経理する。
修繕積立金	借入金の償還	特別の管理に要する経費にあてるため借入れをしたとき、**修繕積立金**をもってその**償還にあてる**ことができる。
	修　繕　積　立　金	特別の管理に要する経費に充当される。 借入金の償還
	積　立　て	管理組合は、**修繕積立金**を積み立てる。
	取　崩　し	(1) 特別の管理に要する経費に充当する場合 ① **一定年数の経過ごとに計画的に行う修繕** 　＊　外壁改修工事費等 ② **不測の事故等により必要となる修繕** 　＊　自然災害等 ③ **敷地および共用部分等の変更・処分** 　＊　駐車場等の増設・新設費用等 ④ **建物の建替えに係る合意形成に必要な事項の調査** ⑤ **その他敷地および共用部分等の管理に関し、区分所有者全体の利益のために特別に必要となる管理** 　＊1　衛星放送受信用共同アンテナ設置等 　＊2　管理組合は、①～⑤の経費のため借入れをすれば、「**修繕積立金**」をもって償還にあてることができる。 (2) (1)にかかわらず、建物の建替えに係る計画・設計等に必要がある場合、その経費に充当するため 　＊1　区分所有法の建替え決議または建替えに関する区分所有者全員の合意後でも、建替え等円滑化法9条の建替組合の認可または建替え等円滑化法45条の建替事業の認可までの間であれば可能。 　＊2　敷地売却決議の後であっても、建替え等円滑化法120条の敷地売却組合の設立の認可までの間であれば可能。 　＊3　修繕積立金から管理組合の消滅時に建替え不参加者に帰属する修繕積立金相当額を除いた金額を限度とする。
使用料	種　類	**駐車場**使用料 **敷地および共用部分**に係る使用料
	徴　収　目　的	それらの管理に要する費用にあてる。 修繕積立金として積み立てる。

管理組合

重要度 🔽 特**A** 🔘 特**A**

❖ Introduction ❖

　管理組合の最高意思決定機関である総会については、詳細な規定が設けられている。また、総会の招集については、少なくとも会日の2週間前までに、会議の日時、場所および目的を示して、組合員に通知しなければならないとして、発信主義を明確にし、後日トラブルが起こらないようにしているのである。

　この節では、管理組合に関連するさまざまな規定の内容について学習する。

❶ 組合員

1．組合員の資格（30条）

　組合員の資格は、区分所有者（★「団地建物所有者」）となったときに**取得**し、区分所有者（★「団地建物所有者」）でなくなったときに**喪失**する。したがって、マンションに居住しているか否かは、組合員の資格に影響しない。

2．届出義務（31条）

電磁的方法が利用不可能な場合

　新たに**組合員の資格を取得し・喪失した者**は、**直ちに**その旨を書面により**管理組合に届け出**なければならない。

電磁的方法が利用可能な場合

　新たに**組合員の資格を取得し・喪失した者**は、**直ちに**その旨を書面または電磁的方法により**管理組合に届け出**なければならない。

届出書の様式は、次のとおりとする。

届　出　書

年　月　日

○○マンション（★「団地」）管理組合
　　理事長　○○○○　殿

　○○マンション（★「団地」）における区分所有権の取得および喪失について、下記
のとおり届け出ます。

記

1　対象住戸（★複合用途型では「対象店舗」の場合もある）

○○号室
（★「○○号棟　○○号室」）

2　区分所有権を取得した者　　　　　氏　名
3　区分所有権を喪失した者　　　　　氏　名
　　　　　　　　　　　　　　　　　住　所（移転先）
4　区分所有権の変動の年月日　　　　　年　月　日
5　区分所有権の変動の原因

---

❷　管理組合の業務

1．業　務（32条、同関係）

　管理組合は、建物やその敷地・附属施設（★「団地内の土地・附属施設・専有部分のある建物」）の管理のため、次の業務を行う。試験対策上、覚えておくこと。

（1）**管理組合が管理する敷地**（★「土地」）・**共用部分等**（以下（2）および48条において「**組合管理部分**」という）**の保安**・保全・保守・清掃・消毒・ごみ処理
（2）組合管理部分の修繕
（3）**長期修繕計画の作成・変更に関する業務および長期修繕計画書の管理**[1]※1～4

　※1　建物を長期にわたって良好に維持・管理していくためには、一定の年数の経過ごとに計画的に修繕を行っていくことが必要であり、その対象となる建物の部分・修繕時期・必要となる費用等について、あらかじめ長期修繕計画として定め、区分所有者（★「団地建物所有者」）の間で合意しておくことは、円滑な修繕の実施のために重要である。
　※2　長期修繕計画の内容としては、次のようなものが最低限必要である。
　　①　計画期間が30年以上で、かつ大規模修繕工事が2回含まれる期間以上とすること。
　　②　**計画修繕の対象となる工事**として、**外壁補修・屋上防水・給排水管取替え・窓・玄関扉等の開口部の改良**等が掲げられ、各部位ごとに修繕周期・工事金額等が定められているものであること。
　　③　**全体の工事金額が定められたもの**であること。

　　　　また、長期修繕計画の内容については、**定期的に見直しをすること**が必要である。
※3　長期修繕計画の作成・変更および「修繕工事の実施の前提」として、管理組合は、**劣化診断**（建物診断）**をあわせて行う必要がある**。
※4　長期修繕計画の作成・変更に要する経費および長期修繕計画の作成等のための劣化診断（建物診断）**に要する経費の充当**については、管理組合の財産状態等に応じて、**管理費または修繕積立金のどちらからでもできる**。
　　　　ただし、「**修繕工事の前提**」としての劣化診断（建物診断）**に要する経費の充当**については、修繕工事の一環としての経費であることから、原則として**修繕積立金**から取り崩すこととなる。

(4) 建替え等に係る合意形成に必要となる事項の調査に関する業務

(5) マンション管理適正化法103条1項に定める、宅地建物取引業者から交付を受けた設計図書の管理

＊　管理組合が管理すべき設計図書は、管理適正化法103条1項に基づいて宅建業者から交付される竣工時の付近見取図、配置図、仕様書（仕上げ表を含む）、各階平面図、2面以上の立面図、断面図または矩計図、基礎伏図、各階床伏図、小屋伏図、構造詳細図・構造計算書である。ただし、管理適正化法の施行前に建設工事が完了した建物の分譲については適用されないこととなっており、これに該当するマンションには上述の図書が交付されていない場合もある。

　　　　他方、建物の修繕に有用な書類としては、上述以外の設計関係書類（数量調査・竣工地積測量図等）、特定行政庁関係書類（建築確認通知書・日影協定書等）、消防関係書類、給排水設備図や電気設備図、機械関係設備施設の関係書類、売買契約書関係書類等がある。

　　　　このような各マンションの実態に応じて、具体的な図書を規約に記載することが望ましい。

(6) 修繕等の履歴情報[1・2]の整理および管理等

※1　修繕等の履歴情報とは、大規模修繕工事、計画修繕工事および設備改修工事等の修繕の時期、箇所、費用および工事施工者等や、**設備の保守点検**、建築基準法12条1項・3項の特定建築物等の**定期調査報告**および建築設備（昇降機を含む）の**定期検査報告**、消防法8条の2の2の防火対象物定期点検報告等の法定点検、耐震診断結果、石綿使用調査結果など、維持管理の情報であり、整理して後に参照できるよう管理しておくことが今後の修繕等を適切に実施するためにも有効な情報である。

※2　管理組合が管理する書類等として、長期修繕計画書・設計図書等・修繕等の履歴情報が挙げられるが、**具体的な保管や閲覧**については、**理事長の責任**により行うこととする（64条2項）。その他に、理事長が保管する書類等としては、総会議事録・理事会議事録・帳票類等・規約原本等が挙げられる。

　　　　このうち、総会議事録および規約原本の保管は、区分所有法により管理者が保管することとされているものであり、この標準管理規約では理事長を管理者としていることから理事長が保管することとしている。

(7) 共用部分等に係る火災保険、地震保険その他の損害保険に関する業務

(8) 区分所有者（★「団地建物所有者」）が管理する専用使用部分について管理組合が行うことが適当であると認められる管理行為

(9) 敷地（★「土地」）・共用部分等の変更・運営

(10) 修繕積立金の運用

★「団地修繕積立金・各棟修繕積立金の運用」
★「全体修繕積立金・住宅一部修繕積立金・店舗一部修繕積立金の運用」

(11) 官公署・町内会等との渉外業務

(12) マンションや周辺の風紀・秩序・安全の維持、**防災**、居住環境の維持・向上に関する業務

(13) **広報・連絡業務**

(14) **管理組合の消滅時における残余財産の清算**

＊　建替え等により消滅する管理組合は、管理費や修繕積立金等の残余財産を清算する必要がある。なお、清算の方法については、各マンションの実態に応じて規定を整備しておくことが望ましい。

(15) その他建物やその敷地・附属施設（★「団地内の土地・附属施設・専有部分のある建物」）の管理に関する業務

＊　従来、「地域コミュニティにも配慮した居住者間のコミュニティ形成（旧15号）」もあったが、「コミュニティ」という用語に拡大解釈の懸念があり、管理組合と自治会・町内会等とを混同することにより、自治会的な活動への管理費の支出をめぐる意見対立やトラブル等が生じていた。一方、コミュニティ活動（例：マンションやその周辺における美化や清掃、景観形成、防災・防犯活動、生活ルールの調整等で、その経費に見合ったマンションの資産価値の向上がもたらされる活動）は、それが区分所有法3条に定める管理組合の目的である「建物、その敷地・附属施設の管理」の範囲内で行われる限り可能である。なお、これに該当しない活動でも、管理組合の役員等である者が個人の資格で参画することは可能である。以上を明確にするため、区分所有法3条を引用し、32条本文に「建物、その敷地・附属施設の管理のため」を加え、旧15号を削除し、併せて、周辺と一体となって行われる各業務を再整理することとし、旧12号にあった「風紀・秩序・安全の維持に関する業務」、旧13号にあった「防災に関する業務」「居住環境の維持・向上に関する業務」を、新たに12号において「マンションや周辺の風紀・秩序・安全の維持、防災、居住環境の維持・向上に関する業務」と規定することとした。

先生からのコメント

①マンションを良好に維持・管理するためには、大規模な修繕を適時適切に実施していく必要がある。そこで、その前提となる「長期修繕計画の作成・変更」も管理組合の業務の1つとしている。

2．業務の委託等（33条、同関係）

管理組合は、業務の全部・一部を、管理業者等第三者に委託（管理会社に対して行うのが通例）し、または請け負わせて執行することができる。第三者に委託する場合は、「標準管理委託契約書」による。

3．専門的知識を有する者の活用（34条、同関係）

　管理組合は、マンション管理士その他マンション管理に関する各分野の専門的知識を有する者に対し、管理組合の運営その他マンションの管理に関し、相談・助言・指導その他の援助を求めたりすることができる。

- ＊1　管理組合が支援を受けることが有用な専門的知識を有する者としては、マンション管理士のほか、マンションの権利・利用関係や建築技術に関する専門家である、弁護士、司法書士、建築士、行政書士、公認会計士、税理士等の国家資格取得者や、区分所有管理士、マンションリフォームマネジャー等の民間資格取得者などが考えられる。
- ＊2　専門的知識を有する者の活用の具体例としては、管理組合は、専門的知識を有する者に、管理規約改正原案の作成、管理組合における合意形成の調整に対する援助、建物や設備の劣化診断、安全性診断の実施の必要性についての助言、診断項目、内容の整理等を依頼することが考えられる。

❸　役　員

1．役　員（35条、同関係）

（1）管理組合に次の役員を置く。

> ①　**理事長**
> ②　**副理事長**
> ③　**会計担当理事**
> ④　**理事**（理事長、副理事長、会計担当理事を含む。以下同じ）
> 　　理事の員数については次のとおりとする（区分所有法上、員数制限はない）。
> （ア）おおむね10～15戸につき、1名選出するものとする。
> （イ）員数の範囲は、最低3名程度、最高20名程度とし、○～○名という枠により定めることもできる。
> ⑤　**監事**

- ＊　　200戸を超え、役員数が20名を超えるような大規模マンションでは、理事会のみで、実質的検討を行うのが難しくなるので、理事会の中に**部会**を設け、各部会に理事会の業務を分担して、実質的な検討を行うような、複層的な組織構成、役員の体制を検討する必要がある。
  　　この場合、理事会の運営方針を決めるため、理事長、副理事長（各部の部長と兼任するような組織構成が望ましい）による**幹部会**を設けることも有効である。なお、理事会運営細則を別途定め、部会を設ける場合は、理事会の決議事項につき決定するのは、あくまで、**理事全員**による理事会であることを明確にする必要がある。

(2) 理事・監事は、**総会**（★「団地総会」）の決議によって、**組合員**※1・2（★単に「組合員」）のうちから選任し、または解任する。

つまり、占有者は管理組合の役員になることはできない。

(3) 理事長・副理事長・会計担当理事は、**理事会**の決議によって、**理事**のうちから選任し、または解任する。

外部専門家を役員として選任できることとする場合

(2) 理事・監事は、**総会**（★「団地総会」）で選任する。

※1　管理組合は、建物・敷地等（★「団地内の土地・附属施設・専有部分のある建物」）の管理を行うために区分所有者（★「団地建物所有者」）全員で構成される団体であることを踏まえ、役員の資格要件を、当該マンションへの居住の有無に関わりなく区分所有者（★「団地建物所有者」）であるという点に着目して、「組合員」としているが、必要に応じて、マンション管理に係る専門知識を有する**外部の専門家の選任も可能とするように当該要件を外す**ことも考えられる。この場合には、「外部専門家を役員として選任できることとする場合」の後記(4)のように、選任方法について**細則で定める**旨の規定を置くことが考えられる。この場合の専門家としては、マンション管理士のほか弁護士・建築士などで、一定の専門的知見を有する者が想定され、当該マンションの管理上の課題等に応じて適切な専門家を選任することが重要である。なお、それぞれのマンションの実態に応じて、「○○マンションに現に居住する組合員」（平成23年改正前の標準管理規約における役員の資格要件）とするなど、居住要件を加えることも考えられる。

※2　この標準管理規約における管理組合は、権利能力なき社団であることを想定しているが、役員として意思決定を行えるのは自然人であり、**法人そのものは役員になることができない**と解すべきである。したがって、法人が区分所有する専有部分があるマンションにおいて、法人関係者が役員になる場合には、管理組合役員の任務にあたることを当該法人の職務命令として受けた者等を選任することが一般的に想定される。

(3) 理事長・副理事長・会計担当理事は、**理事**のうちから、**理事会**で選任する。

(4) **組合員以外の者**から理事・監事を選任する場合の選任方法については、**細則で定める**※1・2。

※1　選任方法に関する**細則**の内容としては、選任の対象となる外部の専門家の要件や選任の具体的な手続（役職も含めて総会で決議する）等を想定している。

※2　外部の専門家を役員として選任する場合、その者が期待された能力等を発揮して管理の適正化、財産的価値の最大化を実現しているか監視・監督する仕組みが必要である。このための一方策として、法人・団体から外部の専門家の派遣を受ける場合、派遣元の法人・団体等による報告徴収や業務監査または外部監査が行われることを選任の要件として、細則で定めることが考えられる。

2．役員の任期（36条、同関係）

(1) 役員の任期[1]満了後は、その**再任を妨げない**[2]。

(2) **補欠の役員**[3・4]**の任期**は、前任者の**残任期間**とする。

(3) 任期の満了または辞任によって退任する役員は、後任の役員が就任するまでの間、**引き続きその職務**を行う。

(4) **役員が組合員でなくなった場合**、その役員はその**地位を失う**。

外部専門家を役員として選任できることとする場合

(4) **選任**（再任を除く）**の時に組合員であった役員が組合員でなくなった場合**には、その役員はその**地位を失う**。

※1　役員の任期については、組合の実情に応じて1～2年で設定することとし、選任にあたっては、その就任日および任期の期限を明確にする。

※2　業務の継続性を重視すれば、役員は半数改選とするのもよい。この場合には、役員の任期は2年とする。

※3　(4)は、**組合員から選任された役員が組合員でなくなった場合の役員の地位**についての規定である。前記**1.**(2)において組合員要件を外した場合には、「**外部専門家を役員として選任できるとする場合**」のような規定とすべきである。それは、例えば、外部の専門家として選任された役員は、専門家としての地位に着目して役員に選任されたものであるから、当該役員が役員に選任された後に組合員となった場合にまで、組合員でなくなれば当然に役員としての地位も失うとするのは相当でないためである。

※4　**役員が任期途中で欠けた場合、総会の決議により新たな役員を選任**することが可能であるが、外部の専門家の役員就任の可能性や災害時等緊急時の迅速な対応の必要性を踏まえると、規約において、**あらかじめ補欠を定めておくことができる旨規定する**など、**補欠の役員の選任方法について定めておくことが望ましい**。また、**組合員である**役員が転出、死亡その他の事情により任期途中で欠けた場合には、組合員から補欠の役員を理事会の決議で選任することができると、規約に規定することもできる。なお、**理事や監事の員数を、○～○名という枠により定めている**場合には、その**下限の員数を満たさなくなったときに、補欠を選任する**ことが必要となる。

3．役員の欠格条項（36条の2、同関係）

(1) 次のいずれかに該当する者は、役員となることができない。

　① 精神の機能の障害により役員の職務を適正に執行するに当たって必要な認知、判断および意思疎通を適切に行うことができない者または**破産者で復権を得ないもの**

② **禁錮以上の刑**に処せられ、その執行を終わり、またはその執行を受けることがなくなった日から**5年**を経過しない者

③ **暴力団員**等（暴力団員・暴力団員でなくなった日から5年を経過しない者をいう）

(2) **外部の専門家からの役員の選任**

　細則で選任方法を定める場合、本条に定めるほか、細則において、次のような役員の欠格条項を定めることとする。

① **個人の専門家の場合**

　マンション管理に関する各分野の**専門的知識を有する者から役員を選任**しようとする場合、**マンション管理士の登録の取消**しまたは当該分野に係る資格についてこれと同様の処分を受けた者

② **法人から専門家の派遣を受ける場合**（①の該当者に加えて）

　次のいずれかに該当する法人から派遣される役職員は、外部専門家として役員となることができない。

（ア）**銀行取引停止処分**を受けている法人

（イ）**管理業者の登録の取消し**を受けた法人

4．役員の誠実義務等（37条、同関係）

(1) 役員は、法令、規約および使用細則その他細則（以下「使用細則等」という）ならびに総会（★「団地総会」）および理事会の決議に従い、組合員のため、誠実にその職務を遂行するものとする。

　＊　役員は、管理組合の財産の毀損の防止及びそのために必要な措置を講じるよう努めるものとする。特に、**外部の専門家の役員就任**に当たっては、判断・執行の**誤りによる財産毀損に係る賠償責任保険への加入**に努め、保険限度額の充実等にも努めるべきである。さらに、**故意・重過失による財産毀損**は、保険の対象外のため、財産的基礎の充実による自社(者)補償や積立て等による**団体補償の検討**等にも取り組むよう努めるべきである。

(2) 役員は、**別に定める**ところにより、役員としての活動に応ずる**必要経費の支払い**と**報酬を受ける**ことができる。特約がなければ、無報酬が原則である。

　＊　マンションの高経年化、区分所有者の高齢化、住戸の賃貸化・空室化等の進行による管理の困難化やマンションの高層化・大規模化等による管理の高度化・複雑化が進んでおり、マンションの円滑な管理のために、外部の専門家の役員就任も考えられるところ

である。この場合、当該役員に対して、**必要経費とは別に、理事会での協議・意見交換の参画等に伴う負担**と、実際の**業務の困難性や専門的技能・能力等による寄与**などを総合的に考慮して、**報酬を支払うことも考えられる**。その際、理事会の議事録の閲覧（後記第 8 節 **3**.(4)）の活用等により、**役員の業務の状況を適切に認知・確認**することが望ましい。

5．利益相反取引の防止（37 条の 2 、同関係）

役員は、マンションの資産価値の保全に努めなければならず、管理組合の利益を犠牲にして自己または第三者の利益を図ることがあってはならない。外部の専門家の役員就任を可能とする選択肢を設けたことに伴い、このようなおそれのある取引に対する規制の必要性が高くなっている。

そこで、役員は、次の場合、**理事会**において、当該取引につき重要な事実を**開示**し、その**承認**を受けなければならない。

① 役員が**自己**または**第三者のために管理組合と取引**をしようとするとき

② 管理組合が**役員以外の者との間**において、**管理組合と当該役員との利益が相反する取引**をしようとするとき

＊ 理事会の決議に特別の利害関係を有する理事は、その議決に加わることができない旨を規定する（後記第 8 節 **3**.(3)）とともに、管理組合と理事長との利益が相反する事項については、監事・当該理事（長）以外の理事が管理組合を代表する旨を規定する（後記 **6**.(1)⑨）こととしている。

6．各役員の比較（38 条～ 41 条、同関係）

	権　限　等
(1) 理 事 長	① 管理組合の代表者であるとともに、業務執行機関である理事会の代表者でもある。 ② 組合業務を統括する。 ③ **規約、使用細則等**または**総会**（★「団地総会」）もしくは**理事会の決議**により、**理事長の職務として定められた事項を実施**する。 　＊ たとえば植栽による日照障害などの日常生活のトラブルの対応において、日照障害における植栽の伐採などの重要な問題に関しては、総会の決議により決定することが望ましい。 ④ **理事会の承認を得て、職員**（管理員・清掃員等）**を採用し、または解雇**する。 ⑤ **区分所有法に定める管理者**である。 ⑥ **通常総会**において、組合員に対し、前会計年度における管理組合の業務の執行に関する報告をしなければならない。

		＊　報告は、監事がするのではない。
		＊　WEB会議システム等を用いて開催する通常総会において、理事長が当該システム等を用いて出席し報告を行うことも可能であるが、WEB会議システム等を用いない場合と同様に、各組合員からの質疑への応答等について適切に対応する必要があることに留意すべきである。
	⑦	○ヵ月に1回以上、**職務の執行の状況**を**理事会に報告**しなければならない。 ＊　理事長が職務の執行の状況を理事会に定期的に（【例】「3か月に1回以上」等）報告すべき旨を定めたものである。 ＊　WEB会議システム等を用いて開催する理事会において、理事長が当該システム等を用いて出席し報告を行うことも可能であるが、WEB会議システム等を用いない場合と同様に、各理事からの質疑への応答等について適切に対応する必要があることに留意すべきである。
	⑧	理事会の承認を受けて、他の理事に、その職務の一部を委任できる。
	⑨	**管理組合との利益が相反する事項**については、**代表権を有しない。**この場合、**監事または理事長以外の理事が管理組合を代表**する。
(2) 副理事長	①	**理事長の補佐**
	②	**理事長に事故**（病気等）**があるとき**　➡　職務を**代理**する。
	③	**理事長が欠けた**（死亡・辞任等）**とき**　➡　新理事長が**選任されるまでその職務を行う。**
(3) 理事	①	理事会を構成する。
	②	理事会の定めるところに従い、管理組合の業務を担当する。
	③	管理組合に**著しい損害を及ぼすおそれのある事実**があることを発見したときは、直ちに、当該事実を**監事に報告**しなければならない。
(4) 会計担当理事	管理費等について、次のような会計業務を行う。	
	①	**収　納**
	②	**保　管**
	③	**運　用**
	④	**支　出**　等
(5) 監事	①	管理組合の業務の執行・財産状況の監査をする。
	②	**監査結果を総会**（★「団地総会」）**に報告**しなければならない。
	③	いつでも、理事および職員に対して**業務の報告**を求め、または**業務・財産の状況の調査**をすることができる。
		＊　②では、監事の基本的な職務内容について定める。これには、理事が総会（★「団地総会」）に提出しようとする議案を調査し、その調査の結果、法令・規約に違反し、または著しく不当な事項があると認めるときの総会（★「団地総会」）への報告が含まれる。また、③は、②を受けて、具体的な報告請求権と調査権について定めるものである。
	④	①につき、**不正があると認めるとき**は、自ら**臨時総会を招集**できる。
	⑤	**理事会に出席し、必要があるときは、意見を述べなければならない。** ＊　従来「できる規定」として定めていたものであるが、監事による監査機能の強化のため、理事会への出席義務を課すとともに、必要があるときは、意見を述べなければならないとした。ただし、理事会は後記第8節**2.**の招集手続を経た上で、後記第8節**3.**(1)の要件を満たせば開くことが可能であり、**監事が出席しなかったことは、理事会における決議等の有効性には影響しない。**

⑥　「理事が不正の行為や当該行為をするおそれがあると認めるとき」、または「（理事に）法令・規約・使用細則等・総会（★「団地総会」）の決議や理事会の決議に違反する事実や著しく不当な事実があると認めるとき」は、遅滞なく、その旨を**理事会に報告**しなければならない。

⑦　⑥の場合、必要があるときは、**理事長**に対し、**理事会の招集を請求**できる。

⑧　⑦の請求日から**5日以内**に、その請求日から**2週間以内の日を理事会の日とする理事会の招集の通知が発せられない**場合、その請求をした監事は、**理事会を招集**できる。

＊　監事から理事会への報告が行われた場合、理事会は、当該事実について検討することが必要である。⑥の「報告義務を履行するために必要」な場合、監事は、理事長に対し、理事会の招集を請求できる旨を定めたのが⑦である。さらに、⑧で理事会の確実な開催を確保することとしている。

❹　総　会（★「団地総会」）

　管理組合では、「総会（★「団地総会」）」が最高意思決定機関である。一般的に、理事会が管理業務全般について検討を行い、次年度の収支予算および業務計画を立案し、総会（★「団地総会」）の決議を経て実施することになる。また、管理組合では、毎年定期に総会（★「団地総会」）が開かれ、そこで管理業務の実施に関する結果報告や次年度の計画に関する意思決定がなされる。

1．総　会（42条）

(1)　管理組合の**総会**（★「団地総会」）は、**総組合員で組織**する。

(2)　総会（★「団地総会」）は、**「通常総会」**および**「臨時総会」**とし、区分所有法に定める集会とする（★団地型では、「区分所有法65条の集会」）。

(3)　**理事長**は、**「通常総会」**を、**毎年1回新会計年度開始以後2ヵ月以内に招集**しなければならない。

＊　災害または感染症の感染拡大等への対応として、WEB会議システム等を用いて会議を開催することも考えられるが、やむを得ない場合は、通常総会（★「団地総会」）を必ずしも「新会計年度開始以後2ヵ月以内」に招集する必要はなく、これらの状況が解消された後、遅滞なく招集すれば足りると考えられる。

(4)　**理事長**は、**必要と認める場合**、理事会の決議を経て、いつでも**「臨時総会」**を招集できる。

(5)　**総会**（★「団地総会」）の**「議長」**は、理事長が務める。

＊　総会で、議長を選任する旨の定めもできるので、総会の議長を出席組合員の中から選任する場合には、管理規約の改正が必要となる。

2．招集手続（43条、同関係）

(1) **総会**（★「団地総会」）**を招集**するには、少なくとも会議を開く日の**2週間前**（会議の目的が建替え決議（★「建替え承認決議」）またはマンション敷地売却決議（★「一括建替え決議」）であるときは**2ヵ月前**）までに、会議の日時、場所（WEB会議システム等を用いて会議を開催するときは、その開催方法）および目的を示して、組合員に通知を発しなければならない。

　＊　WEB会議システム等を用いて会議を開催する場合における通知事項のうち、「開催方法」については、当該WEB会議システム等にアクセスするためのURLが考えられ、これに合わせて、なりすまし防止のため、WEB会議システム等を用いて出席を予定する組合員に対しては個別にIDおよびパスワードを送付することが考えられる。

(2) 通知は、管理組合に対し組合員が**届出をしたあて先**に発するものとする。ただし、その届出のない組合員に対しては、対象物件内の**専有部分の所在地あて**に発するものとする。

(3) 通知は、対象物件内に居住する組合員および届出のない組合員に対しては、その内容を**「所定の掲示場所」に掲示**することをもって、これに代えることができる。所定の掲示場所は、建物内の見やすい場所に設けるものとする。

(4) 通知を発する場合、会議の目的が後記**6.** (3)①②④の**特別決議**または**6.** (4)の**建替え決議**もしくは**マンション敷地売却決議**であるときは、その**議案の要領**をも通知しなければならない。

★団地型の場合
　通知を発する場合において、会議の目的が後記**6.** (3)①②の特別決議、建替え承認決議または一括建替え決議または敷地分割決議であるときは、その議案の要領をも通知しなければならない。

(5) 会議の目的が建替え決議であるときは、**議案の要領**のほか、次の事項を**通知**しなければならない。

① 建替えを必要とする理由

② 建物の建替えをしないとした場合における当該建物の効用の維持および回復（建物が通常有すべき効用の確保を含む）をするのに要する費用の額およびその内訳

③ 建物の修繕に関する計画が定められているときは、当該計画の内容

④ 建物につき修繕積立金（★「全体修繕積立金」）として積み立てられている金額

（6）会議の目的が**マンション敷地売却決議**であるときは、（4）に定める議案の要領のほか、次の事項を**通知**しなければならない。

① **売却を必要とする理由**

② 次の区分に応じ、それぞれ次に定める事項

（ア）マンションが建替え等円滑化法102条2項1号（除却認定申請に係るマンションが地震に対する安全性に係る建築基準法またはこれに基づく命令・条例の規定に準ずるものとして国土交通大臣が定める基準に不適合）に該当するとして、特定要除却認定を受けている場合には、次の事項

・　耐震改修法2条2項に規定する**耐震改修**または**マンションの建替えをしない理由**

・　**耐震改修に要する費用の概算額**

（イ）マンションが建替え等円滑化法102条2項2号（除却認定申請に係るマンションが火災に対する安全性に係る建築基準法またはこれに基づく命令・条例の規定に準ずるものとして国土交通大臣が定める基準に不適合）に該当するとして、特定要除却認定を受けている場合には、次の事項

・　**火災に対する安全性の向上を目的とした改修**または**マンションの建替えをしない理由**

・　**改修に要する費用の概算額**

（ウ）マンションが建替え等円滑化法102条2項3号（除却認定申請に係るマンションが外壁・外装材その他これらに類する建物の部分が剥離し、落下することにより周辺に危害を生ずるおそれがあるものとして国土交通大臣が定める基準に該当）に該当するとして、特定要除却認定を受けている場合には、次の事項

・　**外壁等の剥離および落下の防止を目的とした改修**または**マンションの建替えをしない理由**

・　**改修に要する費用の概算額**

(7) 建替え決議またはマンション敷地売却決議を目的とする総会（★「団地総会」）を招集する場合、少なくとも会議を開く日の**1ヵ月前**までに、当該招集の際に通知すべき事項について組合員に対し説明を行うための**説明会を開催**しなければならない。

＊　総会と同様に、WEB会議システム等を用いて説明会を開催することも可能である。

(8) 専有部分を占有する者が、総会に出席して意見を述べようとする場合、理事長にその旨を通知することになる。そこで、(1)の招集通知を発した後遅滞なく、その通知の内容を、「**所定の掲示場所**」に**掲示**しなければならない。所定の掲示場所は、建物内の見やすい場所に設けるものとする。

(9) (1)にかかわらず、**緊急を要する場合**（会議の目的が建替え決議またはマンション敷地売却決議であるときを除く）には、**理事長**は、**理事会の承認**を得て、**5日間を下回らない範囲**で、**通知期間を短縮**できる。

3．組合員の総会招集権（44条）

総会（★「団地総会」）は理事長が招集することが原則であるが、状況の認識の違いや理事の身勝手等の事情により、理事長が総会（★「団地総会」）を招集しない事態も想定されるため、組合員が所定の手続を経て総会（★「団地総会」）を招集できることとしている。

(1) 組合員が、**組合員総数の1/5以上**および**議決権総数の1/5以上**に当たる組合員の同意を得て、会議の目的を示して総会（★団地型では、「団地総会」）の招集を請求した場合、**理事長**は、**2週間以内**にその請求があった日から**4週間以内の日**（会議の目的が建替え決議またはマンション敷地売却決議であるときは、**2ヵ月と2週間以内の日**）を会日とする**臨時総会の招集の通知**を発しなければならない。

(2) **理事長が通知を発しない**場合、招集請求をした**組合員**は、**臨時総会を招集**できる。

(3) 管理組合における電磁的方法の利用状況に応じて、次のように規定されている。

　電磁的方法が利用不可能な場合

　　招集された**臨時総会**においては、前記**1.**(5)にかかわらず、「**議長**」は、総会に**出席した組合員**（書面または代理人によって議決権を行使する者を含む）の**議決権の過半数**をもって、組合員の中から選任する。

電磁的方法が利用可能な場合

　招集された**臨時総会**においては、前記**1.**(5)にかかわらず、**議長**は、総会に**出席した組合員**（書面、電磁的方法または代理人によって議決権を行使する者を含む）の議決権の**過半数**をもって、**組合員の中から選任**する。

4．出席資格[1]（45条）

(1) 組合員のほか、**理事会**[2]が**必要と認めた者**（管理業者・管理員・マンション管理士等）は、**総会**（★「団地総会」）に**出席**できる[3]。

> ※1　区分所有法には、同様の規定はない。
> ※2　理事長の許可ではない。
> ※3　総会（★「団地総会」）の議事に利害関係を有する組合員であっても、出席を拒否できる旨の規定はない。

(2) 区分所有者（★「団地建物所有者」）の**承諾を得て**専有部分を**占有する者**は、会議の目的につき利害関係を有する場合には、総会（★「団地総会」）に**出席して意見を述べる**ことができる。この場合、総会に出席して意見を述べようとする者は、**あらかじめ、理事長にその旨を通知**しなければならない。

5．議決権（46条、別表第5）

(1) 各組合員の議決権の割合は、次表のように決められる。

住戸番号	議決権割合	住戸番号	議決権割合
○○号室	○○○分の○○	○○号室	○○○分の○○
○○号室	○○○分の○○	○○号室	○○○分の○○
○○号室	○○○分の○○	○○号室	○○○分の○○
○○号室	○○○分の○○	○○号室	○○○分の○○
○○号室	○○○分の○○	○○号室	○○○分の○○
・	・	・	・
・	・	・	・
・	・	・	・
		合計	○○○分の○○○

> ＊1　議決権については、**共用部分**（★「土地」、★「全体共用部分」）の共有持分の**割合**、あるいはそれを基礎としつつ賛否を算定しやすい数字に直した割合によることが適当である。
> ＊2　各住戸の面積があまり異ならない場合は、住戸1戸につき各1個の議決権によ

り対応することも可能である。

　★　複合用途型の場合

　　　住戸部分、店舗部分それぞれの中で持分割合が**あまり異ならない**場合は、住戸、店舗それぞれの中では**同一**の議決権により対応することも可能である。

＊3　住戸（★複合用途型の場合では「店舗」を含む。以下同じ）の数を**基準とする議決権**と専有面積を**基準とする議決権を併用**することにより対応することも可能である。

＊4　**議決権割合の設定**は、各住戸が比較的均質である場合には妥当であるものの、高層階と低層階での眺望等の違いにより住戸の価値に大きな差が出る場合もあることのほか、民法252条本文が共有物の管理に関する事項につき各共有者の持分の価格の過半数で決すると規定していることに照らして、新たに建てられるマンションの議決権割合について、より適合的な選択肢を示す必要があると考えられる。これにより、特に、大規模な改修・建替え等を行う旨を決定する場合、**建替え前のマンションの専有部分の価値等を考慮して建替え後の再建マンションの専有部分を配分する場合等**における合意形成の円滑化が期待できるといった考え方もある。このため、住戸の価値に大きな差がある場合、単に共用部分の共有持分の割合によるのではなく、**専有部分の階数**（眺望・日照等）、**方角**（日照等）等を考慮した価値の違いに基づく**「価値割合」を基礎**として、議決権の割合を定めることも考えられる。また、この価値は、必ずしも各戸の実際の販売価格に比例するものではなく、全戸の販売価格が決まっていなくても、各戸の階数・方角（眺望・日照等）などにより、別途基準となる価値を設定し、その価値を基にした議決権割合を新築当初に設定することが想定される。ただし、前方に建物が建築されたことによる眺望の変化等の各住戸の価値に影響を及ぼすような**事後的な変化**があったとしても、それによる**議決権割合の見直しは原則として行わない**。なお、このような**「価値割合」による議決権割合を設定**する場合、分譲契約等によって定まる敷地等の共有持分についても、価値割合に連動させることが考えられる。

＊5　特定の者について利害関係が及ぶような事項を決議する場合には、その特定の少数者の意見が反映されるよう留意する。

(2)　**住戸1戸が数人の共有**に属する場合、その議決権行使については、これら共有者を**あわせて一の組合員**とみなす。

(3)　**一の組合員とみなされる者**は、議決権を行使する者1名を選任し、その者の氏名をあらかじめ**総会**（★「団地総会」）**開会までに理事長に届け出**なければならない。

(4)　**組合員**は、**書面または代理人**によって**議決権を行使**※1～3できる。

※1　総会（★「団地総会」）は管理組合の最高の意思決定機関であることを踏まえると、代理人は、組合員の意思が総会（★「団地総会」）に適切に反映されるよう、区分所有者（★「団地建物

所有者」)の立場からみて**利害関係が一致すると考えられる者に限定**することが望ましい。また、総会（★「団地総会」)の円滑な運営を図る観点から、代理人の欠格事由として暴力団員等を規約に定めておくことも考えられる。なお、**成年後見人・財産管理人等の組合員の法定代理人**については、法律上本人に代わって行為を行うことが予定されている者であり、**当然に議決権の代理行使をする者**の範囲に含まれる。

※2　**書面**による議決権の行使」とは、総会（★「団地総会」)には出席しないで、総会（★「団地総会」)の開催前に各議案ごとの賛否を記載した書面（議決権行使書）を総会（★「団地総会」)の招集者に提出することである。他方、「**代理人**による議決権の行使」とは、代理権を証する書面〔「委任状」。電磁的方法による提出が利用可能な場合は、電磁的方法を含む〕によって、組合員本人から授権を受けた**代理人が総会**（★「団地総会」)**に出席して議決権を行使**することである。

　このように、議決権行使書と委任状は、いずれも組合員本人が総会（★「団地総会」)に出席せずに議決権の行使をする方法であるが、議決権行使書による場合は組合員自らが主体的に賛否の意思決定をするのに対し、委任状による場合は賛否の意思決定を代理人に委ねるという点で性格が大きく異なるものである。そもそも**総会**（★「団地総会」)**が管理組合の最高の意思決定機関**であることを考えると、**組合員本人が自ら出席**して、議場での説明や議論を踏まえて**議案の賛否を直接意思表示**することが望ましいのはもちろんである。しかし、**やむを得ず総会に出席できない場合**でも、組合員の意思を総会（★「団地総会」)に直接反映させる観点からは、議決権行使書によって**組合員本人が自ら**賛否の意思表示をすることが望ましく、そのためには、総会（★「団地総会」)の招集の通知において議案の内容があらかじめなるべく明確に示されることが重要であることに留意が必要である。したがって、賛否の記載のない書面を賛成票として取り扱うことはできない。

※3　代理人による議決権の行使として、誰を代理人とするかの記載のない委任状（白紙委任状）が提出された場合、当該委任状の効力や議決権行使上の取扱いについてトラブルとなる場合があるため、そのようなトラブルを防止する観点から、たとえば、委任状の様式等において、委任状を用いる場合には誰を代理人とするかについて主体的に決定することが必要であること、適当な代理人がいない場合には代理人欄を空欄とせず議決権行使書によって自ら賛否の意思表示をすることが必要であること等について記載しておくことが考えられる。

(5)　組合員が**代理人により議決権を行使**しようとする場合、その代理人※は、次の者でなければならない。

※　区分所有法上では、代理人の資格について、特に制限はない。

①　その**組合員の配偶者**（婚姻の届出をしていないが事実上婚姻関係と同様の事情にある者を含む）または**一親等の親族**

②　その**組合員の住戸に同居する親族**

③　他の組合員

(6)　**組合員**または**代理人**は、代理権を証する書面を理事長に**提出**しなければならない。

(7) 電磁的方法が利用可能な場合

　　組合員は、書面による議決権の行使に代えて、**電磁的方法**によって**議決権を行使**

できる。

(8) 組合員または代理人は、(6) の書面提出に代え、電磁的方法によって提出できる。

　＊　WEB会議システム等を用いて総会（★「団地総会」）に出席している組合員が議決権を行使
　　する場合の取扱いは、WEB会議システム等を用いずに総会（★「団地総会」）に出席している
　　組合員が議決権を行使する場合と同様であり、区分所有法39条3項に規定する規約の定めや集
　　会の決議は不要である。ただし、第三者が組合員になりすました場合やサイバー攻撃や大規模
　　障害等による通信手段の不具合が発生した場合等には、総会（★「団地総会」）の決議が無効と
　　なるおそれがあるなどの課題に留意する必要がある。

6．総会（★「団地総会」）の会議・議事（47条、同関係）

(1) 総会（★「団地総会」）の**「会議」**（WEB会議システム等を用いて開催する会議を
　　含む）は、**議決権総数の半数以上を有する組合員が出席**[※1]しなければならない。

(2) 総会（★「団地総会」）における**「議事」**は、**出席組合員**[※2]**の議決権**[※3]**の過半数
　　で決する**[※4]。

　※1　定足数について、議決権を行使できる組合員が**WEB会議システム等を用いて出席**した場合、
　　　定足数の算出において**出席組合員に含める**。これに対し、議決権を行使できない傍聴人とし
　　　てWEB会議システム等を用いて**議事を傍聴する組合員**は、**出席組合員には含めない**。
　※2　全組合員の議決権ではなく、「出席組合員」の議決権とした理由は、総会（★「団地総会」）
　　　欠席者が少なくない現状で要件を厳しくすると、総会（★「団地総会」）の意思決定が円滑に
　　　行えないからである。そこで、(1)で定足数を定めている。
　※3　「議決権」割合だけとする理由は、この標準管理規約が、一般分譲の住居専用マンションを
　　　対象としており、特定者が多数の住戸を所有しているケースは前提としていないからである。
　　　よって、区分所有法のように「区分所有者」の頭数がなくても、問題はない。
　※4　**議長を含む出席組合員**〔書面（電磁的方法による議決権の行使が利用可能な場合は、電磁
　　　的方法を含む）または代理人によって議決権を行使する者を含む〕の議決権の過半数で決議し、
　　　過半数の賛成を得られなかった議事は否決とする。

(3) 次の事項に関する総会（★「団地総会」）の議事は、**組合員総数の3/4以上および
　　議決権総数の3/4以上で決する**。特に慎重を期すべき事項が対象としている。

① 　規約の制定・変更・廃止
② 　敷地（★「土地」）・共用部分等の変更（その形状・効用の著しい変更を伴わないものおよび建築物の耐震改修の促進に関する法律 25 条 2 項に基づく**認定を受けた建物の耐震改修**を除く）
③ 　使用禁止の請求・競売の請求・引渡し請求の訴えの提起
④ 　建物の価格の 1/2 を超える部分が滅失した場合の滅失した共用部分の復旧
⑤ 　その他総会（★「団地総会」）において、この方法により決議することとした事項

★団地型では上記③④を除く。

＊1　区分所有法では、共用部分の変更に関し、区分所有者（★「団地建物所有者」）および議決権の各 3/4 以上の多数による集会の決議（特別多数決議）で決することを原則としつつ、その形状または効用の著しい変更を伴わない共用部分の変更については区分所有者（★「団地建物所有者」）および議決権の各過半数によることとしている。

　　　建物の維持・保全に関して、区分所有者（★「団地建物所有者」）は協力してその実施に努めるべきであることを踏まえ、機動的な実施を可能とするこの区分所有法の規定を、標準管理規約上も確認的に規定したのが前記②である。

　　　なお、建築物の耐震改修の促進に関する法律 25 条の規定により、**要耐震改修認定区分所有建築物の耐震改修**については、区分所有法の特例として、**敷地**（★「土地」）**および共用部分等の形状または効用の著しい変更に該当**する場合（大規模修繕工事）でも、**過半数の決議**（普通決議）**で実施可能**となっている。

＊2　議決権総数の半数を有する組合員が出席する総会において、出席組合員の議決権の過半数で決議（普通決議）される事項は、総組合員の議決権総数の 1/4 の賛成により決議されることに鑑み、例えば、大規模修繕工事のような事項については、組合員総数および議決権総数の過半数で、または議決権総数の過半数で決する旨規約に定めることもできる。

＊3　このような規定の下で、各工事に必要な総会（★「団地総会」）の決議に関しては、例えば次のように考えられる。ただし、基本的には各工事の具体的内容に基づく個別の判断によることとなる。

　　①　バリアフリー化の工事に関し、**建物の基本的構造部分を取り壊す等の加工を伴わずに階段にスロープを併設し、手すりを追加する工事**は、普通決議により、階段室部分を改造したり、建物の外壁に新たに外付けしたりして、エレベーターを新たに設置する工事は、**特別多数決議**により実施可能と考えられる。

　　②　耐震改修工事に関し、**柱やはりに炭素繊維シートや鉄板を巻き付けて補修する工事**や、構造躯体に壁や筋かいなどの耐震部材を設置する工事で基本的構造部分への加工が小さいものは、**普通決議により実施可能**と考えられる。

　　③　防犯化工事に関し、オートロック設備を設置する際、配線を、空き管路内に通したり、建物の外周に敷設したりするなど共用部分の加工の程度が小さい場合の工事や、**防犯カメラ・防犯灯の設置工事**は、**普通決議**により実施可能と考えられる。

④　IT化工事に関し、光ファイバー・ケーブルの敷設工事を実施する場合、その工事が**既存のパイプスペースを利用する**など共用部分の形状に変更を加えることなく実施できる場合や、新たに光ファイバー・ケーブルを通すために、外壁、耐力壁等に工事を加え、その形状を変更するような場合でも、建物の躯体部分に相当程度の加工を要するものではなく、外観を見苦しくない状態に復元するのであれば、**普通決議**により実施可能と考えられる。

⑤　計画修繕工事に関し、鉄部塗装工事、外壁補修工事、屋上等防水工事、**給水管更生・更新工事**、照明設備、共聴設備、消防用設備、**エレベーター設備の更新工事**は、普通決議で実施可能と考えられる。

⑥　その他、**集会室・駐車場・駐輪場の増改築工事**などで、大規模なものや著しい加工を伴うものは、特別多数決議により、**窓枠・窓ガラス・玄関扉等の一斉交換工事**、既に不要となったダストボックスや**高置水槽等の撤去工事**は、普通決議により実施可能と考えられる。

(4) **建替え決議**（★「一括建替え決議」）は、**組合員総数の4/5以上および議決権総数の4/5以上**で行う。

　　＊　建替え決議およびマンション敷地売却決議（★「一括建替え決議」）の賛否は、売渡し請求の相手方になるかならないかに関係することから、賛成者、反対者が明確にわかるよう決議することが必要である。

(5) **マンション敷地売却決議**（★「一括建替え決議」）は、**組合員総数、議決権総数および敷地利用権の持分の価格の各4/5以上**で行う。
　　★団地型では除いて考えてよい。

(6) 管理組合における電磁的方法の利用状況に応じて、次のように分類される。

　　電磁的方法が利用不可能な場合

　　　　書面・代理人によって議決権を行使する者は、**出席組合員**とみなす。

　　電磁的方法が利用可能な場合

　　　　書面・電磁的方法・代理人によって議決権を行使する者は、**出席組合員**とみなす。

(7) **規約の制定・変更・廃止**が一部の組合員の権利に特別の影響を及ぼすべきときは、その承諾を得なければならない。この場合、その組合員は、正当な理由がなければこれを拒否してはならない。

　　★複合用途型では、さらに、前記(3)①において、一部共用部分に関する事項で組合員全員の利害に関係しないものについての規約の変更は、当該一部共用部分を共用すべき組合員の1/4を超える者またはその議決権の1/4を超える議決権を有する者が反対したときは、することができない。

(8) **敷地**（★「土地」）・**共用部分等の変更**が、専有部分・専用使用部分の**使用**に特別の影響を及ぼすべきときは、その専有部分を所有する組合員・その専用使用部分の専用使用を認められている組合員の承諾を得なければならない。この場合、その組合員は、正当な理由がなければこれを**拒否してはならない**。

(9) 前記(3)③の事項の決議を行うには、あらかじめ当該組合員・占有者に対し、**弁明の機会**を与えなければならない。
★団地型では、棟総会においてこれらの決議をする場合に必要となる。

(10) 総会（★「団地総会」）においては、**普通決議事項か特別決議事項かにかかわらず、あらかじめ通知をした事項についてのみ、決議**できる。

7．議決事項（48条）

次の事項については、「**総会**②」（★「団地総会」）の決議を経なければならない。

(1) **規約**※（★団地型では、区分所有法で団地関係に準用しない規定を除く）**および使用細則等の制定・変更・廃止**
※〔規約の変更例〕
① バルコニーを共用部分に改め、看板を設置できない旨の規約変更
② 立体駐車場の管理費を増額する旨の規約変更
③ 住宅以外の用途に使用してはならない旨の規約変更
④ ペット飼育を禁止する旨の規約変更
⑤ 管理費の算定基準を床面積の割合に変更する旨の規約変更
(2) **役員の選任・解任**③および**役員活動費の額・支払方法**
(3) **収支決算・事業報告**
(4) **収支予算・事業計画**
(5) **長期修繕計画の作成・変更**
(6) **管理費等・使用料の額および賦課徴収方法**
(7) **修繕積立金**（★団地修繕積立金・各棟修繕積立金。★全体修繕積立金・住宅一部修繕積立金・店舗一部修繕積立金。以下同じ）**の保管・運用方法**
(8) **管理計画の認定の申請**（マンション管理適正化法5条の3第1項）、**管理計画の認定の更新の申請**（同法5条の6第1項）および**管理計画の変更の認定の申請**（同法5条の7第1項）
(9) **専有部分である設備のうち、共用部分と構造上一体となった部分の管理を共用部分の管理と一体として行う必要がある場合の管理の実施**
(10) **修繕積立金の取崩しが認められる特別の管理の実施**（★団地型では、建物の一部が滅失した場合の滅失した棟の共用部分の復旧の場合を除く）**およびそれにあてるための資金の借入れ・修繕積立金の取崩し**
(11) **行為の停止等の請求および使用禁止・競売・引渡し請求の訴えの提起**ならびにこれらの**訴えを提起すべき者の選任項**

(12) 建物の一部が滅失した場合の滅失した共用部分の復旧
(13) 除却の必要性に係る認定の申請（建替え等円滑化法102条1項）
(14) 建替え（区分所有法62条1項）およびマンション敷地売却（建替え等円滑化法108条1項）
(15) 建替え等に係る計画・設計等の経費のための修繕積立金の取崩し
(16) 組合管理部分に関する管理委託契約の締結
(17) その他管理組合の業務に関する重要事項

先生からの コメント

②理事会の決議で行うことはできないので注意しよう！

③理事長については、解任について直接の規定はない。理事の互選により選任された理事長に関して、現理事長を解任し、別の理事を新理事長に決めることは、「総会で選任された理事に委ねる」趣旨と解し、可能といえる（最高裁平成29年12月18日）。

8．議事録の作成・保管等（49条、同関係）

管理組合における電磁的方法の利用状況に応じて、次のように分類される。

(1) 電磁的方法が利用不可能な場合

① 総会（★「団地総会」）の議事については、**議長**は、**議事録**を**作成**しなければならない。

② 議事録には、**議事の経過の要領**およびその**結果を記載**し、**議長および議長の指名する2名の総会**（★「団地総会」）に**出席**した組合員がこれに**署名**しなければならない。

③ 理事長は、議事録を保管し、組合員または「利害関係人④」の書面による**請求**があったときは、**議事録の閲覧**をさせなければならない。この場合、閲覧につき、相当の日時・場所等を指定できる⑤。

④ **理事長**は、**所定の掲示場所**に、**議事録**の**保管場所**を掲示しなければならない。

④「利害関係人」とは、敷地（★「土地」）・専有部分に対する担保権者、差押え債権者、賃借人、組合員からの媒介の依頼を受けた宅地建物取引業者等法律上の利害関係がある者をいう。単に事実上の利益や不利益を受けたりする者、親族関係にあるだけの者等は対象とはならない。

⑤閲覧の日時・場所等の申出が不相当な場合は、正当な理由がなくてもこれを拒否できる。

(2) 電磁的方法が利用可能な場合

① 総会（★「団地総会」）の議事については、**議長**は、書面または電磁的記録により、**議事録を作成**しなければならない。

② 議事録には、**議事の経過の要領**およびその**結果を記載**し、または**記録**しなければならない。

③ 議事録が書面で作成されているときは、**議長および議長の指名する2名の総会**（★「団地総会」）**に出席**した組合員がこれに**署名**しなければならない。

④ 議事録が電磁的記録で作成されているときは、当該電磁的記録に記録された情報については、議長および議長の指名する2名の総会に出席した組合員が電子署名（電子署名および認証業務に関する法律2条1項の「電子署名」をいう）をしなければならない。

⑤ 理事長は、議事録を保管し、組合員または利害関係人の書面または電磁的方法による請求があったときは、議事録の閲覧（議事録が電磁的記録で作成されているときは、当該電磁的記録に記録された情報の内容を紙面または出力装置の映像面に表示する方法により表示したものの当該議事録の保管場所における閲覧をいう）をさせなければならない。この場合、閲覧につき、相当の日時、場所等を指定することができる。

⑥ 理事長は、所定の掲示場所に、議事録の保管場所を掲示しなければならない。

＊1 電磁的記録の具体例には、磁気ディスク、磁気テープ等のような磁気的方式によるもの、ICカード、ICメモリー等のような電子的方式によるもの、CD-Rのような光学的方式によるものなどによって調製するファイルに情報を記録したものが

ある。

＊2　電子署名および認証業務に関する法律2条1項の電子署名とは、電磁的記録（電子的方式、磁気的方式その他人の知覚によっては認識することができない方式で作られる記録であって、電子計算機による情報処理の用に供されるもの）に記録することができる情報について行われる措置であって、次の(ア)および(イ)のいずれにも該当するものである。

(ア)　当該情報が当該措置を行ったものの作成に係るものであることを示すためのものであること。

(イ)　当該情報について改変が行われていないかどうかを確認することができるものであること。

9．書面（または電磁的方法）による決議（50条）

管理組合における電磁的方法の利用状況に応じて、次のように分類される。

電磁的方法が利用不可能な場合

① 規約により総会（★「団地総会」）において決議をすべき場合、**組合員全員の承諾**があるときは、書面による決議ができる。

② 規約により総会（★「団地総会」）において決議すべきものとされた事項については、**組合員全員の書面による合意**があったときは、書面による決議があったものとみなす。

③ 規約により総会（★「団地総会」）において決議すべきものとされた事項についての書面による決議は、総会（★「団地総会」）の決議と同一の効力を有する。

④ 前記 **8.**(1)③④の規定は、書面による決議に係る書面について準用される。

⑤ **総会**（★「団地総会」）に関する規定は、**書面による決議について準用**される。

電磁的方法が利用可能な場合

① 規約により総会（★「団地総会」）において決議をすべき場合、**組合員全員の承諾**があるときは、書面または電磁的方法による決議をすることができる。ただし、電磁的方法による決議に係る組合員の承諾については、あらかじめ、組合員に対し、その用いる電磁的方法の種類および内容を示し、書面または電磁的方法による承諾を得なければならない。

② **電磁的方法の種類および内容**は、次に掲げる事項とする。

(ア) 電磁的方法のうち、送信者が使用するもの

（イ）ファイルへの記録の方式

③　規約により総会（★「団地総会」）において決議すべきものとされた事項については、**組合員の全員の書面または電磁的方法による合意**があったときは、書面または電磁的方法による決議があったものとみなす。

④　規約により総会（★「団地総会」）において決議すべきものとされた事項についての書面または電磁的方法による決議は、総会（★「団地総会」）の決議と同一の効力を有する。

⑤　前記**8.**(2)⑤⑥は、書面または電磁的方法による決議に係る書面ならびに上記①および③の電磁的方法が行われた場合に当該電磁的方法により作成される電磁的記録について準用される。

⑥　総会（★「団地総会」）に関する規定は、書面または電磁的方法による決議について準用される。

整理　総会（★「団地総会」）

招集手続	総会（★「団地総会」）を招集するには、**少なくとも会議を開く日の2週間前**（会議の目的が建替え決議であるときは2ヵ月前）までに、会議の日時、場所および目的を示して、組合員に通知を発しなければならない。しかし緊急を要する場合（会議の目的が建替え決議であるときを除く）には、理事長は理事会の承認を得て、5日間を下回らない範囲において、上記期間を短縮できる。	
組合員の総会（★「団地総会」）招集権	**組合員総数の1/5以上および議決権総数の1/5以上**にあたる組合員の同意を得て、会議の目的を示して総会（★「団地総会」）の招集を請求した場合には、理事長は、2週間以内にその請求があった日から4週間以内の日（会議の目的が建替え決議であるときは、2ヵ月と2週間以内の日）を会日とする臨時総会の招集の通知を発しなければならない。	
議決権	出席数	議決権総数の半数以上を有する組合員の出席
	原則	総会（★「団地総会」）の議事は、**出席組合員の議決権の過半数**で決する。
	組合員総数の3/4以上および議決権総数の3/4以上	(1) 規約の制定・変更・廃止 (2) 敷地（★「土地」）・共用部分の変更（その形状・効用の著しい変更を伴わないものおよび建築物の耐震改修の促進に関する法律25条2項に基づく**認定を受けた建物の耐震改修を除く**） (3) 使用禁止の請求・競売の請求・引渡し請求の訴えの提起 (4) 建物の価格の1/2を超える部分が滅失した場合の滅失した共用部分の復旧 (5) その他総会（★「団地総会」）において、この方法により決議することとした事項 ★団地型では上記(3)(4)を除く。
	組合員総数の4/5以上および議決権総数の4/5以上	**建替え決議**（★「一括建替え決議」）
	組合員総数、議決権総数および敷地利用権の持分の価格の4/5以上	**マンション敷地売却決議** ★団地型では除いて考えてよい。

第 **8** 節　**理事会**

> **重要度** 🀄 **特A** ♟ **B**

❖ **Introduction** ❖

　理事会は、管理組合の業務執行機関であり、一般的に組合員の中から選任された理事で構成されている。

　この節では、「理事会」と第7節の「総会」の規定を比較しながら学習しよう。

【理事会】

1．理事会（51条、同関係）（★「理事会等」）

(1) 理事会は、理事をもって構成する。

(2) 理事会は、次の職務を行う。

① 規約・使用細則等または総会（★「団地総会」）の決議により理事会の権限として定められた管理組合の**業務執行の決定**

② **理事の職務の執行の監督**

③ **理事長・副理事長・会計担当理事の選任および解任**[1・2]

　　※1　管理組合の業務執行の決定だけでなく、業務執行の監視・監督機関としての機能を理事会が有することを明確化するとともに、理事長等の選任・解任を含め、理事会の職務について明示している。

　　※2　理事の互選により選任された理事長、副理事長および会計担当理事については、**理事の過半数**の一致によりその職を解くことができる。ただし、その理事としての地位については、総会の決議を経なければその職を解くことができない（35条2項、48条2号）。

(3) 理事会の**議長**は、**理事長**が務める。

2．招　集（52条、同関係）

(1) 理事会は、理事長が招集する。

(2) 理事が一定以上の理事の同意を得て理事会の招集を請求した場合には、理事長は、速やかに理事会を招集しなければならない。

(3) (2)の請求日から○日以内に、その請求日から○日以内の日を理事会の日とする

理事会の招集の通知が発せられない場合には、その請求をした**理事**は、**理事会を招集**できる。

　＊　各理事は、理事会の開催が必要であると考える場合、理事長に対し、理事会の目的である事項を示して、理事会の招集を促すこともできる。ただし、理事長が招集しない場合、2項の手続により招集を請求することとなる。それでも理事長が招集の通知を発出しない場合、招集を請求した理事が、理事会を招集できる。

(4)　理事会の招集手続については、前述の総会（★「団地総会」）の招集手続の規定が準用される（第7節❹2.のうち、建替え決議やマンション敷地売却決議を会議の目的とする場合の（1）（4）～（8）を除く）。ただし、**理事会において別段の定め**をすることができる。

3．理事会の会議および議事（53条、同関係）

(1)　理事会の**「会議」**（WEB会議システム等を用いて開催する会議を含む）は、**理事の半数以上が出席**しなければ開くことができず、その**「議事」**は、**出席理事の過半数で決する**。

(2)　後記**4.**(1)⑤については、**理事の過半数の承諾**があるときは、**書面または電磁的方法による決議**ができる。

(3)　(1)(2)の決議について特別の利害関係を有する理事は、**議決に加わることはできない**。

　＊1　**理事**は、**総会**（★「団地総会」）で**選任**され、組合員のため、**誠実にその職務を遂行**するものとされている。このため、**理事会には本人が出席**して、**議論に参加**し、議決権を行使することが求められる。

　＊2　**理事の代理出席**（議決権の代理行使を含む。以下同じ）を、**規約において認める旨の明文の規定がない場合に認めることは適当でない**。

　＊3　「**理事に事故があり**、**理事会に出席できない**場合は、その**配偶者・一親等の親族**（理事が、組合員である法人の職務命令により理事となった者である場合は、法人が推挙する者）に限り、**代理出席を認める**」旨を定める**規約の規定は有効**であると解されるが、あくまで、**やむを得ない場合の代理出席**を認めるものであることに留意が必要である。この場合、あらかじめ、総会（★「団地総会」）において、それぞれの**理事ごと**に、**理事の職務を代理するにふさわしい資質・能力を有するか否かを審議の上、その職務を代理する者を定めておくことが望ましい**。なお、**外部専門家など当人の個人的資質や能力等に着目して選任されている理事**については、**代理出席を認めることは適当でない**。

＊4　理事がやむを得ず欠席する場合、代理出席によるのではなく、事前に**議決権行使書または意見を記載した書面を出せる**ようにすることが考えられる。これを認める場合、理事会に出席できない理事が、あらかじめ通知された事項について、書面をもって表決することを認める旨を、規約の明文の規定で定めることが必要である。

＊5　理事会に出席できない理事に対しては、理事会の議事についての質問機会の確保、書面等による意見の提出や議決権行使を認めるなどの配慮をする必要がある。また、WEB会議システム等を用いて開催する理事会を開催する場合は、当該理事会における議決権行使の方法等を、規約や細則（70条）において定めることも考えられ、この場合、規約や使用細則等に則り理事会議事録を作成することが必要となる点などについて留意する必要がある。

なお、(1)の定足数について、理事がWEB会議システム等を用いて出席した場合には、定足数の算出において出席理事に含まれると考えられる。

＊6　(2)は、本来、＊1のとおり、**理事会には理事本人が出席して相互に議論すること**が望ましいところ、例外的に、後記**4.**(1)⑤の事項については、申請数が多いことが想定され、かつ、迅速な審査を要するものであることから、**書面・電磁的方法による決議**を可能とするものである。

(4) 理事会の議事録については、管理組合における電磁的方法の利用状況に応じて、次のように分類される。

［電磁的方法が利用不可能な場合］

議事録については、第7節**❹8.**(1)（④を除く）が準用される。ただし、②中「総会（★「団地総会」）に出席した組合員」を「理事会に出席した理事」と読み替える。

［電磁的方法が利用可能な場合］

議事録については、第7節**❹8.**(2)（⑥を除く）が準用される。ただし、③中「総会（★「団地総会」）に出席した組合員」を「理事会に出席した理事」と読み替える。

＊　保管場所の掲示義務はない。

4．議決事項（54条、同関係）

(1) 理事会は、この規約に別に定めるもののほか、次の事項を**決議**する。

① **収支決算**案・**事業報告**案・**収支予算**案・**事業計画**案

② 規約（★団地型では、区分所有法で団地関係に準用しない規定を除く）および使用細則等の制定・変更・廃止に関する案

③ 長期修繕計画の作成・変更に関する**案**

④ その他の総会（★「団地総会」）提出議案

⑤　専有部分の修繕等（17条、21条、22条）における**理事長の承認・不承認**

⑥　通常総会の承認前に支出がやむを得ない経常的経費等について、（理事長の受けるべき）**承認・不承認**

⑦　**理事長が行う未納の管理費等・使用料の請求に関する訴訟その他法的措置の追行**

⑧　違反行為者等に対する**理事長の勧告・指示等**（→後記第10節**❷**参照）

⑨　総会（★「団地総会」）から付託された事項

⑩　**災害等**により**総会**（★「団地総会」）**の開催が困難である場合における応急的な修繕工事の実施**等

⑪　**理事長・副理事長・会計担当理事の選任および解任**

　　＊　「**災害等**により**総会**（★「団地総会」）**の開催が困難である場合における応急的な修繕工事の実施等**」（(1)⑩）の具体的内容

　　（ア）　緊急対応が必要となる**災害の範囲** ➡ 地震・台風・集中豪雨・竜巻・落雷・豪雪・噴火など

　　　　　　「災害等」の「等」の例 ➡ 災害と連動してまたは単独で発生する火災・爆発・物の落下などが該当。

　　（イ）　**「総会**（★「団地総会」）**の開催が困難である場合」**

　　　　　　避難や交通手段の途絶等により、組合員の総会（★「団地総会」）への出席が困難である場合。

　　（ウ）　**「応急的な修繕工事」**

　　　　　　保存行為に限られるものではなく、二次被害の防止や生活の維持等のために緊急対応が必要な、共用部分の軽微な変更（形状又は効用の著しい変更を伴わないもの）や狭義の管理行為（変更及び保存行為を除く、通常の利用、改良に関する行為）も含まれる。

　　　　　　[例] ➡ 給水・排水、電気、ガス、通信といったライフライン等の応急的な更新、エレベーター附属設備の更新、炭素繊維シート巻付けによる柱の応急的な耐震補強などが該当

　　　　　　「応急的な修繕工事の実施等」の「等」 ➡ 被災箇所を踏まえた共用部分の使用方法の決定等が該当。

(2)　**理事会**は、(1)⑩の決議をした場合においては、当該決議に係る応急的な修繕工事の実施に充てるための**資金の借入れ**および**修繕積立金の取崩しについて決議**することができる。

　　＊1　応急的な修繕工事の実施に伴い必要となる**資金の借入れおよび修繕積立金の取崩し**について、前記第7節**❹ 7.**によれば**総会**（★「団地総会」）**の決議事項**であるところ、前記(1)⑩の決議に基づき実施する場合には、**理事会で決議できる**とするもので

ある。

＊2　共用部分の軽微な変更および狭義の管理行為については、大規模マンションなど、それぞれのマンションの実態に応じて、機動的な組合運営を行う観点から、これらのうち特定の事項について、理事会の決議事項として規約に定めることも可能である。

その場合、理事の行為が自己契約・双方代理など組合員全体の利益に反することとならないよう監事による監視機能の強化を図るなどの取組み、理事会活動の事前・事後の組合員に対する透明性の確保等について配慮することが必要である。

5．専門委員会の設置（55条、同関係）

(1) 理事会は、その責任と権限の範囲内において、**専門委員会を設置し**、特定の課題を調査または検討させることができる。

(2) 専門委員会は、調査または検討した結果を理事会に具申する。

＊1　専門委員会の検討対象が理事会の責任と権限を越える事項である場合や、理事会活動に認められている経費以上の費用が専門委員会の検討に必要となる場合、運営細則の制定が必要な場合等は、専門委員会の設置に総会の決議が必要となる。

＊2　専門委員会は、検討対象に関心が強い組合員を中心に構成されるものである。必要に応じ検討対象に関する専門的知識を有する者（組合員以外も含む）の参加を求めることもできる。

6．住宅部会および店舗部会（複合用途型60条、同関係）（★複合用途型のみ）

(1) 管理組合に、住戸部分の区分所有者で構成する「住宅部会」および店舗部分の区分所有者で構成する「店舗部会」を置く。

(2) 住宅部会および店舗部会の組織および運営については、別に部会運営細則に定めるものとする。

＊1　住宅部会および店舗部会は、管理組合としての意思を決定する機関ではない。しかし、それぞれ住宅部分、店舗部分の一部共用部分の管理等について、協議する組織として位置づけるものである。

＊2　住宅、店舗おのおのから選出された管理組合の**役員**が、**各部会の役員を兼ねる**ようにし、各部会の意見が理事会に反映されるような仕組みが、有効であると考えられる。

重要度 ▽ 特**A** 主**A**

❖ **Introduction** ❖

　「会計」では、管理組合の収入および支出、管理費等の徴収、預金口座の開設、借入れ等について定めている。

　この節では、これらの内容について学習する。

❶ 管理組合の収入および支出等（57条）

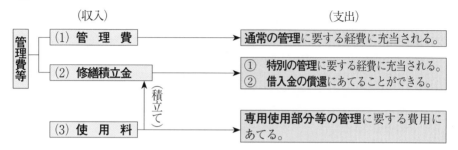

(収入)　　　　　　　　　　　　　　　　　　　　　　(支出)

管理費等	(1) 管　理　費	→	通常の管理に要する経費に充当される。
	(2) 修繕積立金	→	① 特別の管理に要する経費に充当される。 ② 借入金の償還にあてることができる。
	(3) 使　用　料	→（積立て）	専用使用部分等の管理に要する費用にあてる。

❷ 収支予算の作成・変更（58条※1〜3、同関係）および会計報告（59条）

毎会計年度の収支予算案	（1）案の作成	理事長 ➡ 通常総会に案を提出 ➡ 承認を得る。	
	（2）収支予算の変更	理事長 ➡ 臨時総会に変更案を提出 ➡ 承認を得る。	
	（3）理事長は、会計年度の開始後、（1）の承認を得るまでの間に、次の経費の支出が必要となった場合、理事会の承認を得てその支出を行うことができる。 ① 通常の管理に要する経費のうち、経常的であり、かつ、（1）の承認を得る前に支出することがやむを得ないと認められるもの ② 総会の承認を得て実施している長期の施工期間を要する工事に係る経費であって、（1）の承認を得る前に支出することがやむを得ないと認められるもの		
	（4）（3）に基づき行った支出は、（1）の収支予算案の承認を得たときは、当該収支予算案による支出とみなす。		
	（5）理事会が、前記第8節4.(1)⑩（54条1項10号）の決議をした場合、理事長は、同4.(2)（同2項）の決議に基づき、その支出を行うことができる。		
	（6）理事長は、敷地・共用部分等の保存行為を行う場合（21条6項）、そのために必要な支出を行うことができる。		
毎会計年度の収支決算案の報告	理事長 ➡ 監事の会計監査 ➡「通常総会」に「報告」➡ その承認を得る。		

※1　通常総会は、42条3項で新会計年度開始以後2カ月以内に招集することとしているため、新会計年度開始後、予算案の承認を得るまでに一定の期間を要することが通常である。
　　　(3)(4)は、このような期間において支出することがやむを得ない経費についての取扱いを明確化することにより、迅速かつ機動的な業務の執行を確保するものである。
※2　「(3)①に定める経費」とは、27条各号に定める経費のうち、経常的であり、かつ、1項の承認を得る前に支出することがやむを得ないと認められるものであることから、前年の会計年度における同経費の支出額のおよその範囲内であることが必要である。
※3　「(3)②に定める経費」とは、総会の承認を得て実施している工事であって、その工事の性質上、施工期間が長期となり、二つの会計年度を跨ってしまうことがやむを得ないものであり、総会の承認を得た会計年度と異なる会計年度の予算として支出する必要があるものであって、かつ、(1)の承認を得る前に支出することがやむを得ないと認められるものであることが必要である。

253

❸　管理費等の徴収（60条、同関係）

(1) 徴収方法※1	組合員が各自開設する預金口座から**口座振替**の方法により 62 条に定める口座に受け入れることとし、当月分は**別に定める徴収日**※2 までに一括して徴収する。ただし、臨時に要する費用として特別に徴収する場合、別に定めるところによる。
(2) 期日までに納付しない場合	①　管理組合は、その未払金額について、**遅延損害金**※3・4・5 と、**違約金としての弁護士費用ならびに督促および徴収の諸費用**※6 を**加算**して、その組合員に対して請求できる。 ②　**管理組合は、納付すべき金額を納付しない組合員**に対し、**督促**を行うなど、必要な措置を講ずるものとする。 ③　**理事長**は、**未納の管理費等・使用料の請求**に関して、**理事会の決議**により、管理組合を代表して、訴訟その他法的措置を追行できる。 ④　①に基づき請求した遅延損害金、弁護士費用ならびに督促および徴収の諸費用に相当する収納金は、管理費に充当される。
(3) 返還請求・分割請求の禁止	組合員は、納付した管理費等および使用料について、**返還請求・分割請求できない。**

※1　管理費等に関し、組合員が各自開設する預金口座から管理組合の口座に受け入れる旨を規定する 60 条 1 項の規定は、マンション管理適正化法施行規則 87 条 2 項 1 号イの方法（収納口座の名義人を管理組合または管理者とする場合に限る）または同ハの方法を前提とした規定であり、これ以外の方法をとる場合、その実状にあった規定とする必要がある。その際、管理費等の管理をマンション管理業者に委託する場合、施行規則 87 条 2 項に定める方法に則した管理方法とする必要がある。

※2　徴収日を別に定めることとしているのは、管理業者や口座（金融機関）の変更等に伴う**納付期日の変更に円滑**に対応できるようにするためである。

※3　管理費等の確実な徴収は、管理組合がマンションの適正な管理を行う上での根幹的な事項である。管理費等の滞納は、管理組合の会計に悪影響を及ぼすのはもちろんのこと、他の区分所有者への負担転嫁等の弊害もあることから、滞納された管理費等の回収は極めて重要であり、**管理費等の滞納者に対する必要な措置を講じることは、管理組合（理事長）の最も重要な職務の一つ**であるといえる。

※4　滞納管理費等に係る**遅延損害金の利率の水準**については、管理費等は、マンションの日々の維持管理のために必要不可欠なものであり、その滞納はマンションの**資産価値や居住環境に影響し得る**こと、管理組合による滞納管理費等の回収は、専門的な知識・ノウハウを有し大数の法則が働く**金融機関等の事業者による債権回収とは違い、手間や時間コストなどの回収コストが膨大**となり得ること等から、利息制限法や消費者契約法等における**遅延損害金利率よりも高く**設定することも考えられる。

※5　(2)①では、遅延損害金と、違約金としての弁護士費用ならびに督促および徴収の諸費用を加算して、その組合員に対して請求「できる」と規定しているが、これらについては、請求しないことについて合理的事情がある場合を除き、請求すべきものと考えられる。

※6　督促および徴収の諸費用とは、次のような費用である。

　①　配達証明付内容証明郵便による督促は、郵便代の実費および事務手数料

　②　支払督促申立その他の法的措置については、それに伴う印紙代、予納切手代、その他の実費

　③　その他督促および徴収に要した費用

❹　管理費等の過不足（61条）

(1) 収支決算の結果、管理費に余剰を生じた場合	翌年度における管理費に充当される。
(2) 管理費等に不足を生じた場合	管理組合は組合員に対し、**各区分所有者の共用部分の共有持分に応じて算出**した管理費等の負担割合により、その都度**必要な金額の負担**を求めることができる。

❺　預金口座の開設（62条、同関係）

管理組合は、会計業務を遂行するため、管理組合の預金口座を開設する。

＊　預金口座に係る印鑑等の保管にあたっては、施錠の可能な場所（金庫等）に保管し、印鑑の保管と鍵の保管を理事長と副理事長に分けるなど、適切な取扱い方法を検討し、その取扱いについて総会の承認を得て細則等に定めておくことが望ましい。

❻　借入れ（63条）

管理組合は、**修繕積立金**の業務を行うため**必要な範囲内において、借入れ**ができる（そ**の都度総会の決議**が必要）。

＊　「理事会の決議」ではないことに注意！

❼　帳票類等の作成・保管（64条、同関係）

管理組合における電磁的方法の利用状況に応じて、次のように分類される。

| 電磁的方法が利用不可能な場合 |

（1）作成・保管義務	①理事長は、会計帳簿、什器備品台帳、**組合員名簿**およびその他の**帳票類**※1・2・3を作成・保管する。 ②理事長は、**長期修繕計画書、設計図書**および**修繕等の履歴情報を保管**する※4。
（2）閲覧させる義務	①組合員・利害関係人の**理由を付した書面による請求**があったとき、**閲覧**させなければならない。 ②閲覧につき、日時・場所等の指定ができる。
（3）財務・管理情報 　の書面交付	①理事長は、閲覧の対象とされる**管理組合の財務・管理に関する情報**※5〔第7節❹**8.**（1）③（第8節**3.**（4）で準用される場合を含む）、上記（1）(2)、第10節❼(1)(2)②④〕については、組合員・利害関係人の**理由を付した書面による請求**に基づき、当該請求をした者が求める**「情報を記入した書面」**を**交付**できる※6。 ②理事長は、交付の相手方にその**費用を負担させる**ことができる。

※1　「事務に関する報告書」については、区分所有法上保管・閲覧させる義務は定められていない。

※2　作成、保管すべき帳票類としては、(1)①の他、領収書や請求書、管理委託契約書、修繕工事請負契約書、駐車場使用契約書、保険証券などがある。

※3　組合員名簿の閲覧等に際しては、組合員のプライバシーに留意する必要がある。

※4　(2)は、管理組合の業務として掲げられている各種書類等の管理について、帳票類〔(1)①〕と同様に、その**保管・閲覧に関する業務を理事長が行うことを明確**にしたものである。なお、理事長は、理事長の責めに帰すべき事由により「帳票類〔(1)①〕」または「書類〔(1)②〕」が適切に保管されなかったため、当該**帳票類または書類を再作成**することを要した場合には、その**費用を負担する等の責任を負う**ものである。

※5　(3)の管理組合の「財務・管理に関する情報」については、これらの**情報が外部に開示**されることにより、優良な管理が行われているマンションほど**市場での評価が高まる**ことや、こうした評価を通じて管理の適正化が促されることが想定されることから、書面交付の対象者に住戸の購入予定者を含めて規定することも考えられる。一方で、開示には防犯上の懸念等もあることから、各マンションの**個別の事情を踏まえて検討**することが必要である。

※6　(3)は、組合員・利害関係人が、管理組合に対し、閲覧ではなく、管理組合の「財務・管理に関する情報」のうち、自らが必要とする**特定の情報のみを記入した書面の交付を求める**ことが行われている実態を踏まえ、これに対応する規定を定めるものである。「**書面交付の対象とする情報**」としては、大規模修繕工事等の実施状況・今後の実施予定・その裏付けとなる修繕積立金の積立ての状況（マンション全体の滞納の状況も含む）や、ペットの飼育制限・楽器使用制限・駐車場や駐輪場の空き状況等が考えられるが、その**範囲**については、**交付の相手方に求める費用等**とあ

わせ、**細則で定めておくこと**が望ましい。「別添4」は、住戸の売却予定者（組合員）から依頼を受けた宅建業者が当面必要とすると考えられる情報を提供するための様式の一例に記載のある主な情報項目であり、上述の細則を定める場合の参考とされたい。

電磁的方法が利用可能な場合	
(1) 作成・保管義務	①**理事長**は、会計帳簿、什器備品台帳、組合員名簿およびその他の**帳票類**を、書面・電磁的記録により**作成・保管**する。 ②**理事長**は、**長期修繕計画書、設計図書及び修繕等の履歴情報**を、書面・電磁的記録により**保管**する。
(2) 閲覧させる義務	①組合員・利害関係人の**理由を付した書面・電磁的方法による請求**があったとき、**閲覧**させなければならない。 ②閲覧につき、日時・場所等の指定ができる。 ③電磁的記録で作成された書類等の閲覧については、議事録の閲覧に関する規定（第7節❹8. (2)⑤）を準用する。
(3) 財務・管理情報の書面交付等	①**理事長**は、閲覧の対象とされる**管理組合の財務・管理に関する情報**〔第7節❹8. (2)⑤（第8節3. (4)で準用される場合を含む)、上記 (1)(2)、第10節❼(1)(2)②④〕については、組合員・利害関係人の理由を付した書面・電磁的方法による請求に基づき、当該請求をした者が求める**情報を記入した書面を交付**し、または当該書面に記載すべき事項を電磁的方法により提供できる。 ②**理事長**は、交付の相手方にその**費用を負担**させることができる。

❽ 消滅時の財産の清算（65条、同関係）

管理組合が消滅する場合、その残余財産については、各区分所有者の共用部分の共有持分割合に応じて各区分所有者に帰属するものとする。

＊ 共有持分割合と修繕積立金等の負担割合が大きく異なる場合は負担割合に応じた清算とするなど、マンションの実態に応じて衡平な清算の規定を定めることが望ましい。

重要度 マ **B** 主 **C**

❖ Introduction ❖

「義務違反者に対する措置」は、区分所有法の規定に基づいて行うことができる。これらの規定は、義務違反者を最終的に区分所有関係から排除することもできるものなので、その決定は慎重に行う必要がある。これらの規定は通常あまり適用されないことが多いのだが、これらの規定の存在により、義務違反行為に対する抑止力がはたらくことの意義は大きいのである。

この節では、この措置以外にも、さまざまな角度からの規定があるので、全般的にみてみよう。

❶ 義務違反者に対する措置（66条）

区分所有者または占有者が、建物の保存に有害な行為その他建物の管理または使用に関し区分所有者の共同の利益に反する行為をした場合またはその行為をするおそれがある場合には、「行為の停止等の請求」「使用禁止の請求」「競売の請求」「引渡し請求」の規定に基づき、必要な措置をとることができる。

❷ 理事長の勧告および指示等（67条）

(1) 区分所有者（★「団地建物所有者」）・その同居人（★複合用途型では「店舗勤務者」を含む）または専有部分の貸与を受けた者・その同居人〔以下「区分所有者等」（★団地型では、「団地建物所有者等」）という〕が、法令、規約または使用細則等に違反したときまたは対象物件内における共同生活の秩序を乱す行為を行ったときは、**理事長**は、理事会の決議を経て、その区分所有者（★「団地建物所有者」）等に対し、その是正等のため、必要な勧告または指示もしくは警告を行うことができる。

(2) 区分所有者（★「団地建物所有者」）は、その同居人（★複合用途型では「店舗勤務者」を含む）またはその所有する専有部分の貸与を受けた者・その同居人が違反等の行為を行った場合には、その是正等のため必要な措置を講じなければならない。

(3) 区分所有者（★「団地建物所有者」）等がこの**規約**もしくは使用細則等に**違反**したとき、

または区分所有者（★「団地建物所有者」）等もしくは区分所有者（★「団地建物所有者」）等以外の第三者が敷地および共用部分等において不法行為を行ったときは、**理事長**は、**理事会①の決議**を経て、次の措置を講ずることができる。

> ①　**行為の差止め**、排除または**原状回復のための必要な措置の請求**に関し、管理組合を代表して、**訴訟その他法的措置を追行**すること
> ②　敷地および共用部分等（★「土地・団地共用部分・附属施設」）について生じた損害賠償金または不当利得による返還金の請求または受領に関し、区分所有者（★「団地建物所有者」）のために、訴訟において原告または被告となること、その他法的措置をとること

先生からの　コメント

・①理事会の決議で足り、総会決議は経なくてよい。

(4) 訴えを提起する場合、理事長は、請求の相手方に対し、違約金としての弁護士費用および差止め等の諸費用を請求できる。

(5) 請求した弁護士費用および差止め等の諸費用に相当する収納金は、管理費に充当される。

(6) 理事長は、区分所有者（★「団地建物所有者」）のために、原告または被告となったときは、遅滞なく、区分所有者（★「団地建物所有者」）にその旨を通知しなければならない。この場合、招集手続〔前記第7節❹2.(2)(3)〕が準用される。

❸　合意管轄裁判所（68条）

(1) この規約に関する管理組合と組合員間の訴訟については、対象物件所在地を管轄する地方（簡易）裁判所をもって、第一審管轄裁判所とする。

(2) 行為の停止等・使用禁止・競売・引渡し請求に関する訴訟についても、上記と同様とする。

　　なお、規約違反、管理費等の滞納等区分所有者等による義務違反に対し、訴訟によることとした場合、その者に対して弁護士費用その他の訴訟に要する費用について実費相当額を請求できるようにするため、あらかじめその旨を規約に位置づけておく必要がある。

❹ 市および近隣住民との協定の遵守（69条、同関係）

区分所有者（★「団地建物所有者」）は、管理組合が、市または近隣住民と締結した協定[1・2]（公園、通路、目隠し、共同アンテナ、電気室等の使用等）について、これを誠実に遵守しなければならない。

- ※1　分譲会社が締結した協定は、管理組合が再協定するか、附則で承認する旨規定するか、いずれかとする。
- ※2　協定書は規約に添付することとする。

❺ 細　則（70条、同関係）

総会（★「団地総会・棟総会」）および理事会の運営、会計処理、管理組合への届出事項等については、別に**細則**を定めることができる。

＊　細則はほかに、役員選出方法、管理事務の委託業者の選定方法、文書保存等に関するものが考えられる。

❻ 規約外事項（71条）

(1) 規約および使用細則等に定めのない事項については、「区分所有法その他の法令」の定めるところによる。

(2) 規約、使用細則等または法令のいずれにも定めのない事項については、「総会（★「団地総会」）の決議」により定める。

❼ 規約原本（72条、同関係）

管理組合における電磁的方法の利用状況に応じて、次のように分類される。

（1）電磁的方法が利用不可能な場合

① この規約を証するため、**区分所有者**（★「団地建物所有者」）**全員が署名**[※]した規約を1通作成し、これを規約原本とする。

※ 区分所有者（★「団地建物所有者」）全員が署名した規約がない場合、分譲時の規約案・分譲時の区分所有者（★「団地建物所有者」）全員の規約案に対する同意を証する書面または初めて規約を設定した際の総会（★「団地総会・棟総会」）の議事録が、規約原本の機能を果たすこととなる。

② 規約原本は、**理事長**が保管し、区分所有者・利害関係人の書面による請求があったときは、規約原本の閲覧をさせなければならない。

③ 規約が規約原本の内容から総会（★「団地総会・棟総会」）決議により変更されているときは、**理事長**は、1通の書面に、現に有効な規約の内容と、その内容が規約原本・規約変更を決議した総会（★「団地総会・棟総会」）の議事録の内容と相違ないことを記載し、署名した上で、この書面を保管する。

④ 区分所有者（★「団地建物所有者」）・利害関係人の書面による請求があったときは、**理事長**は、規約原本・規約変更を決議した総会（★「団地総会・棟総会」）の議事録・現に有効な規約の内容を記載した書面（以下「規約原本等」という）および**現に有効な使用細則**（細則その他の細則の内容を記載した書面（以下「**使用細則等**」という））の閲覧をさせなければならない。

⑤ ②④の場合、**理事長**は、閲覧につき、相当の日時・場所等を指定することができる。

⑥ **理事長**は、所定の掲示場所に、規約原本等・使用細則等の保管場所を掲示しなければならない。

(2) 電磁的方法が利用可能な場合

① この規約を証するため、**区分所有者全員**（★「団地建物所有者」）**が書面に署名**・電磁的記録に電子署名した規約を1通作成し、これを規約原本とする。

② 規約原本は、**理事長**が保管し、区分所有者（★「団地建物所有者」）・利害関係人の書面・電磁的方法による請求があったときは、規約原本の閲覧をさせなければならない。

③ 規約が規約原本の内容から総会（★「団地総会・棟総会」）決議により変更されているときは、**理事長**は、1通の書面・電磁的記録に、現に有効な規約の内容と、その内容が規約原本・規約変更を決議した総会（★「団地総会・棟総会」）の議事録の内容と相違ないことを記載・記録し、署名・電子署名した上で、この書面・電磁的記録を保管する。

④ 区分所有者（★「団地建物所有者」）・利害関係人の書面・電磁的方法による請求があったときは、**理事長**は、規約原本・規約変更を決議した総会（★「団地総会・棟総会」）の議事録・現に有効な規約の内容を記載した書面・記録した電磁的記録（以

　　下「規約原本等」という）および**現に有効な使用細則**（細則その他の細則の内容を記載した書面・記録した電磁的記録（以下**「使用細則等」**という））の閲覧をさせなければならない。

⑤　②④の場合、**理事長**は、閲覧につき、相当の日時・場所等を指定することができる。

⑥　**理事長**は、所定の掲示場所に、規約原本等・使用細則等の保管場所を掲示しなければならない。

⑦　電磁的記録により作成された規約原本等・使用細則等の閲覧については、議事録の閲覧に関する規定〔第7節❹ **8.**（2）⑤〕が準用される。

第11節 団地総会・棟総会（団地型）

1 団地総会

❖ **Introduction** ❖

　マンションの棟ごとに適用される事項については、団地総会において決議しても無効である。

　この節では、「団地総会」の招集手続や議決事項について学習する。

❶ 総会の招集（44条）

　管理組合の団地総会は、総組合員で組織する（1項）。理事長は、通常総会を、毎年1回新会計年度開始以後**2ヵ月以内**に**招集**しなければならない（3項）。

　＊　災害または感染症の感染拡大等への対応として、WEB会議システム等を用いて会議を開催することも考えられるが、やむを得ない場合は、通常総会を必ずしも「新会計年度開始以後2ヵ月以内」に招集する必要はなく、これらの状況が解消された後、遅滞なく招集すれば足りると考えられる。

❷ 招集手続（45条）

(1) 会議の目的が**建替え承認決議**であるときは、議案の要領のほか、**新たに建築する建物の設計の概要**（当該建物の当該団地内における位置を含む）を**通知**しなければならない。

(2) 会議の目的が**一括建替え決議**であるときは、議案の要領のほか、次の事項を**通知**しなければならない。

① 建替えを必要とする理由
② 建物の建替えをしないとした場合における当該建物の効用の維持および回復（建物が通常有すべき効用の確保を含む）をするのに要する費用の額およびその内訳
③ 建物の修繕に関する計画が定められているときは、当該計画の内容
④ 建物につき団地修繕積立金および各棟修繕積立金として積み立てられている金額

263

(3) 会議の目的が**敷地分割決議**であるときは、議案の要領のほか、次の事項を**通知し**なければならない。

---
① 特定要除却認定マンション（建替え等円滑化法102条2項1～3号）の除却の実施のために敷地分割を必要とする理由
② 敷地分割後の当該特定要除却認定マンションの除却の実施方法
③ マンションの建替え等その他の団地内建物における良好な居住環境を確保するための措置に関する中長期的な計画が定められているときは、当該計画の概要
---

(4) 一括建替え決議または敷地分割決議を目的とする総会を招集する場合、少なくとも会議を開く日の1ヵ月前までに、当該招集の際に通知すべき事項について組合員に対し説明を行うための説明会を開催しなければならない。

❸ 団地総会の会議・議事（49条）

1．団地総会の会議（WEB会議システム等を用いて開催する会議を含む）

議決権総数の**半数以上**を有する組合員が出席しなければならない（1項）。

2．団地総会の議事

(1) 出席組合員の議決権の過半数で決する（2項）。

(2) 次の事項は、**組合員総数の3/4以上および議決権総数の3/4以上**で決する（3項）。

　① 規約の制定、変更または廃止（後記❷❺(1)を除く）

　② **土地および共用部分等の変更**（その形状・効用の著しい変更を伴わないものおよび建築物の耐震改修の促進に関する法律25条2項に基づく認定を受けた建物の耐震改修を除く）等

　③ **敷地分割決議**は、(1)にかかわらず、**組合員総数の4/5以上および議決権**（当該団地内建物の敷地の持分の割合による）**総数の4/5以上**で行う。

❹　議決事項（50条）

次の事項については、団地総会の決議を経なければならない。

(1)　規約（後記❷❺(1)を除く）および使用細則等の制定、変更又は廃止

(2)　役員の選任および解任ならびに役員活動費の額および支払方法

(3)　収支決算および事業報告

(4)　収支予算および事業計画

(5)　長期修繕計画の作成または変更

(6)　管理費等および使用料の額ならびに賦課徴収方法

(7)　**団地修繕積立金および各棟修繕積立金**の保管および運用方法

(8)　**管理計画の認定の申請**（マンション管理適正化法5条の3第1項）、**管理計画の認定の更新の申請**（同法5条の6第1項）および**管理計画の変更の認定の申請**（同法5条の7第1項）

(9)　専有部分である設備のうち棟の共用部分と構造上一体となった部分の管理を棟の共用部分の管理と一体として行う必要があるときの管理の実施

(10)　**特別の管理の実施**（後記❷❺(3)(4)を除く）ならびにそれに充てるための資金の借入れおよび**団地修繕積立金**または**各棟修繕積立金の取崩し**

(11)　建替え等および敷地分割に係る計画または設計等の経費のための**団地修繕積立金**または**各棟修繕積立金の取崩し**

(12)　団地内の建物の建替えの承認

(13)　団地内の建物の一括建替え

(14)　**除却の必要性に係る認定の申請**（建替え等円滑化法102条1項）

(15)　**敷地分割**（建替え等円滑化法115条の4第1項の場合）

(16)　組合管理部分に関する管理委託契約の締結

(17)　その他管理組合の業務に関する重要事項

② 棟総会

---❖　**Introduction**　❖---

　マンションの棟ごとに適用される事項についての意思を決定するため、団地総会とは別に、棟ごとにその棟の区分所有者全員で組織される棟総会に関する規定が設けられている。

　この節では、これらの規定の内容について学習する。

❶　招集要件

（1）当該棟の**区分所有者総数**の1/5以上および

（2）棟総会における**議決権総数**の1/5以上

➡　これらにあたる区分所有者※1のそれぞれの**同意**を得て、随時※2招集する。

※1　理事長の同意ではないことに注意！

※2　棟の共用部分の管理も団地管理組合が行うことになるので、棟総会は毎年必ず開くということにはなっていない。

❷　招集手続（69条）

1．通知（1項）

　「棟総会」を招集するには、少なくとも会議を開く日の**2週間前**（会議の目的が建替え決議・マンション敷地売却決議であるときは**2ヵ月前**）までに、会議の日時、場所（WEB会議システム等を用いて会議を開催するときは、その開催方法）、目的および議案の要領を示して、当該棟の区分所有者に**通知**を発しなければならない。

2．通知のあて先（2項）

　通知は、管理組合に当該棟の区分所有者が**届出をしたあて先**に発するものとする。ただし、その届出のない区分所有者に対しては、対象物件内の**専有部分の所在地あて**に発するものとする。

3．掲示による通知（3項）

　通知は、対象物件内に居住する区分所有者および届出のない区分所有者に対しては、

その内容を「所定の掲示場所」に掲示することをもって、これに代えることができる。

4．建替え決議の通知事項（4 項）

会議の目的が**建替え決議**であるときは、次の事項を**通知**しなければならない。

> ① 　建替えを必要とする理由
> ② 　建物の建替えをしないとした場合における**当該建物の効用維持および回復（建物が通常有すべき効用の確保を含む）をするのに要する費用の額およびその内訳**
> ③ 　建物の修繕に関する計画が定められているときは、当該計画の内容
> ④ 　建物につき**各棟修繕積立金として積み立てられている金額**

5．マンション敷地売却決議の通知事項（5 項）

会議の目的が**マンション敷地売却決議**であるときは、次の事項を**通知**しなければならない。

> ① 　売却を必要とする理由
> ② 　次の区分に応じ、それぞれ次に定める事項
> 　（ア）マンションが建替え等円滑化法 102 条 2 項 1 号（除却認定申請に係るマンションが地震に対する安全性に係る建築基準法またはこれに基づく命令・条例の規定に準ずるものとして国土交通大臣が定める基準に不適合）に該当するとして、特定要除却認定を受けている場合には、次の事項
> 　・ 耐震改修法 2 条 2 項に規定する**耐震改修またはマンションの建替えをしない理由**
> 　・ **耐震改修に要する費用の概算額**
> 　（イ）マンションが建替え等円滑化法 102 条 2 項 2 号（除却認定申請に係るマンションが火災に対する安全性に係る建築基準法またはこれに基づく命令・条例の規定に準ずるものとして国土交通大臣が定める基準に不適合）に該当するとして、特定要除却認定を受けている場合には、次の事項
> 　・ **火災に対する安全性の向上を目的とした改修またはマンションの建替えをしない理由**
> 　・ **改修に要する費用の概算額**
> 　（ウ）マンションが建替え等円滑化法 102 条 2 項 3 号（除却認定申請に係るマンションが外壁・外装材その他これらに類する建物の部分が剥離し、落下することにより周辺に危害を生ずるおそれがあるものとして国土交通大臣が定める基準に該当）に該当するとして、特定要除却認定を受けている場合には、次の事項
> 　・ **外壁等の剥離および落下の防止を目的とした改修またはマンションの建替えをしない理由**
> 　・ **改修に要する費用の概算額**

6．説明会の開催（6項）

　建替え決議・マンション敷地売却決議を目的とする棟総会を招集する場合、少なくとも会議を開く日の1ヵ月前までに、当該招集の際に通知すべき事項について区分所有者に対し説明を行うための説明会を開催しなければならない。

7．通知期間の短縮（8項）

　1. の規定（会議の目的が建替え決議・マンション敷地売却決議であるときを除く）にかかわらず、**緊急を要する**場合には、棟総会を招集する者は、その棟の**区分所有者総数の5分の1以上**および**議決権総数の5分の1以上**に当たる当該棟の区分所有者の**同意**を得て、5日間を**下回らない範囲**において、通知期間を**短縮**できる。

❸　出席資格（70条）

　区分所有者の承諾を得て専有部分を**占有する者**は、会議の目的につき利害関係を有する場合には、棟総会に**出席して意見を述べる**ことができる。

　この場合、棟総会に出席して意見を述べようとする者は、**あらかじめ**、棟総会を**招集する者にその旨を通知**しなければならない。

　そして、前記❷**1.** の通知を発した後遅滞なく、その通知の内容を、所定の掲示場所に掲示しなければならない（69条1項）。

❹　議決権（71条）

1．議決権の行使（2項）

　住戸1戸が数人の共有に属する場合、その議決権行使については、これらの共有者を**あわせて一の区分所有者**とみなす。

2．議決権行使者の届出（3項）

　一の区分所有者とみなされる者は、議決権を行使する者1名を選任し、その者の氏名をあらかじめ**棟総会開会**までに**棟総会を招集する者に届け出**なければならない。

❺ 議決事項（72条）

次の事項については、棟総会の決議を経なければならない。

---

(1) 区分所有法で団地関係に準用されていない規定に定める事項に係る規約の制定、変更または廃止

(2) 行為の停止等・使用禁止・競売・引渡し請求の訴えの提起およびこれらの訴えを提起すべき者の選任

(3) 建物の一部が減失した場合の減失した棟の共用部分の復旧

(4) **建替え**（区分所有法62条1項）および**マンション敷地売却**（建替え等円滑化法108条1項）

(5) 建物の建替え（区分所有法69条7項）を団地内の他の建物の建替えと一括して建替え承認決議に付すこと

(6) 建替え等に係る合意形成に必要となる事項の調査の実施およびその経費に充当する場合の各棟修繕積立金の取崩し

＊1　棟総会の議決事項については、団地総会の議決事項とすることはできない。

＊2　棟総会の議決事項は、団地全体や他の棟に影響を及ぼすことも考えられるので、計画段階において他の棟の意見を取り入れるといった方法や棟総会で決定する前に理事会または団地総会等に報告するといった方法で、団地全体の理解を得る努力をすることが適当である。

＊3　特に、団地型マンションにおいて建替え等円滑化法108条1項の場合のマンション敷地売却決議を行う場合は、**マンション敷地売却決議は各棟において棟総会で行う**ものの、決議内容およびその他の手続については全棟での一体性が必要となるため、「耐震性不足のマンションに係るマンション敷地売却ガイドライン」（平成26年12月国土交通省公表）を参考に、**団地全体での合意形成を図る**ことが重要である。

＊4　各棟修繕積立金の取崩しは、基本的に、団地総会の決議を経なければならないと規定しているが（50条10号・11号）、**各棟の建替え等に係る合意形成に必要となる事項の調査の実施経費**に充当するための**取崩しのみ**は、団地総会の決議ではなく、**棟総会の決議**を経なければならないと規定している。

❻ 棟総会の会議・議事（73条）

1．棟総会の決議要件

(1) 3/4以上（1項）

棟総会の「議事」は、その棟の**区分所有者総数の3/4以上**および**議決権総数**の3/4以上で決する。

(2) 半数以上・過半数（2項）

次の事項に関する棟総会の「**議事**」は、前記にかかわらず、**議決権総数の半数以上**を有する区分所有者が出席する「**会議**」において、**出席区分所有者の議決権の過半数**で決する。

① 行為の停止等の請求に基づく訴えの提起および、行為の停止等・使用禁止・競売・引渡し請求の訴えを提起すべき者の選任

② 建物の価格の1/2以下に相当する部分が滅失した場合の滅失した棟の共用部分の復旧

③ 建替え等に係る合意形成に必要となる事項の調査の実施およびその経費に充当する場合の各棟修繕積立金の取崩し

(3) 4/5以上（3項・4項）

① 建替え決議および前記❺(6)の団地内の他の建物の建替えと一括して建替え承認決議に付する旨の決議は、その棟の**区分所有者総数の4/5以上**および**議決権総数**の4/5以上で行う。

② **マンション敷地売却決議**は、上記(1)にかかわらず、その棟の**区分所有者総数、議決権総数**および**敷地利用権の持分の価格の各5分の4以上**で行う。

＊ マンション敷地売却決議の賛否は、売渡し請求の相手方になるかならないかに関係することから、賛成者・反対者が明確にわかるよう決議することが必要である。

2．議決権行使者（5項）

管理組合における電磁的方法の利用状況に応じて、次のように分類される。

電磁的方法が利用不可能な場合

書面・代理人によって議決権を行使する者は、出席区分所有者とみなす。

電磁的方法が利用可能な場合

書面・電磁的方法・代理人によって**議決権を行使**する者は、出席区分所有者とみなす。

3．特別の影響を及ぼす場合の承諾（6項）

　区分所有法で団地関係に準用されない規定に係る規約の制定、変更または廃止が、その棟の一部の区分所有者の権利に**特別の影響**を及ぼすべきときは、その**承諾**を得なければならない。

　この場合、その区分所有者は、正当な理由がなければこれを拒否してはならない。

4．弁明の機会（7項）

　使用禁止・競売・引渡し請求の訴えの提起（区分所有法58条1項、59条1項、60条1項）の決議を行うには、あらかじめ当該区分所有者または占有者に対し、**弁明の機会**を与えなければならない。

5．決議事項の制限（8項）

　棟総会においては、❷1.によりあらかじめ通知をした事項についてのみ、決議できる。

❼　議事録の作成・保管等（74条）

　管理組合における電　磁的方法の利用状況に応じて、次のように分類される。

電磁的方法が利用不可能な場合

　①　棟総会の議事については、議長は、議事録を作成しなければならない。

　②　議事録には、議事の経過の要領・その結果を記載し、議長・議長の指名する2名の棟総会に出席した区分所有者がこれに署名しなければならない。

　③　議長は、②の手続をした後遅滞なく、議事録を理事長に引き渡さなければならない。

　④　理事長は、議事録を保管し、その棟の区分所有者・利害関係人の書面による請求があったときは、議事録の閲覧をさせなければならない。

　　　この場合、閲覧につき、相当の日時・場所等を指定できる。

　⑤　理事長は、所定の掲示場所に、議事録の保管場所を掲示しなければならない。

電磁的方法が利用可能な場合

① 棟総会の議事については、議長は、書面・電磁的記録により、議事録を作成しなければならない。

② 議事録には、議事の経過の要領・その結果を記載し、または記録しなければならない。

③ ②の場合、議事録が書面で作成されているときは、議長・議長の指名する2名の棟総会に出席した区分所有者がこれに署名しなければならない。

④ ②の場合、議事録が電磁的記録で作成されているときは、当該電磁的記録に記録された情報については、議長・議長の指名する2名の棟総会に出席した区分所有者が電子署名をしなければならない。

⑤ 議長は、④の手続をした後遅滞なく、議事録を理事長に引き渡さなければならない。

⑥ 理事長は、議事録を保管し、その棟の区分所有者・利害関係人の書面・電磁的方法による請求があったときは、議事録の閲覧をさせなければならない。この場合、閲覧につき、相当の日時・場所等を指定できる。

⑦ 理事長は、所定の掲示場所に、議事録の保管場所を掲示しなければならない。

標準管理規約（複合用途型）

❖ Introduction ❖

　複合用途型の多くの形態は、低層階に店舗等があり、その上階に住宅があるというものである。

　このような複合用途型の管理対象物は、区分所有者全員で組織される総会で決定されることになる。

　しかし、住宅や店舗それぞれの一部共用部分の管理等は、各区分所有者だけで話し合ったほうがスムーズに行われることが多いため、管理組合の中に、「住宅部会」や「店舗部会」を置くことが定められている。

❶ 組合員の資格（34条）

　組合員の資格は、区分所有者となったときに取得し、区分所有者でなくなったときに喪失する。

❷ 届出義務（35条）

`電磁的方法が利用不可能な場合`

　新たに組合員の資格を取得しまたは喪失した者は、直ちにその旨を書面により**管理組合に届け出**なければならない。

`電磁的方法が利用可能な場合`

　新たに**組合員の資格を取得し・喪失した者**は、直ちにその旨を書面または電磁的方法により**管理組合に届け出**なければならない。

❸ 総会（46条）

　管理組合の総会は、総組合員で組織する（1項）。理事長は、通常総会を、毎年1回新会計年度開始以後**2か月以内に招集**しなければならない（3項）。

＊　災害または感染症の感染拡大等への対応として、WEB会議システム等を用いて会議を開催することも考えられるが、やむを得ない場合には、通常総会を必ずしも「新会計年度開始以後2ヵ月以内」に招集する必要はなく、これらの状況が解消された後、遅滞なく招集すれば足りると考えられる。

　理事長は、必要と認める場合には、理事会の決議を経て、いつでも臨時総会を招集できる（4項）。この総会の議長は、理事長が務める（5項）。

❹　招集手続（47条）

　総会を招集するには、少なくとも会議を開く日の**2週間前**（会議の目的が建替え決議またはマンション敷地売却決議であるときは**2ヵ月前**）までに、会議の日時、場所（WEB会議システム等を用いて会議を開催するときは、その開催方法）および目的を示して、組合員に通知を発しなければならない（1項）。

❺　住宅部会・店舗部会（60条）

　管理組合に、住戸部分の区分所有者で構成する住宅部会および店舗部分の区分所有者で構成する店舗部会を置く（1項）。

　この住宅部会および店舗部会の組織および運営については、別に部会運営細則に定めるものとする（2項）。

第 2 編

管理組合の会計・財務等

第 **1** 章

管理組合の会計知識

会計のしくみ

🔢 会計の種類

重要度 ⊽ **C** ⊜ **C**

❖ **Introduction** ❖

　経済活動をすると「会計」が必要となるが、「会計」とは、一定組織の経済活動を貨幣的単位で記録・計算し、その経済活動の内容および結果を報告する手続のことをいう。この「会計」には、目的別にさまざまなものがあるが、まず「営利会計」と「非営利会計」に大別して理解しよう。

❶ 営利会計と非営利会計

「会計」を大別すると、次のように、「営利会計」と「非営利会計」とに分類される。

営利会計	企業会計	(1) 管理会計 　　**企業内部の経営責任を負う経営者**に対して、意思決定に役立つ情報を提供することを目的とする会計 (2) **財務会計** 　　**外部の利害関係者**に対して、経済的意思決定に役立つ情報を提供することを目的とする会計
非営利会計※1		(1) 家　計 (2) 官庁会計 (3) 非営利法人会計 　 ＊　**公益法人会計**※2、学校法人会計、宗教法人会計、医療法人会計　等

※1　後述**2**で学習する「管理組合会計」は、予算内でいかに効率よくその目的を達成するかを追求する非営利会計に含まれる。

※2　**公益法人会計**：営利を目的とせず、宗教・学術・技芸・祭祀等の社会一般の利益となる事業を行うことを目的とする公益法人（財団法人や社団法人）が受託資金をどのように使い、財産がどうなったかを明確化するための会計をいう。

❷　会計処理の基礎

(1)　簿記の考え方

簿記では、資産・負債を増減させるような営業活動上の取引を、①資産・負債の増減それ自体、②その増減の原因、という**2つの側面から同時に把握**しようとする。

このように、1つの取引を常に2つに分けて記録・計算しようとする簿記のことを**「複式簿記」**という。

簿記では、左側を**「借方」**①、右側を**「貸方」**①といい、借方に表されるものと貸方に表されるものとが決まっている。企業会計で考えると、「現金の増加」は「借方」に、「現金の減少」は「貸方」に記入するのがルールとされている。

左	右
借　方	貸　方

①「借方」「貸方」という表現には、特に意味はない。決まりごとだと思えばよい。

(2)　勘定記入のルール

簿記では、企業の経営活動において生じてくるさまざまな資産・負債・純資産や収益・費用をすべて漏らさず記録するため、帳簿に**「勘定」**を設定する。**「勘定」**とは、それらの増加・減少を記録する場合のデータの入れ物と考えればよい。

企業会計においては、「資産の増加を借方に記入する」に始まって、「収益の増加を貸方に記入する」までの一定のルールがある。

また、勘定記入は金額だけではなく、同時に増減する他の勘定も明示する。これにより、勘定と勘定の間で相互参照が可能になる。

（3）仕訳のルール

① 仕　訳

　企業は、毎日さまざまな取引を行っており、それらはすべて2面的に考えられて勘定に記入される。しかし、すべての取引を直接勘定に記入してしまうと、記入漏れや誤りが生じやすい。そこで、勘定記入を行う前に、「仕訳」を行う。

　「仕訳」とは、取引を借方要素と貸方要素とに分解して、記入すべき勘定とその金額を決定することをいう。仕訳を行う際には、勘定記入のルールに従って、借方・貸方のそれぞれに記入されるべき勘定が決められる。

② 勘定科目

　帳簿に設定される勘定は、資産・負債等の漠然としたものではなく、具体的な項目名がつけられる。その個々の勘定の名称を「勘定科目」という。

（4）貸借平均の原理

　「仕訳」は、取引を借方要素と貸方要素に分解し、双方に金額を同じ額だけ記入するため、貸借の金額は常に一致している。

　「仕訳」は、「仕訳帳」という帳簿に記録され、これに基づいて、各勘定へ記入が行われる。勘定が設定されている帳簿を「総勘定元帳（元帳）」といい、仕訳に基づいて勘定へ記入が行われることを「転記」という。

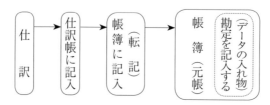

　このように、1つの取引について仕訳がなされ、ある勘定の借方に金額が記入されると、必ず他の勘定の貸方に同じ金額が記入される。つまり、すべての勘定の**借方金額の合計と貸方金額の合計は、必ず一致**する。これを貸借平均の原理という。

2 管理組合会計

❖ **Introduction** ❖

「公益法人会計」などの非営利会計における会計原則の適用については、一定の会計基準や法令等による定めに従うが、「管理組合会計」については、特にこのような定めがない。

では、「管理組合会計」とはどのような特徴があるのだろう。

❶ 管理組合会計の目的・性格

1．管理組合会計の目的

管理組合会計は、建物等の維持保全のために限られた収入で、効果を最大限にあげることを目的としている。

2．管理組合会計の性格

(1) 企業会計との差異

① 「企業会計」とは、**営利目的の会計**である。

② 「管理組合会計」[①]とは、**管理目的を達成するための非営利会計**である。

先生からの コメント

①管理組合会計処理の方法は、予算を管理運営するという面で公益法人会計に近いものであるが、「企業会計」の会計処理によることとなる。しかし、法令上の規定や基準はないので、企業会計的な手法・考え方を取り入れているのが実態である。

（2）管理組合会計の特徴

性　　　　質	①　非営利会計で、非営利法人会計のうち公益法人会計に近いものとなる。 ②　法人税法および地方税法では、原則として「公益法人等」とみなされる。
法人税等の課税上の配慮	法人格を取得しない管理組合として課税される場合と同様の扱いとなり、法人格の有無によって課税上の差異が生じないよう措置されている。
実　際　の　手　法	公益法人会計が世間的に馴染みが薄い等の理由で、一般的な商業簿記による管理会計的要素を強くもった独自の会計手法を採っている。

❷　予算準拠主義

1．予算準拠主義の重要性

　公益法人としての性質がある管理組合会計は、財産の管理保全等、最小限の費用で最大効果を得ることを目的としており、「**予算**」が重要な役割を果たすことになる。

　「**予算**」と「**決算**」を対比し、差異を分析することにより、予算の執行等の良否・責任を問うことまでを目的とすることで、管理執行の評価・次期予算編成の参考とし、管理費等の収支の均衡・合理化を図ることができる。よって、この会計では、「予算」が重要となる。

2．特徴・留意点

（1）健全な会計であるためには、「予算」と「決算」の差異が少ないものほどよい。
　　＊　支出が予算に対し、常に大幅に下回ることが望ましいのではない。

（2）勘定科目の残高を常に把握し、実績と対比しながら予算を執行する。

（3）予算残高を指針にして、無駄のない効率的な収支管理を行う。

❸　目的別会計

1．目的別に応じた会計処理

　管理組合会計は、目的別に応じた会計処理「**目的別会計**」[2]を行うべきである。この目的別に沿って会計処理が行われないと、過不足が生じた結果、安易に費用を流用しかねないし、それにより、予算の適正な管理ができなくなる。

先生からのコメント

　②たとえば、管理規約等により、次のように規定されていたとする。

　　(1) 管理費　　➡　日常の管理に充当する。

　　(2) 修繕積立金　➡　周期的・計画的な大規模修繕に充当する。

　この場合、管理費は「管理費勘定」、修繕積立金は「積立金勘定」として、区別して会計処理をする必要がある。またこれらは、最初から目的が異なるので、目的別の勘定とし、原則として相互振替えはしない。

2．目的別会計の処理方針

　管理組合会計は、目的別会計であるが、その処理方針を管理規約等において、明確に定めておく必要がある。「目的別会計」では、その目的とされた収入は、原則としてその目的にのみ支出する[3]必要がある。

先生からのコメント

　③もし、管理費勘定や積立金勘定に赤字が生じた場合は、予算で節減できるところはないか、無駄な支出はないか等の改善策を検討し、その結果、改善できる費用がなければ、管理規約等により、管理費または修繕積立金の改定を行う。

❹　一般会計原則

　管理組合会計には、前述した「予算準拠主義」、「目的別会計」のほかに、「**一般会計原則**」という重要な事項がある。この一般会計原則は、会計に関する基本的な事項である。これは、法令上の規定や基準によるものでなく、企業会計的な手法・考え方が取り入れられて、次のような原則に従うものと解されている。

真 実 性 の 原 則	取引や発生事象に基づいて、整然かつ正確にして真実な内容の報告書を作成しなければならない。つまり、虚偽の報告書を作成してはならない。
正規の簿記の原則	会計帳簿は、形式にはとらわれないが、整然・明瞭に記帳しなければならない。「複式簿記」により、正確な会計帳簿を作成しなければならない。
明 瞭 性 の 原 則	利害関係者に対し、必要な会計事実を財務諸表によって適正・公正・明瞭に表示しなければならない。組合員や利害関係人に、はっきりとした会計内容を知らせる。
継 続 性 の 原 則	会計処理の原則・手続・計算書類の表示方法は、毎事業年度これを継続し、みだりに変更してはならない。 ＊　会計の動きを数年度にわたって調査するときに、処理基準や勘定科目が変更になっていると比較できないからである。
保 守 主 義 の 原 則	財政に不利益な影響を及ぼす可能性がある場合は、これに備えて健全な会計処理をしなければならない。つまり、予想マイナス面を盛り込み会計処理をする。
単 一 性 の 原 則	会計報告の内容は、会計帳簿に基づいて作成されるものであり、政策等により事実の変更はできない。 二重帳簿は禁止されている。つまり、すべて同一の会計帳簿から作成しなければならない。

1 予算手続

❖ **Introduction** ❖

　　管理組合会計は、建物等の維持保全のために、限られた収入で最大の効果をあげることが目的である。したがって、目的に応じた会計処理を行う必要があり、過不足が生じてしまい安易に費用を流用するようなことは避けなければならないのである。

　　ここでは、予算の適正な管理を行うための手続について学習する。

❶　収支予算案の作成時期

　　次期収支予算案については、会計年度開始以前に確定されることが望ましいが、一般的には、会計年度開始後に開催される定期総会で収支報告および予算が承認され執行される[1]。

先生からの
コメント

①標準管理規約（単棟型）42条3項によると、「理事長は、通常総会を、毎年1回新会計年度開始後2ヵ月以内に招集しなければならない」としている。よって実際は、この規約に従って動いているのである。

❷　収支予算案の作成

　　予算案の作成には、前期会計年度の収支状況や点検・清掃仕様、来期の備品購入・修繕の実施等について、事前に検討が必要である。その際、設備点検・清掃業者等からの報告書を確認し、必要に応じヒアリングも必要である。

1．予算案作成手続の内容

（1）情報の収集

①　設備点検業者からの報告書確認・ヒアリング

設備点検業者から提出された業務報告書を確認し、修繕が必要な部位の有無等を調査する。そして、必要に応じ点検業者にヒアリングをする。

②　清掃業者からの報告書確認・ヒアリング

清掃業者から提出された業務報告書を参考に、清掃対象部分（廊下等）を確認する。そして、状況が悪ければ、その原因を清掃業者にヒアリングし、改善についての提案を求める。

③　組合員からの意見

定期総会等で出された組合員の意見を確認し、改善要望を検討する。

④　長期修繕計画の確認

作成された長期修繕計画を参考に、大規模修繕の時期を確認する。この時期や金額は目安であるので、実施予定時期が近づいた時点で専門業者に診断させる。この業者に診断費用の見積りを出してもらい、所要の額を予算に計上する。

(2) 当期収支状況の確認

次期会計年度の収支予算案の作成にあたり、当期会計年度の収支状況を確認し、その結果を参考にする。当期会計年度の「収支状況を確認」することにより、収支のバランスがとれているかを点検するのである。そのために、次のような**収支推移表**を作成し、各科目の内訳を把握する。

月次収支推移表　　　　　　　　　　　　　　令和　年　月　日　作成
〇〇マンション　　　　　　　　　　　　　　　　　　　　（単位：円）

項　目	令和〇年度 予　算	実　　績												令和〇年度 実績累積	令和〇年度 予算対比
		月	月	月	月	月	月	月	月	月	月	月	月		
収入の部															
小　計															
支出の部															
小　計															
収支差額															

(3) 支出項目の検討

収支状況や収集した情報をもとに支出項目を検討する。

(4) 費用の見積り依頼

支出項目を検討し、その費用の見積りを依頼する。一般的には、費用を確認しなが
ら支出項目を検討することが多く、支出項目の検討と見積り依頼は、同時に進行して
いく。

(5) 費用項目の振分け

それぞれの支出金額が確定したら、該当する費用科目を項目ごとに振り分ける。

(6) 予備費の確保

管理組合予算の執行は、理事会が行い、定期総会で収支の結果が報告される。理事
会は、予算執行に際し、事故等による緊急的な支出を除いては予算金額を超えて支出
することはできず、総会を開催して承認を受けることになる[2]。

先生からのコメント

[2]少額の支出のために、わざわざ総会を開催することは非現実的であり、一般的
には、変動費に安全率を考慮して予算計上したり、予算項目として「予備費」
を計上している。

(7) 予算案の作成

① 管理費

次期会計年度の支出予算額が確定したら、その総額と当期の収入予算を対比し、
収支の差額を確認する。差額が赤字の場合、収入を増額するか支出を減額[3]してバ
ランスをとる。もし支出予算額を減額できない場合、収入である管理費等を値上げ
しなければならず、この場合、値上げを前提とした収支予算を作成するとともに、
それぞれ住戸の管理費等の額も算出しておく。

先生からの
コメント ・・・・・・・・・・・・・・・・・・・・・・・・・・・・・・・・・・

③点検、清掃業務等については、資産や機能を保持するため、仕様を変更したりして、安易にその金額を減額すべきではない。削除する場合は、専門業者と綿密に打ち合わせをし、不要な業務がないか否かの分析を行うべきである。

② 修繕積立金

修繕積立金から支出される費用は、周期的・計画的に出費されるものであり、長期修繕計画により、ある程度の支出時期や金額の把握が可能となる。したがって、支出に備え、修繕積立金を改定[4]しておくのがよい。

先生からの
コメント ・・・・・・・・・・・・・・・・・・・・・・・・・・・・・・・・・・

④大規模修繕費用がなかなか捻出できず、工事時期がずれ込んでしまうと、建物や設備に悪影響を及ぼすことが考えられるので、早い時期からその負担方法について検討しておくべきである。

③ 専用使用料

駐車場使用料は、倉庫使用料・ルーフバルコニー使用料と比較して、一般的に1ヵ所当たりの単価が高い。この駐車場使用料は、管理組合の大きな収入源であり、その近隣相場は社会情勢等によって大きく変動することがある。したがって、その単価については、近隣相場・敷地内駐車場契約状況を考慮して設定する必要がある。

2 決算手続

重要度 ▽ 特**A** 主 特**A**

❖ Introduction ❖

　前述のように、管理組合会計が健全な会計であるためには、予算と決算の差異が少ないほどよいとされていた。
　ここで学習する「収支報告書」は、会計年度内の収支の状況がどうであったかを示すもので、予算に対する決算として作成されるものである。
　なお、試験では「勘定科目の仕訳」から出題されるので、ポイントをしっかり押さえよう。

❶ 収支報告書案作成上の留意事項

　収支報告書は、**収入**、**費用**の勘定科目ごとに、次の点に留意して作成されなければならない。

(1) 受託先の管理組合の管理規約において、会計区分の定めがない場合を除いて、一般会計（管理費会計）と特別会計（修繕積立金会計）の別に作成するものとする。
(2) 収支報告書の各勘定科目は、**発生主義の原則**[①]に基づいて作成するものとする。

収支状況 ➡ 決算 － 予算 ＝ 差額
（少ないものほどよい）

収 支 報 告 書
〈予算に対する決算として作成する計算書〉

費　　　　　用	収　　　　　入

①すべての収入や費用は、その収入や支出に基づいて計上し、その発生した期間に正しく割り当てられるように処理しなければならないという考え方である。これに対し、「現金主義」という考え方がある。これは、実際に現金の収入・支出があった時点で計上するという考え方である。

1．収入科目

（1）**管理費、修繕積立金**
所定月額×12月分を計上すること。 新築分譲マンションの売れ残り住戸の管理費等について、不動産売買契約等に基づく特約等により、売主の負担額が決まっている場合は、当該額を計上すること。
（2）**駐車場使用料**
会計年度内に利用された区画に係る使用料の合計を計上すること。
（3）**駐輪場使用料**
会計年度内に申し込まれた自転車台数に係る使用料の合計を計上すること。
（4）**専用庭使用料、ルーフバルコニー使用料**
所定月額×12月分を計上すること。
（5）**屋上使用料**
屋上等に設置された広告、電話中継器等の年間使用料の合計額を計上すること。
（6）**受取利息、配当**
会計年度内に発生した受取利息等の合計を計上すること。
（7）**雑収入**
会計年度内に発生した雑収入の合計を計上すること。

2．費用科目

会計年度内に発生したすべての費用科目（**修繕費・支払利息**等）の合計を計上すること。

収支報告書

令和○年度一般会計収支報告書案
○○マンション　　　（自　令和○年4月1日
　　　　　　　　　　至　令和□年3月31日）　　　　単位：千円

項　　目	決　算	予　算	差　額	備　考
（収入の部合計）				
管理費				
敷地内駐車場使用料				
敷地外駐車場使用料				
専用庭使用料				
雑収入				
受取利息				
（支出の部合計）				
管理委託費				
敷地外駐車場管理費				
水道光熱費				
電気料				
ガス料				
水道料				
損害保険料				
植栽保守費				
排水管洗浄費				
小修繕費				
什器備品費				
組合運営費				
敷地外駐車場賃借料				
雑　費				
予備費				
（繰越金の部合計）				
当期繰越金				
前期繰越金				

❷ 貸借対照表案作成上の留意事項

　「**貸借対照表**」は、会計年度末における財産（**資産・負債**）の状況を示すものであり、**資産**、**負債**の勘定科目ごとに、次の点に留意して作成しなければならない。

　管理組合の管理規約において、会計区分の定めがない場合を除いて、**一般会計**（管理費会計）と**特別会計**（修繕積立金会計）の別に作成するものとする。

貸　借　対　照　表
〈一定時点でのすべての資産と負債を表示する計算書〉

資　　産	負　　債

1．資産科目

(1) 現　金
会計年度末における現金の残高を計上すること。現金残高は、現金出納帳および実際の現金残高で確認する。
(2) 普通預金、定期預金
会計年度末における普通預金、定期預金の残高を計上すること。これは、金融機関等の発行する残高証明書と照合し確認する。
(3) 損害保険（積立部分）
修繕積立保険のうち、会計年度末における積立部分の残高を計上すること。なお、管理組合が修繕積立保険に加入している場合の支払保険料は、次のとおり経理処理して計上すること。
損害保険料 ①積立部分（**資産**計上） 　　　　　　　②危険保険料 （ア）当期損害保険料（経過保険料　➡　**費用**計上） 　　　　　　　　　　　　　　　（イ）前払保険料（未経過保険料　➡　**資産**計上）
(4) 預け金
徴収方法の関係上、区分所有者から徴収した管理費・修繕積立金等（たとえば、管理費等の収納を集金代行会社等に委託しているケースで、区分所有者の口座から引き落とした管理費等）で、管理組合の預金口座に入金されるまでの間のその金額を計上する。
(5) 未収入金
管理費・修繕積立金等、発生主義で収入として計上したものに対し、入金されていないものを計上する。
(6) 前払金
次年度に計上すべき費用で、当年度内に支払った額を計上する。
(7) 仮払金
管理組合から支出すべきか否か不確定であるが、一時的に支払った額を計上する。

２．負債科目

(1) 未払金
会計期間中に役務の提供が行われたが支払いが翌期になるものを計上する。

(2) 借入金
年度末における借入金残高（元本部分）を計上する。

(3) 預り金
将来返還すべき債務（駐車場敷金等）の年度末残高を計上する。

(4) 前受金
次年度に計上すべき収入（翌月分の管理費等を当月に収納している場合）で、当年度内に徴収された管理費等（実入金額）を計上する。

(5) 仮受金
管理組合の収入になるか否か不明であるが、一時的に入金された金額を計上する。

貸借対照表

一般会計貸借対照表案

〇〇マンション　　　　　　　（令和〇年 3 月 31 日現在）　　　　　　　単位：千円

資　産　の　部			負債・繰越金の部		
項　目	金　額	備　考	項　目	金　額	備　考
現・預金			未払金		
現　　金		保管分	什器備品費		〇店
普通預金		〇銀行〇支店			
定期預金		〃			
預け金			前受金		
〇月〇日振替予定		保管分	管理費		翌月分
			敷地内駐車場使用料		〃
未収入金			敷地外駐車場使用料		〃
管理費			専用庭使用料		〃
敷地内駐車場使用料					
前払金					
管理委託費		翌月分			
損害保険料		次年度分	次期繰越金		
敷地外駐車場賃借料		翌月分	当期繰越金		
			前期繰越金		
合　　計			合　　計		

❸　勘定科目の仕訳例

管理組合会計の収支勘定については、毎月次の仕訳に基づいて会計の処理を行う。

次の仕訳は、企業会計基準に基づくものである。

勘定科目の種別		勘定科目名	借　方	貸　方
貸借対照表※1	資　産	現金、預金、損害保険(積立部分)、**預け金、未収入金**、前払金、仮払金、**改良(取替え)**※2等	① 増　加	② 減　少
	負　債	**未払金、借入金、預り金、前受金**、仮受金等	③ 減　少	④ 増　加
収支報告書	収　入	管理費、修繕積立金、駐車場使用料、駐輪場使用料、専用庭使用料、ルーフバルコニー使用料、屋上使用料、**受取利息**、配当、雑収入 等		⑤ 増　加
	費　用	管理手数料、事務管理業務費、管理員業務費、設備管理費、清掃費、水道光熱費、損害保険料(危険保険料)、**修繕費**、植栽管理費、備品・消耗品費、管理組合運営費、**支払利息**、通信費、会場費、印刷費、訴訟費用、雑費 等	⑥ 増　加	

※1　企業会計とは異なり、「資本」はない。

※2　10万円を超える什器備品の購入等は、これに該当する。

(1)「当月分」の管理費、修繕積立金を「当月」に徴収している場合で、所定月額が「全額」管理組合口座に入金されたとき

(借方)普通預金	1,000,000	(資産の増加)	(貸方)管理費	800,000	(収入の増加)
			修繕積立金	200,000	(収入の増加)

(2) 上記(1)の場合で、所定月額のうち、「一部が未収」だったとき

(借方)普通預金	800,000	(資産の増加)	(貸方)管理費	800,000	(収入の増加)
未収入金	200,000	(資産の増加)	修繕積立金	200,000	(収入の増加)

(3)「翌月分」の管理費、修繕積立金を「当月」に徴収している場合で、所定月額が「全額」管理組合口座に入金されたとき

(借方)普通預金	1,000,000	(資産の増加)	(貸方)前受金	1,000,000	(負債の増加)

ケーススタディ　1

　管理組合の活動により、「令和6年3月に、令和6年4月分の管理費等のうち、管理費300万円、修繕積立金30万円を徴収し、普通預金に預け入れた」という取引に関し、取引が発生したときの正しい勘定科目の仕訳はどうなるか？　ただし、管理組合の会計年度は、4月1日から翌年3月31日とし、期中の取引において、企業会計原則に基づき厳格に発生主義の原則によって経理しているものとする。

(単位：円)

(借方)		(貸方)	
普通預金	3,300,000	前受金	3,300,000

(4) 上記(1)の場合で、その徴収を集金代行会社に委託している場合において、同会社が徴収した管理費等が管理組合口座に入金されていないとき

(借方) 預け金	1,000,000	(資産の増加)	(貸方) 管理費	800,000	(収入の増加)
			修繕積立金	200,000	(収入の増加)

(5) 管理費、修繕積立金の未収入金が回収され、管理組合口座に入金されたとき

(借方) 普通預金	200,000	(資産の増加)	(貸方) 未収入金	200,000	(資産の減少)

ケーススタディ　2

　管理組合の活動により、「令和6年4月に、令和6年3月分の管理費の未収入金5万円を回収し、普通預金に預け入れた」という取引に関し、取引が発生したときの正しい勘定科目の仕訳はどうなるか？　ただし、管理組合の会計年度は、4月1日から翌年3月31日とし、期中の取引において、企業会計原則に基づき厳格に発生主義の原則によって経理しているものとする。

（単位：円）

（借方）		（貸方）	
普通預金	50,000	未収入金	50,000

(6) 普通預金の一部を定期預金に振り替えたとき

（借方）定期預金	1,000,000	（資産の増加）	（貸方）普通預金	1,000,000	（資産の減少）

(7) 普通預金に利息が付されたとき

（借方）普通預金	5,000	（資産の増加）	（貸方）受取利息	5,000	（収入の増加）

(8)「当月分」の管理委託費等の諸費用を当月に「普通預金」から支払ったとき

（借方）管理委託費	200,000	（費用の増加）	（貸方）普通預金	200,000	（資産の減少）
（借方）清掃料	100,000	（費用の増加）	（貸方）普通預金	100,000	（資産の減少）
（借方）保守点検料	50,000	（費用の増加）	（貸方）普通預金	50,000	（資産の減少）

(9) 「翌月分」の管理委託費等の諸費用を当月に「普通預金」から支払ったとき

(借方) 前払金　　 200,000 （資産の増加）│ (貸方) 普通預金　　 200,000 （資産の減少）

(10) 当期会計年度に支払うべき損害保険料（危険保険料）を当期に「普通預金」から
支払ったとき

(借方) 損害保険料　 100,000 （費用の増加）│ (貸方) 普通預金　　 100,000 （資産の減少）

(11) 保険期間 3 年間の修繕費用積立保険に加入し、損害保険料（積立部分および危険
保険料）を当期会計年度に一括で支払ったとき

(借方) 積立保険料　2,350,000 （資産の増加）│ (貸方) 普通預金　　2,500,000 （資産の減少）
　　　 前払金　　　 100,000 （資産の増加）│
　　　 損害保険料　　50,000 （費用の増加）│

(12) 修繕費用積立保険が満期になって、満期返戻金・契約者配当金を受け取ったとき

(借方) 普通預金　　2,500,000 （資産の増加）│ (貸方) 積立保険料　2,350,000 （資産の減少）
　　　　　　　　　　　　　　　　　　　　│ 　　　 雑収入　　　 150,000 （収入の増加）

(13) 大規模修繕にあてるため資金を借り入れたとき

(借方) 普通預金　50,000,000 （資産の増加）│ (貸方) 借入金　　50,000,000 （負債の増加）

ケーススタディ　3

　管理組合の活動により、「マンションの大規模修繕を行うために、金融機関から3,000万円を借り入れ、普通預金に預け入れた」という取引に関し、取引が発生したときの正しい勘定科目の仕訳はどうなるか？　ただし、期中の取引において、企業会計原則に基づき厳格に発生主義の原則によって経理しているものとする。

（単位：円）

（借方）		（貸方）	
普通預金	30,000,000	借入金	30,000,000

（14）借入金の一部（1,000,000円）を返済したとき

（借方）借入金（元本）	950,000	（負債の減少）	（貸方）普通預金	1,000,000	（資産の減少）
支払利息	50,000	（費用の増加）			

（15）敷地内駐車場使用者から敷金を預かったとき

（借方）普通預金	50,000	（資産の増加）	（貸方）預り金	50,000	（負債の増加）

ケーススタディ　4

修正仕訳

　甲マンション管理組合の令和5年度（令和5年4月1日〜令和6年3月31日）の決算を迎えるに当たって、会計担当理事が未払金の内訳を検証したところ、既に工事が終了し、代金も支払済みであるはずのA工事業者に対する修繕工事費、10,000円が未払金残高として残っていることが判明した。会計担当理事が調査したところ、工事完了時に未払金が計上され、令和6年3月にA工事業者に対して現金で支払いが行われていたが、支払時の仕訳において相手科目を修繕費としてしまったことが判明した。その場合の令和5年度決算に当たっての修正仕訳はどうなるか？　ただし、会計処理は発生主義の原則によるものとする。

　工事終了時に行われた仕訳は、次のとおりである。

（借方）		（貸方）	
修繕費	10,000	未払金	10,000

　令和6年3月にA工事業者に対し「現金」で「未払金」の支払いが行われたので、支払時に**本来すべきであった**振替の仕訳は、次のとおりである。
・・・・・・・・・・・・・・・・・・・・・・・・・・・・・・・・・・・①

（借方）		（貸方）	
未払金	10,000	現　金	10,000

　しかし、この際「現金」の支払い（資産の減少として貸方に仕訳）に対し、相手方科目を「修繕費」（貸方の相手方だから借方に仕訳）とする仕訳をしてしまった。この**誤った**振替の仕訳は、次のとおりである。・・・②

（借方）		（貸方）	
修繕費	10,000	現　金	10,000

したがって、このケースで行うべき修正仕訳は、②の仕訳を①の仕訳に修正する仕訳である。

まず、誤って行われた②の仕訳を逆仕訳により取り消す。・・・・・③

（借方）		（貸方）	
現　金	10,000	修繕費	10,000

次に正しい仕訳を行う。・・・・・・・・・・・・・・・・・・④

（借方）		（貸方）	
未払金	10,000	現　金	10,000

③の仕訳と④の仕訳を合算したものが、このケースの修正仕訳となる。

（借方）		（貸方）	
未払金	10,000	修繕費	10,000

整理　管理組合会計の仕訳

勘定科目の種別		借　方	貸　方
貸借対照表	資　産	① 増　加	② 減　少
	負　債	③ 減　少	④ 増　加
収支報告書	収　入		⑤ 増　加
	費　用	⑥ 増　加	

❸ 監 査

❖ **Introduction** ❖

　区分所有法50条によると、「管理組合法人」では、「監事」は必ず設置される機関である。また、「法人格を有しない管理組合」でも、「監事」を置いてその任務にあたらせるのが一般的である。
　ここでは、監査の内容や手続などについて学習する。

---

❶ 監査対象と内容

1. 監査対象

「**監事**」の職務は、会計監査と業務監査に大別される。よってそれぞれが監査の対象となる。

2. 監査の内容

(1) 会計監査

　監査の主たる目的は、「予算に基づき管理行為が適正かつ効率よく実施されたか」「管理組合の財産状況はどうなっているか」を確認することであり、帳票類を含め会計年度全般の書類を確認することであり、総会に提出される収支報告書（案）および貸借対照表（案）が適正に作成されているかどうかを確認することである。

(2) 業務監査

　管理規約および使用細則、総会決議に従い、管理組合の運営がされているか、計画された点検・清掃および改修工事等が適切に行われているかを管理事務報告書等により確認する。

❷　監査手続と報告

1．監査手続

　収支決算書類は、総会で全組合員に配布・報告されるものであり、それまでに監査を終了する必要がある。管理組合の理事等は、決算終了後ただちに収支決算書類の作成に着手し、会計年度内の帳票類を整理する。また、理事等は、収支報告書、貸借対照表（什器備品台帳）および残高証明書を綴じ込んだ**「監査報告書」**を作成し、監査の証として**「監事」**が**署名・捺印**しておく。

2．監査内容の報告

　定期総会において、**「監事」**は、組合員に対して監査内容を報告する義務がある（標準管理規約41条1項）。

第 2 章

管理組合の財務等

❶ 滞納管理費等の督促　重要度 ▽ **C** ㊤ **C**

❖ Introduction ❖

　管理費等は、建物共用部分、敷地および附属施設の管理を行うための諸費用にあてるために徴収される費用である。したがって、組合員の一部がこれを滞納すると、管理組合会計の収支が圧迫され、管理業務が予定どおり実施できず、管理組合運営や資産の保全に重大な影響を与える。よって、未収金の徴収については、積極的な対応が必要である。

　ここでは、滞納管理費等の督促について学習する。

❶ 督促責任の明確化

　管理費等の滞納は、組合員個々の事情によるものであるから、本来管理業者に直接の責任はない。しかし、管理業者の督促責任については、一般的に管理委託契約に定められており、管理業者は、契約の範囲内で責任を負うことになる。契約当事者が互いに理解できるように、管理委託契約における管理業者の督促責任をより明確に定めておく必要がある。

❷ 督促の手順

滞納期間	督促方法	備　　考
(1) 滞納が発生してから1〜3ヵ月程度	・電話督促 ・自宅訪問 ・督促状	督促記録簿への記入する。滞納者に相当期間を定めて履行を催告し、それでも履行をしない者の氏名を掲示することは、名誉毀損・プライバシーの侵害になりうるので慎重に行うべきである。
(2) 滞納が発生してから4ヵ月以上	・内容証明郵便督促 ・支払督促の申立て ・少額訴訟の提起 ・通常訴訟の提起 ・配当要求(先取特権の実行) ・区分所有権競売請求	裁判所への申立て、弁護士との打ち合わせ等

❸ 管理費等の支払義務者・請求権者

(1) 管理費等の**負担義務**は、区分所有者が負う。また、区分所有者の**特定承継人**（中古マンションの買主、競売によって区分所有権を買い受けた者等）や**包括承継人**（相続人等）は、**支払義務を承継**する。なお、ここでいう**特定承継人**には、**賃借人は含まれない**。

(2) 滞納管理費等の請求権者は、管理組合の形態により次のように異なる。

管理組合の種類		請求権者	備　考
管理組合法人		理　事	法人を代表する。
法人格のない管理組合	管理者を定めている	管理組合（管理者）	管理者が行う。 ＊ 管理者が原告・被告になる旨の管理規約がないときは、「集会の決議」により管理者が行う。
	管理者を定めていない	管理組合（他の区分所有者全員）	「保存行為」については、各区分所有者が単独で行う。

❹ 管理費等請求権の放棄

　滞納管理費等の額が少額である場合や区分所有者が所在不明で管理費等が請求できない場合等、管理組合としても訴訟の提起が困難なときは、**債権の放棄**を検討せざるを得ない場合もあり得る。この場合、次の要件を満たす必要がある。

法人格のない管理組合	区分所有者全員の同意（民法251条）
管理組合法人	集会の決議（区分所有法52条1項）

❺ 遅延損害金の設定

　管理費等の滞納者には、**管理規約**で、管理費等とともに遅延損害金の支払請求ができるように定めておくのがよい。この場合の遅延損害金の利率は、約定（規約の定め）があれば約定に従い、約定がなければ、その利息が生じた**最初の時点**における**法定利率**（**年3％**）となり、3年に1度見直される（民法419条1項、404条1項～3項）。なお、規約で状況に応じて利率を多少高めに設定しておくことは、滞納防止策として有効な措置である。

❻ 送 達

1．送達場所（民事訴訟法103条1項）

　送達は、送達を受けるべき者の住所・居所・営業所・事務所においてする。ただし、法定代理人に対する送達は、本人の営業所または事務所においてもすることができる。

2．公示送達（110条1項）

　①当事者の住所・居所その他送達をすべき場所が知れない場合①、②書留郵便等に付する送達ができない場合等において、法的に送達したものとする手続のことをいう。この公示送達は、裁判所書記官が、申立てを受けて行うことができる。

 ケーススタディ　1

　①マンションの敷地内駐車場に、マンションとは無関係の第三者Aの車両が継続して違法に駐車されている場合、Aに対する車両の撤去請求の訴訟は、Aが行方不明の場合にはできないのだろうか？

　Aに対する車両の撤去請求の訴訟は、Aが行方不明の場合でもできる。つまり、訴状の送達が不可能でも、それまで調査した結果を上申書の形で裁判所に提出し、申出をする。仮にAが行方不明で訴訟を起こされたことを知らなくても、訴訟を起こした扱いとなる。

2 滞納管理費等の処理

重要度 マ A 主 特A

❖ Introduction ❖

管理組合は、区分所有者が滞納した管理費等を徴収するために、早い段階から一定の措置を講ずる必要がある。

ここでは、管理費等の滞納に対する処理の知識について学習するが、特に試験対策上、「支払督促」と「少額訴訟」を中心に理解しよう。

❶ 消滅時効

1．時効期間

管理組合等の管理費・修繕積立金に係る債権は、次の場合に、時効によって消滅する(民法166条1項)。

①債権者が**権利を行使できることを知った時**から**5年間行使しない**とき

②**権利を行使できる時**から**10年間行使しない**とき

時効は、当事者（消滅時効にあっては、保証人・物上保証人・第三取得者その他権利の消滅について正当な利益を有する者を含む）が援用しなければ、裁判所がこれによって裁判をすることはできないが（145条)、滞納組合員が時効の利益を援用したときは、時効は確定的に消滅する。

2．時効の完成猶予・更新　事由に該当○　非該当×

	時効の完成猶予	時効の更新
(1) 裁判上の請求等	○（裁判手続中）	○（裁判確定後）
(2) 承認	×	○
(3) 仮差押え等	○	×
(4) 催告	○	×
(5) 協議を行う旨の合意　等	○	×

(2) 主な請求の方法

① 配達証明付 内容証明郵便督促 （催告）	催告書で請求した事実の証明・発送した日付を明確にする効果がある。しかし、滞納者に対して発送しても、督促自体に強制力はない。したがって、滞納した区分所有者に、具体的な行為をする法的義務を生じさせない。
② 支払督促	債権の目的が、「金銭その他の代替物または有価証券の一定数量の給付」の場合、債権者が「簡易裁判所書記官」に申し立て、その理由が認められれば、債務者（滞納者）に支払督促をするという手続である（➡ 後記❷参照）。
③ 訴訟提起 （少額訴訟手続を含む）	滞納区分所有者が任意弁済に応じない場合、強制的に弁済をさせる法的手続である。訴えの手続は、訴えの提起 ➡ 裁判 ➡ 確定判決 ➡ 強制執行というプロセスとなる。管理費滞納者に対し訴訟提起をする場合、事前に上記①の内容証明郵便督促を行う必要はない。

❷　支払督促

1．手続

　「支払督促」（民事訴訟法上「督促手続」）とは、通常の訴訟によらないで、債権の目的が「金銭その他の代替物または有価証券の一定量の給付」の場合、債権者が裁判所に申し立てることにより、**簡易裁判所書記官**が債権者の申立てに理由があると認めれば、**債務者の言い分を調べることなしに、債務の支払いを命ずる**手続である。

2．通常訴訟への移行

　債務者から、支払督促を発した裁判所書記官の所属する簡易裁判所に**異議の申立て**があった場合は、通常の訴訟に移行する。支払督促に対する不服申立てで、訴訟へ移行させるこの異議のことを「**督促異議**」という。

3．支払督促の特徴（民事訴訟法382条〜397条）

　(1) 債権者（管理組合）にとっては、簡単な方法であり、少ない費用で手続ができる。

　　通常の訴訟を起こす際の訴状に貼る印紙代の半額と郵送用の切手代ですむ。

(2) 時間をかけずに裁判所書記官から支払督促をもらえる。

(3) 相手方（組合員）が支払いに応じなければ、さらに裁判所書記官に申立てをして、支払督促に仮執行宣言を付けてもらい、強制執行ができるが、この執行には「債務名義」が必要となる。

　本来の流れは、「訴訟提起」 ➡ 「確定判決」 ➡ 「判決正本を債務名義として強制執行」となる。しかし、金銭等の支払請求権については、債権者が簡易迅速に債務名義を得る必要があるので、この支払督促をする意義がある。

(4) 書類の審査だけで発付されるので、訴訟のように申立人が裁判所の法廷に出頭する必要はない。

❸　少額訴訟

1．制度目的

　特に少額で、複雑・困難でないものについては、少しでも一般市民が訴額に見合った経済的負担（申立手数料は、訴額の約1％程度）で、迅速かつ効果的に解決することを目的としている（民事訴訟法上「**少額訴訟に関する特則**」）。

2．少額訴訟の特徴（民事訴訟法368条～381条）

(1) 訴額が**60万円以下の金銭支払請求事件**について利用できる。

(2) 特別の事情がある場合を除き、**1回の期日だけで審理**（第1回口頭弁論期日）を終了する。このために、訴訟代理人が選定されていても、裁判所は当事者本人（法定代理人）の出頭を命じることができる（民事訴訟規則224条）。

(3) **訴え提起の際に、原告が少額訴訟による審理および裁判を希望し、相手方（被告）がそれに異議を申し出ないときに審理**が進められる。相手方（被告）は、**審理が開始されるまで**（第1回口頭弁論期日において弁論するまで）は、**通常の訴訟手続に移行**させることができる。

(4) 当事者は、**第1回口頭弁論期日前またはその期日**において、**すべての攻撃・防御の方法（主張と証拠）を提出**しなければならないが、口頭弁論が続行されたときは、その必要はない（民事訴訟法370条2項）。

(5) 裁判所は、少額訴訟の要件を満たさない等の場合、職権で訴訟を通常の手続によって行う旨の決定をする。

(6) 1人の原告による同一簡易裁判所における**同一年内**の少額訴訟手続**利用回数**は、10回以内に制限される。

(7) 少額訴訟においては、被告は反訴を**提起できない**。

(8) **判決の言渡しは、口頭弁論の終結後、直ちにする。**

(9) 裁判所は、**一定の条件**（判決の言渡しの日から**3年を超えない範囲内**）のもとに、支払猶予、分割払い、訴え提起後の遅延損害金の支払免除等を命ずることができる。この場合も「勝訴」ということになり、不服の申立てはできない。

(10) 判決に対しては、**同じ「簡易」裁判所に異議の申立てはできる**が、**地方裁判所に控訴はできない**。異議申立て後の判決に対しては、原則として不服を申し立てることはできない。

↑ Step Up

1．配当要求（先取特権の実行）

(1) **法的根拠（区分所有法7条）**

　配当要求は、**先取特権**に基づき行うことができる。つまり、滞納組合員の財産に対し、他の債権者が強制執行をした場合、先取特権の実行に基づいて、その手続に参加し配当を受けることになる。試験対策上、あまり深入りしなくてもよい。

　配当要求は、差し押さえられた財産からの売得金により、債権者に弁済を行う手続であり、差押え債権者以外の債権者でも、配当要求の終期までに配当要求をすることにより、配当を受けることができる。もし、この配当手続を行わなかった場合でも、区分所有法8条により、滞納管理費債権について、特定承継人である競落人に対して行うことができる。

(2) **手続**

　① **先取特権の実行は、滞納区分所有者に対する債務名義**[①]がなくとも債権を回収できる簡易な方法であり、民事執行法の手続に従って行う（民事執行法181条以下）。

①判決等の強制執行を行うことができる民事執行法22条に定められている文書のことである。その条文の内容までは必要ないと思われるので省略する。

② 専有部分（不動産）またはその区分所有建物に備え付けた滞納区分所有者の財産（動産）について競売の申立てを行う。

　「動産」の先取特権が実行できるときは、これにより弁済を受ける。これで足りない場合は、「不動産」の先取特権を実行する。もし、「動産」だけでは明らかに弁済を受けるに足りないときは、「不動産」の先取特権から実行することができる（民法335条1項）。

③ 先取特権の実行としての競売の申立ては、次の区分によって行う。

　（ア）専有部分　➡　マンションの所在地を管轄する地方裁判所

　（イ）動　　産　➡　マンションの所在地を管轄する地方裁判所に所属する執行官

(3) 提出物

① 競売の申立てに際しては、**先取特権の存在を証する文書**が必要となる。一般債権者が強制執行を行う場合とは異なり、債務名義を必要とせず、「管理費等について定めた規約」または「集会決議の議事録」を提出すれば足りる。

② 動産の競売の場合は、執行官に「動産自体」または「動産の占有者が差押えを承諾する文書」を提出する。

(4) 先取特権の実効性がない場合

　専有部分について、その価値いっぱいに抵当権が設定登記されている場合、抵当権の実行を待ち、その競落人に請求する。先取特権は抵当権に劣後するため、この制度はほとんど利用されていないのが現状である。

2．即決和解（訴え提起前の和解）

　「**即決和解**」とは、財産上の争いについて、訴訟や調停によらずに、双方の合意による解決の見込みがある場合に、裁判所で和解をする手続である（民事訴訟法275条）。この申立ては、相手方の住所のある地区の裁判を担当する「**簡易裁判所**」※に対して行うが、

相手方の合意が見込まれることは少なく、この手続での解決はあまり多くない。

　※ 「地方裁判所」ではない。

3．民事調停（民法上の和解）

　「民法上の和解」は、当事者が互いに譲歩し、互譲を手段として新たな合意を確立し、当事者間に存する争いを止めることを目的とする契約である（民法695条）。この和解の特殊な形態に「調停」がある。

　「**民事調停**②」は、裁判所の調停委員会の仲介により、金銭の貸借等における相手方との話し合いで、トラブルを解決する手続である（民事調停法1条～23条）。当事者がお互いに譲歩して、紛争を円満に解決させる手段であるが、申立てを受けた相手方は、調停の場に出る義務はないので、管理費等の滞納問題の解決において、有効な手段とはいえない。つまり、申立てをした側も譲歩や妥協を強く求められるので、一般的に、すぐには未払分を回収できないことが多い。

　②民事調停が調わない場合、1ヵ月以内に訴えを提起しなければ、時効の中断
　　の効力を生じない（民法151条）。

❹　破産法

　支払不能または債務超過にある債務者の財産等の清算に関する手続を定めること等により、債権者その他の利害関係人の利害および債務者と債権者との間の権利関係を適切に調整し、もって債務者の財産等の適正かつ公平な清算を図るとともに、債務者について経済生活の再生の機会の確保を図ることを目的とするものである（破産法1条）。

1．破産財団

　破産者（債務者であり、破産手続開始の決定がされているもの）の財産または相続財産であって、破産手続において破産管財人にその管理および処分をする権利が帰属するものをいう（2条14項）。

2．破産債権（15条）

破産者に対し、**破産手続開始前**の原因に基づいて生じた**財産上の請求権**であって、「財団債権（破産手続によらないで破産財団から随時弁済を受けることができる債権をいう）」に該当しないものをいう。

3．免責許可の申立て（248条）

個人である債務者（破産手続開始の決定後にあっては、破産者）は、破産手続開始の申立てがあった日から破産手続開始の決定が確定した日以後1ヵ月を経過する日までの間に、破産裁判所に対し、**免責許可の申立て**ができる。

4．免責許可の決定の効力等（253条）

破産者は、**免責許可の決定が確定**したときは、破産手続による配当を除き、破産債権についての**責任を免れる**。つまり、管理費等の滞納者は、破産手続開始の決定を受け、免責許可の決定が確定したときは、原則として「**破産手続開始の決定前**」[3]の原因に基づく債務（管理費等）の支払義務を免れる[4]。したがって、管理組合は、管理費等の滞納者が**自己破産の申立てをした場合**でも、滞納者が免責許可の決定を受けるまでは、破産手続に参加して**滞納管理費等の請求**ができる。

先生からのコメント

[3] 破産手続開始の決定は、免責許可の決定とは異なるので、区分所有者が破産手続開始の決定を受けたとしても、区分所有者は、破産手続開始決定の日の翌日以降の管理費等の支払義務を免れない。

[4] 民事再生手続は、経済的に窮境にある債務者について、その債権者の多数の同意を得、かつ、裁判所の認可を受けた再生計画を定めること等により、当該債務者とその債権者との間の民事上の権利関係を適切に調整し、もって当該債務者の事業または経済生活の再生を図ることを目的とする手続である（民事再生法1条）。破産法上の破産免責手続と異なり、基本的に再生計画に則って債務の弁済を継続するための手続なので、民事再生手続開始の申立てにより滞納管理費の支払義務を免れるものではない。

整理　少額訴訟制度の特徴と通常の訴訟制度との比較

	少額訴訟		通常の訴訟	
対 象 事 件	金銭**支払請求事件**のみ			
請 求 額	60万円以下	**簡易裁判所**	140万円以下	簡易裁判所
			140万円超	地方裁判所
期 日	原則として、**1回の期日で審理**を終了し、口頭弁論終結後、ただちに判決が言い渡される			
利用回数の制限	**同一の簡易裁判所**で、**同一年内**に**10回以内**			
異 議 申 立 て	異議申立て可（**控訴・上告不可**）		**控訴・上告可**	

管理組合と税務

重要度 ▽ **B** 主 **A**

❖ Introduction ❖

マンションに係る税務には、「管理組合」に係るものと「区分所有者等」に係るものとがある。

ここでは、「管理組合」に係る税について学習する。

【管理組合に係る税務】

1．法人税

法人格の有無に関係なく、課税上の差異がないよう配慮されている。

(1) 法人格のない管理組合

「法人格のない社団」として公益法人と同様の取扱いがされ、「非収益事業所得」に対しては、法人税は「非課税」とされ、**収益事業**※所得に対してのみ課税される。例えば、管理組合が、継続して、常設されたマンションの駐車場（附属施設）で駐車場業を行う場合、収益事業に該当し、その収益事業から生じた所得に対して法人税が課される。

※　法人税法上の収益事業とは、販売業・製造業その他の一定の事業（不動産貸付業も含まれる）で、継続して事業場を設けて行われるものをいう。

① 駐車場の使用と収益事業か否かの判別

使用パターン	収益・非収益事業
（ア）区分所有者のみが駐車場を使用して、使用料を納める場合	**非収益**事業に該当
（イ）駐車場の使用について、区分所有者と外部使用者を区別せず、同条件で募集する場合	全体が**収益**事業に該当
（ウ）駐車場の使用について、まず区分所有者の使用を優先して募集し、空きがあれば、外部使用者も募集する場合	区分所有者の使用部分については、**非収益**事業に該当 外部使用者の部分については、**収益**事業に該当

② 管理組合が、移動体通信業者との間で、**携帯電話基地局**（アンテナ）を設置のため、マンション屋上（共用部分）の使用を目的として、建物賃貸借契約を締結し、この共用部分の使用の対価として**設置料収入**を得る場合：**収益**事業（不動産貸付業）に該当

(2) 管理組合法人

　法人格のない通常の管理組合より不利にならないように、法人税法およびその他法人税に関する法令の適用については、公益法人と同じ扱いをすると定められている（区分所有法47条13項）。

　法人税法において管理組合法人は、「寄附金の損金算入額の計算」や「収益事業所得に対する税率」を除き、公益法人の扱いとされている。

　したがって、「非収益事業所得」に対しては、「**非課税**」とされ、「収益事業所得」に対しては、普通法人と同様に「**課税**」※される。

　※　低い税率で課税するということではない。

２．消費税

(1) 消費税の納税義務者

　消費税の納税義務者は、事業者（法人・個人事業者）とされており、法人格のない社団も消費税法上法人とみなされる（消費税法3条）。

　したがって、非法人の管理組合および管理組合法人は、事業者として「納税義務者」となる。

(2) 管理組合の収入に係る消費税の扱い

管理組合が、マンション敷地・建物共用部分を**管理組合員以外の第三者に使用**させている場合に、第三者から受け取る**使用料** ＊　課税対象の収入合計額が、基準期間（前々年度・前々事業年度）において、1,000万円を超える管理組合は、納税義務が生じる①。	課税取引
管理費等の預貯金利息	非課税取引※1
①　管理組合が受け取る**管理費等**（管理費・修繕積立金・組合費等）、借入金 ②　区分所有者がマンション敷地内の**駐車場・専用庭・自転車置場**等、建物共用部分である**ルーフバルコニー**等を使用している場合に、管理組合に支払う**使用料**（専用使用料）	不課税取引※2②

※1　資産の譲渡等のうち、課税されないもの。総売上高には算入されるが、課税売上高には算入されない。つまり、課税対象になじまなかったり社会的政策的配慮の必要から課税しない。

※2　対価性がなく、資産の譲渡等に該当せず、課税されないもの。つまり、消費税の課税対象は、国内において事業者が事業として対価を得て行う資産の譲渡等と輸入取引であり、これにあてはまらないもの。これは、総売上高にも算入されない。

①令和6年分の消費税の基準期間である令和4年分の課税売上高が1,000万円以下であっても、特定期間（令和5年1月1日から6月30日までの期間）の課税売上高が1,000万円を超える場合、令和6年分の消費税の課税事業者に該当する。

②管理組合の収入の大半は、不課税収入または非課税収入となる。

(3) 管理組合の支出に係る消費税の扱い

管理委託料（管理手数料等）、諸設備保守点検費・検査料、水道光熱費、郵送料、清掃費、植栽管理費、弁護士・設計管理報酬・工事監理料・調査診断料、振込手数料等、その他	課税取引
借入金利子、損害保険料、債務保証料	非課税取引
会費・入会金（対価性のない場合）、従業員人件費（管理組合が雇用している場合）	不課税取引

(4) 総額表示の義務づけ

課税事業者が、取引の相手方である消費者に対して、商品等の販売・役務の提供等の取引を行うに際し、あらかじめその取引価格を表示する場合には、**消費税額（地方消費税額）を含めた価格を表示**することが義務付けられる。

① 総額表示

消費税額を含む支払総額が表示されていれば、あわせて「消費税額」や「税抜価格」を表示しても差し支えない。

② 対象となる価格表示

商品本体による表示（商品に添付または貼付される値札等）、店頭における表示、チラシ広告、新聞・テレビによる広告、インターネットによる広告など、消費者に

対して行われる価格表示であれば、それがどのような表示媒体により行われるものであるかを問わず、**総額表示義務の対象**となる。

＊「口頭による価格の提示」は、総額表示義務の対象にはならない。

また、価格が表示される場面としては、商品等の選択時（【例】値札等）と代金の決済時（【例】レシート等）があるが、**総額表示義務の対象**となるのは、**商品等の選択時の価格表示**である。

総額表示義務の対象となるのは、**あらかじめ取引価格を表示する場合**であり、価格表示がされていない場合についてまで、価格の表示を義務づけるものではない。

3．（都）道府県民税（地方税法12条、24条1項・5項、52条2項）

(1) 法人・非法人にかかわらず、均等割[3]については、課税所得の有無と関係なく、「収益事業」に対して常に「**課税**」される。ただし、「非収益事業」でも、法人は**均等割のみ課税**される。

(2) 法人税割[4]については、「非収益事業所得」に対して「**非課税**」とされる。

先生からの　コメント

③資本金の額や従業員数等を基準に課税するものである。

④法人税の額に対して課税するものである。

4．市町村民税（地方税法12条、294条1項・7項、312条3項）

(1) 法人・非法人にかかわらず、均等割は、課税所得の有無と関係なく、「収益事業」に対して常に「**課税**」される。

(2) 法人税割は、「非収益事業所得」に対して「**非課税**」とされる。

5．事業税（道府県が課す）・事業所税（指定都市等が課す）

「事業税」、「事業所税」については、「収益事業所得」にのみ「**課税**」される（地方税法72条の5第1項9号、701条の34第2項）。

整理 （都）道府県民税・市町村民税

	法　人				非　法　人			
収　益　事　業	均等割	○	法人税割	○	均等割	○	法人税割	○
非 収 益 事 業		○		×		×		×

Index

第1編　管理委託契約書・規約・その他関連知識

Index

第2編　管理組合の会計・財務等

執筆

吉田佳史（ＴＡＣ主任講師）

川村龍太郎（ＴＡＣ専任講師）

2024年度版

マンション管理士・管理業務主任者 総合テキスト 中　規約／契約書／会計等

（平成15年度版　2003年4月30日　初版 第1刷発行）

2024年3月25日　初版　第1刷発行

編 著 者　Ｔ Ａ Ｃ 株 式 会 社
（マンション管理士・管理業務主任者講座）
発 行 者　多　　田　　敏　　男
発 行 所　ＴＡＣ株式会社　出版事業部
（ＴＡＣ出版）

〒101-8383
東京都千代田区神田三崎町3-2-18
電話　03(5276)9492（営業）
FAX　03(5276)9674
https://shuppan.tac-school.co.jp

印　　刷　日 新 印 刷 株 式 会 社
製　　本　株 式 会 社 常 川 製 本

© TAC 2024　　Printed in Japan

ISBN 978-4-300-10945-8
N.D.C. 673

乱丁・落丁による交換, および正誤のお問合せ対応は, 該当書籍の改訂版刊行月末日までといたします。なお, 交換につきましては, 書籍の在庫状況等により, お受けできない場合もございます。また, 各種本試験の実施の延期, 中止を理由とした本書の返品はお受けいたしません。返金もいたしかねますので, あらかじめご了承くださいますようお願い申し上げます。

『TAC情報会員』登録用パスワード：025-2024-0943-25

マンション管理士・管理業務主任者

2月・3月・4月・5月開講　初学者・再受験者対象

| マン管・管理業両試験対応 | **W合格本科生S** (全42回：講義ペース週1〜2回) | マン管試験対応 | **マンション管理士本科生S** (全36回：講義ペース週1〜2回) | 管理業試験対応 | **管理業務主任者本科生S** (全35回：講義ペース週1〜2回) |

合格するには、「皆が正解できる基本的な問題をいかに得点するか」、つまり基礎をしっかり
おさえ、その基礎をどうやって本試験レベルの実力へと繋げるかが鍵となります。
各コースには「過去問攻略講義」をカリキュラムに組み込み、
基礎から応用までを完全マスターできるように工夫を凝らしています。
じっくりと徹底的に学習をし、本試験に立ち向かいましょう。

5月・6月・7月開講　初学者・再受験者対象

| マン管・管理業両試験対応 | **W合格本科生** (全36回：講義ペース週1〜2回) | マン管試験対応 | **マンション管理士本科** (全33回：講義ペース週1〜2回) | 管理業試験対応 | **管理業務主任者本科** (全32回：講義ペース週1〜2回) |

毎年多くの受験生から支持されるスタンダードコースです。
基本講義、基礎答練で本試験に必要な基本知識を徹底的にマスターしていきます。
また、過去20年間の本試験傾向にあわせた項目分類により、
個別的・横断的な知識を問う問題への対策も行っていきます。
基本を徹底的に学習して、本試験に立ち向かいましょう。

8月・9月開講　初学者・再受験者対象

管理業務主任者速修本科生
（全21回：講義ペース週1〜3回）

管理業務主任者試験の短期合格を目指すコースです。
講義では難問・奇問には深入りせず、基本論点の確実な定着に主眼をおいていきます。
週2回のペースで無理なく無駄のない受講が可能です。

9月・10月開講　初学者・再受験者・宅建士試験受験者対象

管理業務主任者速修本科生（宅建士受験生用）
（全14回：講義ペース週1〜3回）

宅建士試験後から約2ヵ月弱で管理業務主任者試験の合格を目指すコースです。
宅建士と管理業務主任者の試験科目は重複する部分が多くあります。
その宅建士試験のために学習した知識に加えて、
管理業務主任者試験特有の科目を短期間でマスターすることにより、
宅建士試験とのW合格を狙えます。

TACの学習メディア

Property manager & Consultant

🔑 教室講座 | Web講義フォロー標準装備

- 学習のペースがつかみやすい、日程表に従った通学受講スタイル。
- 疑問点は直接講師へ即質問、即解決で学習時間の節約になる。
- Web講義フォローが標準装備されており、忙しい人にも安心の充実したフォロー制度がある。
- 受講生同士のネットワーク形成ができるだけでなく、受講生同士で切磋琢磨しながら、学習のモチベーションを持続できる。

🎧 ビデオブース講座 | Web講義フォロー標準装備

- 都合に合わせて好きな日程・好きな校舎で受講できる。
- 不明点のリプレイなど、教室講座にはない融通性がある。
- 講義録(板書)の活用でノートをとる手間が省け、講義に集中できる。
- 静かな専用の個別ブースで、ひとりで集中して学習できる。
- 全国公開模試は、ご登録地区の教室受験(水道橋校クラス登録の方は渋谷校)となります。

💻 Web通信講座

Mac®でも！Windows®でも！ スマートフォンでも！

- いつでも好きな時間に何度でも繰り返し受講できる。
- パソコンだけではなく、スマートフォンやタブレット、その他端末を利用して外出先でも受講できる。
- Windows®PCだけでなくMac®でも受講できる。
- 講義録をダウンロードできるので、ノートに写す手間が省け講義に集中できる。

💿 DVD通信講座 | Web講義フォロー標準装備

- いつでも好きな時間に何度でも繰り返し受講することができる。
- ポータブルDVDプレーヤーがあれば外出先での映像学習も可能。
- 教材送付日程が決められているので独学ではつかみにくい学習のペースメーカーに最適。
- スリムでコンパクトなDVDなら、場所をとらずに収納できる。

● DVD通信講座は、DVD-Rメディア対応のDVDプレーヤーでのみ受講が可能です。パソコン、ゲーム機等での動作保証はしておりませんので予めご了承ください。

マンション管理士・管理業務主任者

マン管・管理業両試験に対応	**W合格本科生S**
マン管試験に対応	**マンション管理士本科生S**
管理業試験に対応	**管理業務主任者本科生S**

注目
「過去問攻略講義」で、過去問対策も万全！

ムリなく両試験の合格を目指せるコース 〔学習期間〕6〜11ヶ月 〔講義ペース〕週1〜2回

合格するには、「皆が正解できる基本的な問題をいかに得点するか」、つまり基礎をしっかりおさえ、その基礎をどうやって本試験レベルの実力へと繋げるかが鍵となります。

各コースには**「過去問攻略講義」**をカリキュラムに組み込み、基礎から応用までを完全マスターできるように工夫を凝らしています。じっくりと徹底的に学習をし、本試験に立ち向かいましょう。

‖ カリキュラム〈W合格本科生S（全42回）・マンション管理士本科生S（全36回）・管理業務主任者本科生S（全35回）〉

INPUT［講義］

基本講義　全22回　各回2.5時間

マンション管理士・管理業務主任者本試験合格に必要な基本知識を、じっくり学習していきます。試験傾向を毎年分析し、その最新情報を反映させたTACオリジナルテキストは、合格の必須アイテムです。

民法／区分所有法等	9回
規約／契約書／会計等	6回
維持・保全等／マンション管理適正化法等	7回

マン管過去問攻略講義　全3回（※1）各回2.5時間
管理業過去問攻略講義　全3回（※2）各回2.5時間

過去の問題を題材に本試験レベルに対応できる実力を身につけていきます。マンション管理士試験・管理業務主任者試験の過去問題を使って、テーマ別に解説を行っていきます。

総まとめ講義　全4回　各回2.5時間

本試験直前に行う最後の総整理講義です。各科目の重要論点をもう一度復習するとともに、横断的に知識を総整理していきます。

OUTPUT［答練］

基礎答練　全3回　70〜80分解説

基本事項を各科目別に本試験同様の四肢択一形式で問題演習を行います。早い時期から本試験の形式に慣れること、基本講義で学習した各科目の全体像がつかめているかをこの基礎答練でチェックします。

民法／区分所有法等	1回（70分答練）
規約／契約書／会計等	1回（60分答練）
維持・保全等	1回（60分答練）

マン管直前答練（※1）　全3回　各回2時間答練・50分解説
管理業直前答練（※2）　全2回　各回2時間答練・50分解説

マンション管理士・管理業務主任者の本試験問題を徹底的に分析。その出題傾向を反映させ、さらに今年出題が予想される論点などを盛り込んだ予想問題で問題演習を行います。

マンション管理士全国公開模試（※1）　全1回

管理業務主任者全国公開模試（※2）　全1回

マンション管理士本試験

管理業務主任者本試験

※5問免除科目であるマンション管理適正化法の基礎答練は、自宅学習用の配付のみとなります（解説講義はありません）。
（※1）W合格本科生S・マンション管理士本科生Sのカリキュラムに含まれます。
（※2）W合格本科生S・管理業務主任者本科生Sのカリキュラムに含まれます。

受講料一覧 (教材費・消費税10%込)

> 教材費は全て受講料に含まれています！別途書籍等を購入いただく必要はございません。

W合格本科生S

学習メディア	通常受講料	宅建割引制度	再受講割引制度	受験経験者割引制度
教室講座 ※				
ビデオブース講座 ※	¥143,000	¥110,000	¥96,800	¥110,000
Web通信講座				
DVD通信講座	¥154,000	¥121,000	¥107,800	¥121,000

※一般教育訓練給付制度は、2月開講クラスが対象となります。予めご了承ください。

マンション管理士本科生S

学習メディア	通常受講料	宅建割引制度	再受講割引制度	受験経験者割引制度
教室講座				
ビデオブース講座	¥132,000	¥99,000	¥86,900	¥99,000
Web通信講座				
DVD通信講座	¥143,000	¥110,000	¥97,900	¥110,000

管理業務主任者本科生S

学習メディア	通常受講料	宅建割引制度	再受講割引制度	受験経験者割引制度
教室講座				
ビデオブース講座	¥126,500	¥95,700	¥83,600	¥95,700
Web通信講座				
DVD通信講座	¥137,500	¥106,700	¥94,600	¥106,700

2022年マンション管理士／管理業務主任者　合格者の声

笹木 裕史 さん　W合格本科生S
マンション管理士　管理業務主任者　**W合格**

マンション管理士と管理業務主任者の試験範囲の多くが被っており、勉強するうえで、両者の試験を分けて考えたことはありませんでした。両方の過去問を解くことで、問題演習量も充実するため、結果的に合格への近道になると思います。ですので、ぜひ、ダブル受験・合格を目指して頑張ってください！

近藤 勇真 さん　W合格本科生
マンション管理士　管理業務主任者　**W合格**

私は運よくW合格することができましたが、両試験には片方の資格を持っているともう片方の受験の際に5問免除される制度があります。マンション管理士試験の受験者は、4割の方が管理業務主任者資格者という情報もあり、W合格を目指す方はそこで差がつかないように力を入れるべきかと思います。日々取れる学習時間を考えて、管理業務主任者に集中されるのも良いと思います。

お申込みにあたってのご注意

※0から始まる会員番号をお持ちでない方は、受講料のほかに別途入会金(¥10,000・10%税込)が必要です。会員番号につきましては、TAC各校またはカスタマーセンター(0120-509-117)までお問い合わせください。

※上記受講料は、教材費・消費税10%が含まれます。

※コースで使用する教材の中で、TAC出版より刊行されている書籍をすでにお持ちの方は、TAC出版刊行書籍を受講料に含まないコースもございます。

※各種割引制度の詳細はTACマンション管理士・管理業務主任者講座パンフレットをご参照ください。

マンション管理士・管理業務主任者

全国公開模試

マンション管理士　　管理業務主任者

11/9(土)実施(予定)　11/16(土)実施(予定)

詳細は2024年8月刊行予定の「全国公開模試専用案内書」をご覧ください。

全国規模
本試験直前に実施される公開模試は全国18会場(予定)で実施。実質的な合格予備軍が結集し、本試験同様の緊張感と臨場感であなたの「真」の実力が試されます。

高精度の成績判定
TACの分析システムによる個人成績表に加えて正答率や全受験生の得点分布データを集計。「全国公開模試」の成績は、本試験での合否を高い精度で判定します。

本試験を擬似体験
合格のためには知識はもちろん、精神力と体力が重要となってきます。本試験と同一形式で実施される全国公開模試を受験することは、本試験環境を体験する大きなチャンスです。

オプションコース ポイント整理、最後の追い込みにピッタリ！

全4回(各回2.5時間講義) 10月開講　**マンション管理士/管理業務主任者試験対策**

総まとめ講義

今まで必要な知識を身につけてきたはずなのに、問題を解いてもなかなか得点に結びつかない、そんな方に最適です。よく似た紛らわしい表現や知識の混同を体系的に整理し、ポイントをズバリ指摘していきます。まるで「ジグソーパズルがピッタリはまるような感覚」で頭をスッキリ整理します。使用教材の「総まとめレジュメ」は、本試験最後の知識確認の教材としても好評です。

日程等の詳細は TACマンション管理士・管理業務主任者講座パンフレットをご参照ください。

各2回　11月・12月開講(予定)　**マンション管理士/管理業務主任者試験対策**

ヤマかけ講義 　問題演習 + 解説講義

TAC講師陣が、2024年の本試験を完全予想する最終講義です。本年度の"ヤマ"をまとめた「ヤマかけレジュメ」を使用し、論点別の一問一答式で本試験予想問題を解きながら、重要部分の解説をしていきます。問題チェックと最終ポイント講義で合格への階段を登りつめます。

詳細は8月上旬刊行予定の全国公開模試リーフレット又はTACホームページをご覧ください。

●オプションコースのみをお申込みの場合に限り、入会金はいただいておりません。オプションコース以外のコースをお申込みの場合には、受講料の他に入会金が必要となる場合があります。予めご了承ください。
●オプションコースの受講料には、教材費及び消費税10%の金額が含まれています。
●各日程の詳細につきましては、TACマンション管理士・管理業務主任者講座パンフレット又はTACホームページをご覧ください。

無料公開イベント＆個別相談会のご案内

参加無料

無料公開セミナーはテーマに沿って、TACマンション管理士・管理業務主任者講座の講師が担当いたします。

※無料公開セミナーのテーマは都合により変更となる場合がございます。予めご了承ください。
※TAC動画チャンネルでも各セミナーを配信いたします。視聴無料ですのでぜひご利用ください。

無料公開イベント出席者特典 **¥10,000入会金免除券プレゼント!!**

無料公開イベント＆講座説明会 **参加者全員にプレゼント!!**
◆マンション管理士・管理業務主任者講座案内一式
◆月刊TACNEWS 他

■ 無料イベント日程

1〜**7** は、マンション管理士・管理業務主任者を目指される方対象の無料公開セミナーです。
（セミナー40〜50分＋講座説明会20〜30分）
★は、開講前無料講座説明会です。

個別受講相談も実施しております!!

		新宿校	池袋校	渋谷校	八重洲校
2024年	1月	19 (金) 19：00〜 **1**	—	27 (土) 10：00〜 **1**	24 (水) 19：00〜 **1**
	2月	9 (金) 19：00〜 **2**	—	17 (土) 10：00〜 **2**	14 (水) 19：00〜 **2**
	3月	5 (火) 19：00〜 **3**	—	2 (土) 10：00〜 **3**	27 (水) 19：00〜 **3**
		31 (日) 10：30〜 **4**		16 (土) 10：00〜 **4**	
	4月	28 (日) 10：30〜 **1**	—	20 (土) 10：00〜 **3**	10 (水) 19：00〜 **4**
	5月	12 (日) 10：30〜 **3**	—	18 (土) 10：30〜 **4**	—
	6月	—	—	1 (土) 12：30〜 ★	5 (水) 18：00〜 ★
	7月	—	—	—	—
	8月		15 (木) 19：00〜 **5**		17 (土) 13：00〜 **6**
					31 (土) 13：00〜 ★
	9月	8 (日) 10：30〜 **5**	5 (木) 18：30〜 ★		22 (日) 11：00〜 **5**
			16 (祝) 11：00〜 **7**		29 (日) 10：30〜 **7**

■ 無料公開セミナー＆講座説明会 テーマ一覧

マンション管理士・管理業務主任者を目指される方《セミナー40分〜50分＋講座説明会20分》　●初学者向け　●学習経験者向け

	テーマ	内容
1	● 早期学習でW合格を掴む! ● 「マン管・管理業 W合格のすすめ!」	マンション管理士試験と管理業務主任者試験は試験範囲が似通っており、また試験日程も近いため、効率的に2つの資格を勉強できます。当セミナーではW合格にスポットを当てて、W受験のメリットや合格の秘訣についてお伝えいたします。
2	2023年度の本試験を徹底解説! ● 「マン管・管理業 本試験解答解説セミナー」	2023年マンション管理士試験・管理業務主任者試験を徹底分析し、合否の分かれ目・難易度・出題傾向など最新の情報をお伝えします。第1回本試験から培ってきたTACの合格ノウハウ・分析力を体感してください!
3	● 合格の秘訣を伝授! ● 「マン管・管理業 本試験合格に向けた正しい学習法」	マンション管理士試験・管理業務主任者試験で合格を掴み取るには、どのような学習方法が効果的なのでしょうか。誰もが悩む疑問をTACの講師陣がズバリ解決! 2024年度の両本試験合格のための正しい学習法をお伝えします。
4	● 過去の本試験から出題傾向を知る! ● 「マン管・管理業 2024年本試験の傾向と対策」	当セミナーでは、近年の本試験の出題傾向を丸裸にし、今年の試験に合格するための対策をお伝えいたします。これから合格を目指される方はもちろん、学習経験者にも必見のセミナーです。
5	● 直前期の過ごし方が合否を左右する! ● 「マン管・管理業 直前期の正しい過ごし方」	直前期から本試験までに取り組むべきことや押さえておきたいポイントなど、残された時間で最大の学習効果を得るために「今すべきこと」についてお伝えいたします。当セミナーでライバルに差をつけましょう!

管理業務主任者を目指される方《セミナー40分〜50分＋講座説明会20分》　●初学者向け　●学習経験者向け

	テーマ	内容
6	● 効率よく短期合格へ 「管理業務主任者試験の分野別学習法」	分野ごとの特徴を押さえ、対策を立てることは短期合格を目指す上うえで重要です。当セミナーでは管理業務主任者試験の分野別学習法をお伝えします。
7	● 宅建士試験の学習が活きる 「宅建士×管理業 W合格のすすめ!」	宅建士試験と管理業務主任者試験は出題内容が重なる部分があり、宅建士の学習経験が非常に役立ちます。当セミナーでは宅建士学習経験者を対象に、管理業務主任者試験合格に向けた効果的な学習法をお伝えします。

書籍の正誤に関するご確認とお問合せについて

書籍の記載内容に誤りではないかと思われる箇所がございましたら、以下の手順にてご確認とお問合せをしてくださいますよう、お願い申し上げます。

なお、正誤のお問合せ以外の**書籍内容に関する解説および受験指導などは、一切行っておりません。**
そのようなお問合せにつきましては、お答えいたしかねますので、あらかじめご了承ください。

1 「Cyber Book Store」にて正誤表を確認する

TAC出版書籍販売サイト「Cyber Book Store」の
トップページ内「正誤表」コーナーにて、正誤表をご確認ください。

CYBER TAC出版書籍販売サイト
BOOK STORE

URL：https://bookstore.tac-school.co.jp/

2 1の正誤表がない、あるいは正誤表に該当箇所の記載がない
⇒ 下記①、②のどちらかの方法で文書にて問合せをする

★ご注意ください★

お電話でのお問合せは、お受けいたしません。

①、②のどちらの方法でも、お問合せの際には、「お名前」とともに、
「対象の書籍名（○級・第○回対策も含む）およびその版数（第○版・○○年度版など）」
「お問合せ該当箇所の頁数と行数」
「誤りと思われる記載」
「正しいとお考えになる記載とその根拠」
を明記してください。

なお、回答までに1週間前後を要する場合もございます。あらかじめご了承ください。

① ウェブページ「Cyber Book Store」内の「お問合せフォーム」より問合せをする

【お問合せフォームアドレス】

https://bookstore.tac-school.co.jp/inquiry/

② メールにより問合せをする

【メール宛先　TAC出版】

syuppan-h@tac-school.co.jp

※土日祝日はお問合せ対応をおこなっておりません。
※正誤のお問合せ対応は、該当書籍の改訂版刊行月末日までといたします。

乱丁・落丁による交換は、該当書籍の改訂版刊行月末日までといたします。なお、書籍の在庫状況等により、お受けできない場合もございます。
また、各種本試験の実施の延期、中止を理由とした本書の返品はお受けいたしません。返金もいたしかねますので、あらかじめご了承くださいますようお願い申し上げます。

（2022年7月現在）